MIX
Papier aus verantwortungsvollen Quellen
Paper from responsible sources
FSC® C105338

Haftungsausschluss:
Die Ratschläge im Buch sind sorgfältig erwogen und geprüft. Alle Angaben in diesem Buch erfolgen ohne jegliche Gewährleistung oder Garantie seitens des Autors und des Verlags. Die Umsetzung erfolgt ausdrücklich auf eigenes Risiko. Eine Haftung des Autors bzw. des Verlags und seiner Beauftragten für Personen-, Sach- und Vermögensschäden oder sonstige Schäden, die durch die Nutzung oder Nichtnutzung der Informationen bzw. durch die Nutzung fehlerhafter und/oder unvollständiger Informationen verursacht wurden, ist ausgeschlossen. Verlag und Autor übernehmen keine Haftung für die Aktualität, Richtigkeit und Vollständigkeit der Inhalte und ebenso nicht für Druckfehler. Es kann keine juristische Verantwortung und keine Haftung in irgendeiner Form für fehlerhafte Angaben und daraus entstehende Folgen vom Verlag bzw. Autor übernommen werden.

Sollte diese Publikation Links auf Webseiten Dritter enthalten, so übernehmen wir für deren Inhalte keine Haftung, da wir uns diese nicht zu eigen machen, sondern lediglich auf deren Stand zum Zeitpunkt der Erstveröffentlichung verweisen.

Bibliografische Informationen der Deutschen Nationalbibliothek

Die Deutsche Nationalbibliothek verzeichnet diese Publikation in der Deutschen Nationalbibliografie; detaillierte bibliografische Daten sind im Internet über http://dnb.dnb.de abrufbar.

1. Auflage 2025
© 2025 by Remote Verlag, ein Imprint der Remote Life LLC, Fort Lauderdale, Fl., USA
Alle Rechte vorbehalten. Vervielfältigung, auch auszugsweise, nur mit schriftlicher Genehmigung des Verlages.

Projektmanagement: Melanie Krauß
Lektorat und Korrektorat: Heike Maillard, Fabian Galla, Markus Czeslik, Anna Zeug
Umschlaggestaltung: Melanie Göttlicher, Marvin Lee Thoben
Satz und Layout: Melanie Göttlicher
Illustrationen und Grafiken: © NEUE FORMEN Ad Group GmbH
Abbildungen im Innenteil: © Thomas Tornatzky
Research: Jonna Preissing, Maike Tondorf, Janina Huber

ISBN Print: 978-1-960004-83-3
ISBN E-Book: 978-1-960004-84-0
www.remote-verlag.de

THOMAS TORNATZKY

VON RÜCK SCHLÄGEN ZU MEILEN STEINEN

Die 55 häufigsten Fehler
von Selbstständigen & Unternehmern
und wie du sie vermeidest

www.remote-verlag.de

PROLOG

Was ist eigentlich Erfolg? Diese Frage, die so viele von uns umtreibt, scheint auf den ersten Blick leicht zu beantworten, doch tatsächlich verbirgt sich dahinter eine Vielfalt an Antworten, die so unterschiedlich sind wie die Menschen selbst. Das Spektrum reicht von Reichtum und schicken Autos über aufregende Reisen bis hin zu Schönheitsoperationen. Aber all diese Dinge sind nicht der Erfolg selbst – sie sind eher das greifbare Ergebnis davon.

Nach der Geburt meiner zweiten Tochter und während der wirtschaftlichen Turbulenzen, die die Coronapandemie mit sich brachte, stand ich an einem Punkt, an dem ich alles, was ich bisher erreicht hatte, infrage stellte. Mein Leben war geprägt von Zerstreutheit und schlaflosen Nächten. Ich fühlte mich wie in einem Hamsterrad gefangen. Zweifel, Ängste und die Frage nach dem Sinn des Lebens hielten mich davon ab, mich auf die wirklich wichtigen Dinge zu konzentrieren. Mir fehlte völlig die Orientierung.

Am Rande meiner psychischen Belastungsgrenze entschied ich mich, ärztlichen Rat zu suchen. Der Arzt riet mir, Abstand zu gewinnen, um meinen Fokus wiederzufinden. Ich sollte das welt weg von Familie und Geschäft tun, in vollkommener Einsamkeit und ohne jegliche Ablenkung durch die Medien.

Da ich kein Typ für ein Schweigekloster bin, entschied ich mich für den Camino Francés, den französischen Jakobsweg. Ich informierte mein Team, dass ich die nächsten 30 Tage nicht erreichbar sein würde, schickte eine kurze E-Mail an meine wichtigsten Kunden und war dann, um es mit den Worten von Hape Kerkeling zu sagen, erst einmal weg.[1]

Auf meiner Wanderung traf ich einen älteren Herrn. Er war im Ruhestand, hatte aber zuvor ein Unternehmen mit mehreren Tausend Mitarbeitern aufgebaut. Wir liefen eine lange Strecke zusammen und kamen ins Gespräch. Auf meine Frage nach dem Geheimnis seines Erfolgs antwortete er nüchtern: »Um Erfolg zu haben, muss man erst verstehen, was Erfolg wirklich ist.« Dann gab er mir einen simplen, aber tiefgründigen Rat:

> **»Erfolg = Potenzial – Störfaktor.«**

Dieses Gespräch lehrte mich, dass Erfolg weniger eine Ansammlung von materiellen Gütern ist, sondern vielmehr das Erreichen von persönlichem Potenzial, trotz der Störfaktoren, die uns ständig zurückhalten.

Auf dem Weg zum unternehmerischen Erfolg gibt es zahlreiche Hürden und viele Fehler, die du begehen kannst. Im Rahmen meiner Tätigkeit habe ich über 1.000 Selbstständige, Unternehmer oder die, die es werden wollten, beraten und dabei immer wieder die gleichen Fehler aufgedeckt.

Deshalb habe ich mich entschlossen, ein Buch zu schreiben, das die wichtigsten Fehler aufzeigt, die du auf deinem Weg zu unternehmerischem Erfolg vermeiden solltest. Es richtet sich an alle, die sich aufgemacht haben, ihre unternehmerischen Träume zu verwirklichen, und bereit sind, aus den Fehlern anderer zu lernen. Das Buch soll dir als Begleiter dienen, als Inspirationsquelle, zur Orientierung und um praktisches Wissen zu erlangen.

Ich wünsche dir viel Spaß beim Lesen und freue mich, dass ich dich ein Stück auf deiner Reise zum Erfolg begleiten darf.

Dein Thomas

EXKLUSIVER BONUS

NUR FÜR DICH:

11
ZUSÄTZLICHE
MINDSET-FEHLER

In meinem Buch „Von Rückschlägen zu Meilensteinen" erfährst du alles über die 55 häufigsten Fehler von Selbstständigen & Unternehmern und wie du sie vermeidest. Damit du noch tiefer in die spannende Materie einsteigen kannst, habe ich ein exklusives Bonusprogramm nur für die Leser meines Buches entwickelt.

In dem kostenfreien Download schenke ich dir wertvolle Informationen über 11 zusätzliche Mindset-Fehler, die du auf dem Weg zu persönlichem und unternehmerischem Erfolg unbedingt vermeiden solltest. Mit diesem ergänzenden Wissen schärfst du dein unternehmerisches Denken weiter und befreist dich von gängigen Fallstricken.

Ich freue mich, dich auf deinem Weg begleiten zu dürfen.
#stayhungry

Dein Thomas

INHALTSVERZEICHNIS

Kapitel 1: Strategische Fehler   **11**

  1. Fehler: Persönliche Stärken und Schwächen nicht kennen   13
  2. Fehler: Unternehmerische Stärken und Schwächen nicht kennen   17
  3. Fehler: Externe Chancen und Risiken nicht ausreichend erkennen   23
  4. Fehler: Analyseergebnisse falsch interpretieren   33
  5. Fehler: Smarte Unternehmensziele falsch formulieren   35
  6. Fehler: Zielgruppen nicht verstehen   39
  7. Fehler: Unklares Produkt- und Dienstleistungsportfolio   44
  8. Fehler: Rechtliche und steuerliche Aspekte vernachlässigen   47
  9. Fehler: Unklare Positionierung   54
  10. Fehler: Nur im Unternehmen arbeiten, nicht am Unternehmen   60
  11. Fehler: Fehlende Mentoren   65

Kapitel 2: Prozesse, Effizienz und Effektivität   **68**

  12. Fehler: Ineffiziente Arbeitsweise   70
  13. Fehler: Projekt-Hopping   73
  14. Fehler: Ineffiziente Meetings   75
  15. Fehler: Unklare Arbeitsprozesse ohne Standardisierung   78
  16. Fehler: Fehlende Prozess- und Wissensdokumentation   81
  17. Fehler: Ressourcenverschwendung   88
  18. Fehler: Interne und externe Bürokratie-Hürden   92
  19. Fehler: Das Pareto-Prinzip falsch anwenden   96
  20. Fehler: Dinge ständig aufschieben   105
  21. Fehler: Innovationsstau   109
  22. Fehler: Zögern statt loslegen   116

Kapitel 3: Kommunikation   **120**

23. Fehler: Marketing nicht im Fokus   122
24. Fehler: Unklare Unternehmensidentität   127
25. Fehler: Unklares Wertesystem   135
26. Fehler: Kein einzigartiges Brand Design   141
27. Fehler: Eine Brand Story ohne Wiedererkennungswert   149
28. Fehler: Mangelnde Kommunikationsplanung   154
29. Fehler: Zu wenig Corporate Social Responsibility (CSR)   158
30. Fehler: Schlechte Bewertungen   160
31. Fehler: Schlechte mediale Sichtbarkeit   168
32. Fehler: Mangelnde Performance im Vertrieb   177
33. Fehler: Mangelnde Pitch- und Präsentationskompetenz   186

Kapitel 4: Kundenbeziehung und Service   **191**

34. Fehler: Intransparente Angebote   193
35. Fehler: Mit Rabatten um sich werfen   196
36. Fehler: Der Buzzword-Overkill   201
37. Fehler: Unzureichendes Onboarding von Neukunden   203
38. Fehler: Unzureichende Kundenkommunikation und Transparenz   208
39. Fehler: Passivität statt Proaktivität   210
40. Fehler: Auf Kundenbeschwerden falsch reagieren   213
41. Fehler: Abhängigkeit von einzelnen Kunden   216
42. Fehler: Mangelnde Qualität   221
43. Fehler: Chancen bei Cross- und Up-Selling versäumen   224
44. Fehler: Das Empfehlungspotenzial begeisterter Kunden nicht ausschöpfen   228

Kapitel 5: Mitarbeitermanagement, Recruiting und Motivation	**232**
45. Fehler: Fehler beim Mitarbeiterrecruiting	234
46. Fehler: Falsche Versprechen in Bewerbungsgesprächen	241
47. Fehler: Mitarbeiter schlecht onboarden	245
48. Fehler: Mitarbeiterfeedback ignorieren	249
49. Fehler: Verstaubte Arbeitsbedingungen und mangelnde Arbeitssicherheit	256
50. Fehler: Mangelnde Mitarbeiterförderung und Weiterbildung	267
51. Fehler: Keine frühzeitige und langfristige Bindung von »High Potentials«	273
52. Fehler: Wenig respektvoller und wertschätzender Umgang	281
53. Fehler: Fehlende Klarheit in der Mitarbeiterkommunikation	289
54. Fehler: Fehlerintoleranz und schlechte Krisenkommunikation	294
55. Fehler: Underperforming statt Overdelivery	295
Über den Autor	**302**
Quellenverzeichnis	**306**

Der Autor spricht mit seiner Ansprache jedes Geschlecht sowie Diverse Personen an. Das generische Maskulinum wurde ausschließlich für eine bessere Lesbarkeit des Sprachflusses gewählt.

KAPITEL 01

Strategische Fehler

Lukas, der Seefahrer

Es war einmal ein Seefahrer namens Lukas. Er träumte davon, die sieben Weltmeere zu erobern. Von Kindesbeinen an hatte er Geschichten über mutige Kapitäne und ihre Abenteuer auf hoher See gehört. Angetrieben von diesen Erzählungen sparte Lukas jeden verdienten Groschen, um sich eines Tages ein eigenes Schiff kaufen zu können.

Eines Tages, als der Wind die Wellen hoch aufpeitschte und der Regen wie Nadeln auf seine Haut prasselte, fesselte ein Schiff seine Aufmerksamkeit. Es hatte bereits viele Stürme überstanden und schien genau das richtige für seinen großen Traum zu sein. Er kaufte es und plante sofort seine erste Reise.

Lukas war überzeugt, dass seine Begeisterung und sein Mut ihn durch jede Herausforderung führen würden. Er verließ den Hafen mit großem Selbstvertrauen und einer Karte, die er nur flüchtig studiert hatte. Doch schon nach wenigen Tagen auf See wurde ihm klar, dass die Realität härter war als gedacht.

Vor der Reise hatte sich Lukas nicht die Zeit genommen, den Zustand des Schiffs zu überprüfen, und so einige Schwachstellen übersehen, die beim ersten Sturm fast zum Untergang führten. Außerdem hatte er sich auf sein Glück verlassen, die Seewetterprognosen missachtet und war blindlings in einen Sturm gesegelt, der ihn und seine Crew fast das Leben gekostet hätte. Er hatte auch versäumt, sich mit den wichtigsten Navigationsinstrumenten vertraut zu machen. In der Annahme, dass er sich auf sein Gefühl und die Sterne verlassen könne, hatte er sich bald in unbekannten Gewässern verirrt.

Als Lukas schließlich durch Glück und mithilfe erfahrener Seeleute wieder einen sicheren Hafen erreichte, war er ein anderer Mensch. Er hatte gelernt, dass Mut und Begeisterung allein nicht ausreichen, um erfolgreich zu sein. Diese Erfahrung machte ihn zu einem der erfolgreichsten Kapitäne seiner Zeit. Er plante nun jedes neue Abenteuer sorgfältig, schätzte seine Ressourcen und Fähigkeiten realistisch ein und lernte ständig dazu.

Hast du auch bereits strategische Fehler begangen? Möglicherweise fallen sie dir gerade jetzt beim Nachdenken auf. Wenn du dein Handeln reflektierst, gehst du den ersten Schritt in Richtung Veränderung. Ich habe einige strategische Fehler gemacht und daraus wertvolle Erkenntnisse gezogen, die ich mit dir teilen möchte, damit du diese Fallstricke erkennen und umgehen kannst.

Denn:

> **»DER SCHLIMMSTE ALLER FEHLER IST, SICH KEINES SOLCHEN BEWUSST ZU SEIN.«**
> (Thomas Carlyle)

1. FEHLER:
PERSÖNLICHE STÄRKEN UND SCHWÄCHEN NICHT KENNEN

In der aufregenden Welt des Unternehmertums gibt es viele Hürden zu überwinden. Dabei führt der Weg zum Erfolg nicht nur über geniale Ideen und strategisches Geschick, sondern auch über ein tiefes Verständnis der eigenen Fähigkeiten und Grenzen. Denn wenn du dich nicht kennst, behinderst du dein persönliches Wachstum und das Potenzial deines Unternehmens.

Wir ignorieren gern unsere Schwächen, doch gerade das kann langfristig zu Problemen führen. Hier ist eine Checkliste, mit der du deine Stärken und Schwächen herausarbeiten kannst, um deine Möglichkeiten zur Weiterentwicklung zu erkennen.

1. **Selbstreflexion:** Welche Talente und Eigenschaften zeichnen dich aus? In welchen Bereichen kannst du dich verbessern? Nimm dir Zeit, notiere deine Antworten auf diese Fragen in einem Tagebuch oder einer digitalen Notizanwendung und nutze sie als Leitfaden für deine Reise. Visualisiere auch, wie du deine unternehmerischen Ziele in der Praxis erreichst und wie du deine Schwächen überwindest. Die Verbindung von Selbstreflexion und Visualisierung wird einen kraftvollen Antrieb für positive Veränderungen schaffen.

2. **Feedback einholen:** Bitte deine Freunde, deine Familie und Kollegen um ehrliches Feedback. Was sind aus ihrer Sicht deine Stärken und Schwächen? Da andere oft Dinge sehen, die du nicht selbst erkennst oder nicht wahrhaben möchtest, kannst du so deine Selbstwahrnehmung verfeinern. Wenn du deine Erkenntnisse festhältst, kannst du später deutlich sehen, wie du dich entwickelt und verbessert hast.

3. **Unternehmerische Bewertung:** Lass dein Potenzial professionell bewerten, mit einer facettenreichen Methode, die von Experten, Beratern oder Coaches mit tiefgehendem Branchenwissen durchgeführt wird. Hierbei werden verschiedene Evaluationsinstrumente genutzt, z. B. Interviews, psychometrische Tests, das 360-Grad-Feedback und Leistungsbewertungen. Du erhältst ein detailliertes Feedback, das deine unternehmerischen Stärken, Schwächen und Potenziale zusammenfasst. Du kannst diesen Prozess in regelmäßigen Intervallen wiederholen.

Es ist wichtig, dass du deine Schwächen akzeptierst, denn das hat eine Reihe von Auswirkungen auf dein Leben als Unternehmer:

- **Realistische Selbsteinschätzung:** Wenn du deine Schwächen akzeptierst, kannst du fundierte Entscheidungen treffen und Ziele setzen, die zu deinen Fähigkeiten passen. Es hilft dir auch dabei, dich auf die Bereiche zu konzentrieren, in denen du effektiv und zielgerichtet handeln kannst. Du vermeidest so eine ineffiziente Ressourcennutzung, die zu suboptimalen Arbeitsabläufen und geringerer Produktivität führen kann.

- **Authentizität:** Du zeigst Transparenz und Ehrlichkeit, wenn du Schwächen offen zeigst. Das stärkt die Verbundenheit mit deinem Team und deine Authentizität als Führungsperson. Authentische Führungskräfte werden oft als sehr vertrauenswürdig wahrgenommen, was die Mitarbeitermotivation und -bindung positiv beeinflussen kann.

- **Effektive Zusammenarbeit:** Indem du deine Schwächen offenlegst, ermutigst du andere, es auch zu tun, und schaffst eine Umgebung, in der sich alle gegenseitig unterstützen und ergänzen. Das kann für eine optimale Teamzusammensetzung sorgen und die Produktivität steigern. Teams, in denen vielfältige Fähigkeiten und Perspektiven zusammenwirken, verbessern die Innovationsfähigkeit deines Unternehmens und seine Fähigkeit, Probleme zu lösen.

- **Stressabbau:** Du vermeidest den Druck, perfekt sein zu müssen, kannst konzentriert und konstruktiv an Verbesserungen arbeiten.

Veränderung bedeutet Entwicklung. Es reicht nicht aus, deine Unzulänglichkeiten zu akzeptieren; du solltest den aktuellen Stand deiner Fähigkeiten als Ausgangspunkt für kontinuierliches Lernen betrachten. Denn Schwächen sind keine unüberwindbaren Hindernisse, sie bieten Chancen für deine persönliche Entwicklung. Gerade als Unternehmer solltest du dich ständig weiterentwickeln und aktiv an der Überwindung deiner Schwächen arbeiten. Folgende Tipps helfen dir dabei:

- **Geduld** ist eine unverzichtbare Tugend im Prozess der Selbstverbesserung, denn dieser erfordert Zeit, Ausdauer und Engagement. Es ist unwahrscheinlich, dass du deine Schwächen über Nacht überwinden kannst. Sei bereit, kleine Fortschritte zu akzeptieren, und lass dich von Rückschlägen nicht entmutigen.

- Wenn du feststellst, dass dir bestimmte Fähigkeiten oder Kenntnisse fehlen, könntest du dich für **Kurse, Workshops oder Seminare** anmelden, um deine Kompetenzen zu stärken. Zum Beispiel könntest du Managementkurse besuchen, um deine Führungsfähigkeiten zu verbessern, oder technische Schulungen absolvieren. Auf diese Weise stellst du sicher, dass du mit den Anforderungen des Unternehmertums Schritt halten kannst.

- Eine effektive Strategie im Umgang mit Schwächen besteht darin, Aufgaben, für die du weniger versiert bist, an andere Personen zu **delegieren**. Indem du dich auf deine Stärken konzentrierst und andere in Bereichen einsetzt, in denen sie stärker sind, kannst du die Effizienz deines Unternehmens steigern.

- Du kannst dir regelmäßig Zeit nehmen, um über deine Fortschritte nachzudenken, deine Erfolge und Herausforderungen zu bewerten und neue **Ziele zu setzen**. Dadurch kannst du langfristig positive Veränderungen bewirken und eine klare Strategie definieren. So vermeidest du es, Chancen zu verpassen oder dich in Märkten zu bewegen, in denen du keinen Wettbewerbsvorteil hast.

- **Praxiserfahrung sammeln:** Du kannst dich intensiv mit Bereichen auseinandersetzen, in denen du dich unsicher fühlst. Mentoren, Experten und erfahrene Unternehmer können dir dabei helfen, keine fehlerhaften Entscheidungen zu treffen, die vielleicht dein Unternehmen gefährden könnten.

2. FEHLER:
UNTERNEHMERISCHE STÄRKEN UND SCHWÄCHEN NICHT KENNEN

Die **SWOT-Analyse**[2] wurde an der Harvard Business School entwickelt und ist ein herausragendes Instrument zur strategischen Planung. Sie differenziert zwischen den internen Stärken und Schwächen sowie den externen Chancen und Risiken. Ziel der internen Istanalyse ist es herauszufinden, über welche Kompetenzen und Ressourcen dein Unternehmen verfügt, um diese im Vergleich zur Konkurrenz zu bewerten und einen möglichen Handlungsbedarf zu identifizieren.

Der Begriff »SWOT« steht für:

- »Strengths« (Stärken)
- »Weaknesses« (Schwächen)
- »Opportunities« (Chancen)
- »Threats« (Risiken)

Strengths: Die Stärken deines Unternehmens repräsentieren einzigartige Eigenschaften, die ihm einen klaren Wettbewerbsvorteil verleihen können. Um sie objektiv zu evaluieren, muss die bisherige Entwicklung deines Unternehmens gründlich analysiert werden.

Weaknesses: Die Schwächen hingegen repräsentieren die Herausforderungen, denen dein Unternehmen gegenübersteht. Sie werden im Rahmen der Analyse bewertet, insbesondere jene, die potenzielle Wettbewerbsvorteile beeinträchtigen und die Marktposition schwächen.

Mit diesen vier Schritten kannst du deine unternehmerischen Stärken und Schwächen analysieren:

1. **Eine Liste erstellen:** Du solltest dir zunächst Gedanken über die Erfolgsfaktoren deines Unternehmens machen, um die Schlüsselfaktoren zu identifizieren, die deinen unternehmerischen Erfolg maßgeblich beeinflussen, z. B.:

- Standort
- Personalstruktur
- Produkte und Vertriebskompetenz
- Vermarktungskompetenz
- Preis-Leistungs-Verhältnis
- Rohstoffversorgung
- Qualität der Produkte
- Finanzsituation
- Kostenstruktur
- Forschung und Entwicklung

Tipp: Eine weitere effektive Methode, um deine Stärken und Schwächen herauszuarbeiten, ist ein kreatives Brainstorming. Dabei sammelst du gemeinsam mit deinem Team Ideen für eine Liste der internen Faktoren, die dein Unternehmen beeinflussen.

2. **Organisieren:** Eine effektive Methode zur Organisation der identifizierten Stärken und Schwächen ist deren Gewichtung in einer Rangliste. Sie bietet einen klaren Überblick über die Relevanz einer jeden Stärke und Schwäche für dein Unternehmen. Es ist entscheidend, die Schlüsselelemente nach oben zu setzen, da sie oft den größten Einfluss auf den Erfolg oder Misserfolg eines Unternehmens haben. Eine geordnete Rangliste erleichtert es dir, Prioritäten zu setzen und gezielte Maßnahmen zu ergreifen. Somit dient sie dir als Werkzeug, um fundierte strategische Entscheidungen zu treffen und dein Unternehmenspotenzial optimal zu nutzen. Außerdem hilft proaktives Identifizieren und Bewältigen von Schwächen bei einem effektiven Risikomanagement.

3. **Ein bewertetes Ressourcenprofil erstellen:** Dafür listest du sämtliche finanziellen, physischen, technologischen und organisatorischen Ressourcen auf. Du wirst nach und nach deine Stärken und Schwächen deutlich erkennen. Das könnte so ausschauen:

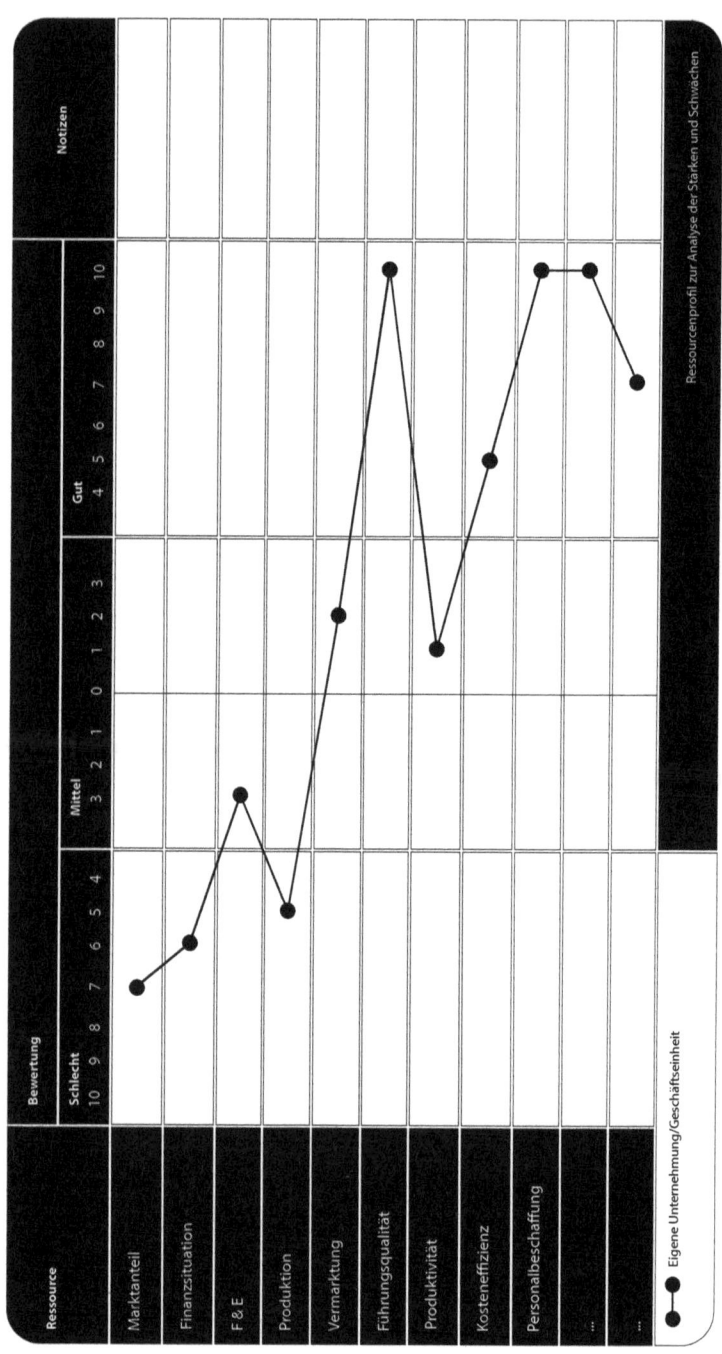

Wenn du die Erfolgsfaktoren mit deinem Ressourcenprofil vergleichst, erkennst du, wo du bereits gut abschneidest und wo Verbesserungsbedarf besteht. Die Kenntnis der eigenen Stärken ermöglicht die optimale Nutzung von Ressourcen, während die Behebung von Schwächen eine effizientere Ressourcenzuweisung ermöglicht. Dabei können deine Stärken gleichzeitig auch Schwächen darstellen. Flexibilität z. B. ermöglicht dir schnelle Anpassungen an Marktveränderungen, sorgt also für Agilität. Zu viel Flexibilität könnte jedoch die Stabilität deines Unternehmens beeinträchtigen, da Ressourcen auf kurzfristige Trends gelenkt werden.

4. **Dein Unternehmen mit den Wettbewerbern vergleichen:** Dadurch kannst du deine Positionierung verbessern. Zur Erstellung eines Stärken-Schwächen-Profils kannst du eine Tabelle verwenden, mit einer Skala von eins bis zehn oder Noten von »sehr gut« bis »ungenügend«. Wichtig ist, dass du in der Tabelle die Punkte aufführst, die für deinen Erfolg auf dem Markt entscheidend sind. Wenn du nicht weißt, was dein Unternehmen einzigartig macht oder wo es sich von anderen unterscheidet, wirst du Schwierigkeiten haben, dich auf dem Markt zu positionieren. Dies kann zu einer eingeschränkten Wettbewerbsfähigkeit führen.

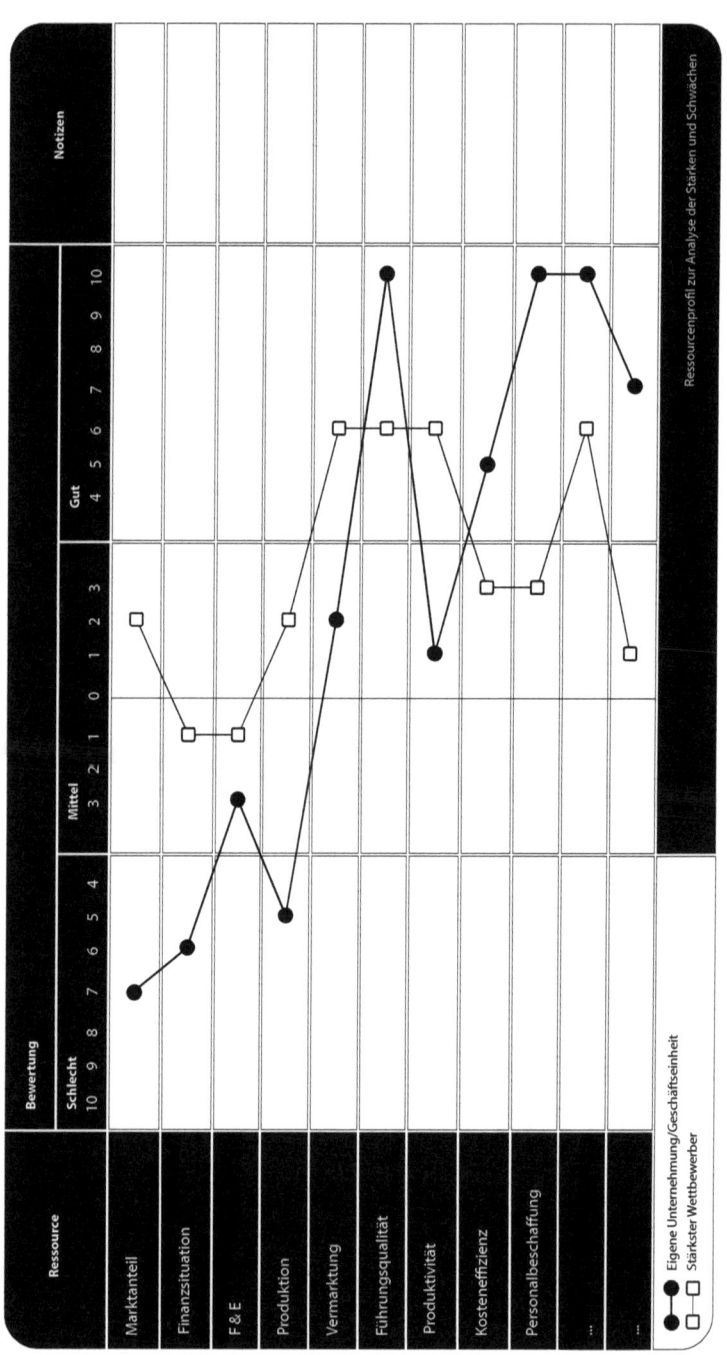

3. FEHLER:
EXTERNE CHANCEN UND RISIKEN NICHT AUSREICHEND ERKENNEN

Die Unkenntnis der externen Einflussfaktoren kann wie ein Dominoeffekt wirken, bei dem unerwartete Marktveränderungen oder verpasste Möglichkeiten die Stabilität und das Wachstum deines Unternehmens gefährden. Damit du dein Unternehmen auf Erfolgskurs bringen kannst, ist es wichtig, dass du zwischen möglichen Chancen und Risiken unterscheidest:

Opportunities: Chancen analysierst du, um potenzielle Wachstumsbereiche und Möglichkeiten zu einer gesteigerten Wettbewerbsfähigkeit zu identifizieren.

Threats: Risiken sind eng mit der Entwicklung des Geschäftsumfelds und möglichen Bedrohungen verbunden. Ihre Analyse ermöglicht es dir, dich proaktiv auf potenzielle Herausforderungen vorzubereiten und Strategien zur Risikominimierung zu entwickeln.

Dabei gibt es zwei Hauptaspekte, die du berücksichtigen solltest:

Die unmittelbare Umwelt: Das sind Faktoren wie Kundenverhalten, Wettbewerbsfaktoren, rechtliche Rahmenbedingungen und technologische Entwicklungen.

Die mittelbare Umwelt: Diese umfasst demografische Veränderungen, wirtschaftliche Trends, soziale Bewegungen und Umweltauflagen, die indirekt dein Geschäftsumfeld beeinflussen.

Das »**Five Forces Modell**« von Michael E. Porter[3] gewährt tiefe Einblicke in die Wettbewerbssituation innerhalb einer Branche. Porter identifiziert dabei fünf Einflussfaktoren, welche die Wettbewerbsfähigkeit einer Branche prägen. Je dominanter einer dieser Einflussfaktoren ist, desto gefährlicher könnte er für dich sein. Diese fünf grundlegenden Wettbewerbsfaktoren sind:

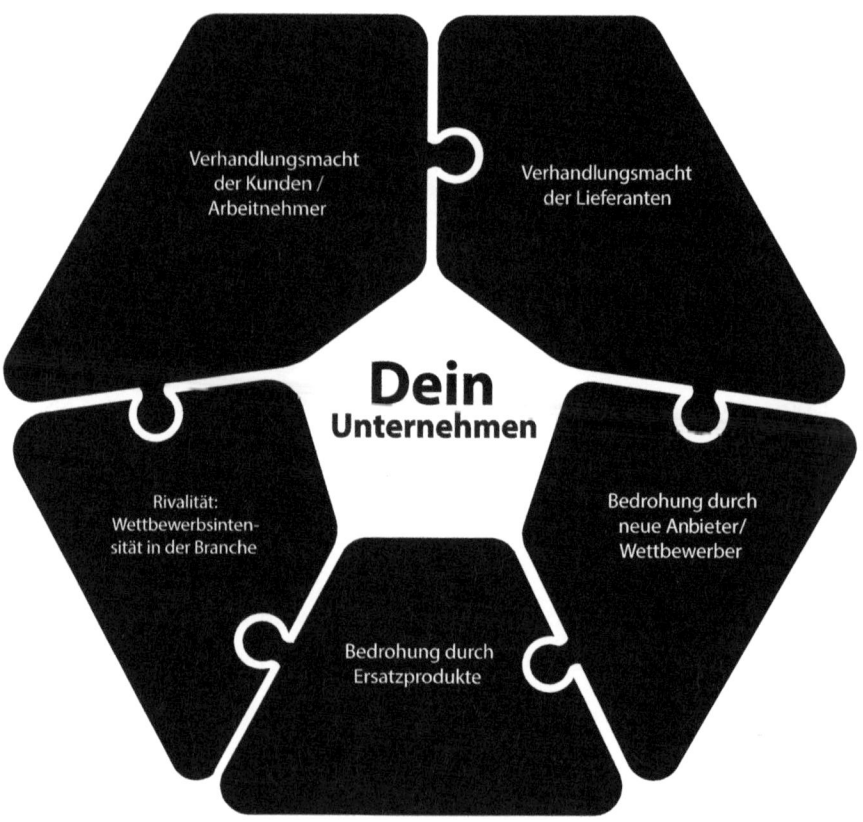

Verhandlungsmacht der Abnehmer: Hierbei geht es nicht nur um die finanzielle Kaufkraft der Kunden, sondern auch darum, wie effektiv sie ihre Interessen durchsetzen und damit Macht in Geschäftsbeziehungen ausüben können. Abnehmer können niedrigere Preise, höhere Qualität oder umfangreichere Serviceleistungen fordern und erzwingen. Für dich als Unternehmer bedeutet dies weniger Kontrolle und Auswirkungen auf die Profitabilität deines Unternehmens. Hierbei ergeben sich erneut Chancen und Risiken. Unternehmen mit kleinem Kundenkreis können dabei leichter zu Preisanpassungen gedrängt werden.

Verhandlungsmacht der Lieferanten: Lieferanten beeinflussen dein Unternehmen, indem sie Preise, Qualität und die Verfügbarkeit der Materialien in verschiedenem Maße festlegen.

Angenommen, dein Unternehmen produziert eine Eiscreme, für die eine seltene Nuss benötigt wird. Das Problem: Diese spezielle Sorte kannst du nur von einem einzigen Lieferanten beziehen. Da du einen großen Bedarf an diesen Nüssen hast und sie bei der Produktion unbedingt brauchst, bist du von diesem Lieferanten abhängig. Er kann somit den Preis bestimmen, Druck auf dich ausüben und verfügt über eine hohe Verhandlungsmacht. Doch diese sinkt, wenn es einen weiteren Anbieter für dieselbe Nusssorte gibt oder du die Nüsse selbst anbaust. Die Verhandlungsmacht der Lieferanten darf keinesfalls unterschätzt, kann aber beeinflusst werden. Ein Wettbewerb zwischen verschiedenen Lieferanten kann sogar vorteilhaft sein.

Bedrohung durch neue Wettbewerber: Die Anzahl der Anbieter beeinflusst Angebot und Nachfrage, somit auch Preise und Wettbewerbsvorteile. Ein neuer Wettbewerber am Markt birgt deshalb Risiken für Unternehmen in der gesamten Branche. Besonders wenn er mit Eröffnungsangeboten lockt. Auch wenn du selbst der neue Wettbewerber bist, ist es wichtig, die Augen offen zu halten, da die Gefahr eines anderen neuen Markteintritts immer besteht. Sie hängt jedoch von den Markteintrittsbarrieren ab: Je höher diese sind, desto schwieriger ist es, sich auf dem Markt zu etablieren — und desto sicherer ist deine Marktposition. Nach Porter gibt es sechs Zugangsbarrieren für neue Anbieter:

1. **Produktdifferenzierung:** Bestehende Unternehmen haben den Vorteil der Kundentreue und des etablierten Images. Neue Anbieter müssen diese Hürden überwinden, sich effektiv abgrenzen und Kunden gewinnen.

2. **Kapitalerfordernisse:** Ein Unternehmen aufzubauen erfordert Kapital für notwendige Investitionen. Wenn es bereits Konkurrenten gibt, steigen diese Kosten.

3. **Wechselkosten:** Sie entstehen für Kunden beim Wechsel zu anderen Unternehmen und wirken nicht nur als Eintrittsbarriere für neue Unternehmen, sondern stärken auch die Kundenbindung bei bestehenden Firmen.

4. **Zugang zu Vertriebskanälen:** In Supermärkten müssen Anbieter manchmal für Regalflächen bezahlen, was zusätzliche Kosten verursacht.

5. **Kostennachteile:** Dazu gehören fehlende Erfahrung, ungünstige Standorte, eingeschränkter Zugang zu Ressourcen und mehr.

6. **Skaleneffekte:** Die Produktionskosten hängen von der hergestellten Produktmenge und den eingesetzten Produktionsfaktoren ab. Größere Produktionsmengen führen dank des Skaleneffekts normalerweise zu geringeren Kosten. Ein geringeres Absatzvolumen im Vergleich zur Konkurrenz kann mehr Kosten und somit Nachteile für Neueinsteiger bedeuten.

Bedrohung durch Substitute: Ersatzprodukte erfüllen ähnliche Zwecke und befriedigen vergleichbare Kundenbedürfnisse wie deine eigenen Produkte. Allerdings sprechen sie eine andere Kundschaft an, werden in anderen Regionen vertrieben oder stammen aus anderen Branchen. So stehen beispielsweise

Hersteller von Glasflaschen in Konkurrenz zu Produzenten von Aluminiumdosen und Papierkartons.

Die Existenz von Substituten beschränkt somit deine Gewinnmöglichkeiten. Substitute können jedoch auch Chancen für dein Unternehmen eröffnen: Wenn sich dein Angebot durch herausragende Qualität auszeichnet, kannst du diese Exklusivität erfolgreich vermarkten.

Wettbewerbsintensität innerhalb der Branche: Sie beeinflusst maßgeblich die Attraktivität einer Branche. Ein harter Konkurrenzkampf führt dazu, dass Preise und Leistungen an Wettbewerber angepasst werden müssen. Selbst wenn du deinen Konkurrenten überlegen bist, beeinträchtigt diese Rivalität deinen Unternehmenserfolg. Das Risiko: Es wird aktiv gegen dich und dein Unternehmen vorgegangen, mitunter in Form von kartellähnlichen Strukturen. Wenn es dir aber gelingt, dich besser zu präsentieren als deine Konkurrenz, eröffnet dies erhebliche Chancen für dein Unternehmen. Einflussfaktoren auf die Wettbewerbsintensität sind z. B.:

- Anzahl der Wettbewerber
- Aggressivität der Konkurrenten
- Branchenwachstum
- Überkapazitäten/Auslastung
- Anteil der Fixkosten an den Gesamtkosten
- Austrittsbarrieren
- Produktdifferenzierung
- Wie stark ist der Wettbewerb zwischen den bestehenden Wettbewerbern?
- Welche Strategien setzen sie ein, um Marktanteile zu gewinnen?

Bei der Wettbewerbsanalyse gibt es eine Reihe von Herausforderungen:

- **Begrenzte Informationen:** Nicht alle notwendigen Informationen sind frei verfügbar, denn einige Konkurrenten halten ihre Strategien und Geschäftsinformationen geheim.

- **Unklare Marktdynamik:** Da Märkte sich rasch verändern, ist es herausfordernd, aktuelle Trends zu verfolgen und präzise Prognosen zu treffen.

- **Komplexe Marktstrukturen:** Da es viele Wettbewerber gibt, die komplexe Beziehungen unterhalten, kann sich die Beurteilung ihrer genauen Positionierung und ihrer strategischen Absichten als anspruchsvoll erweisen.

Die Nutzwertanalyse der fünf Kräfte hilft, die heutige und zukünftige Situation übersichtlich zu betrachten und zu vergleichen:

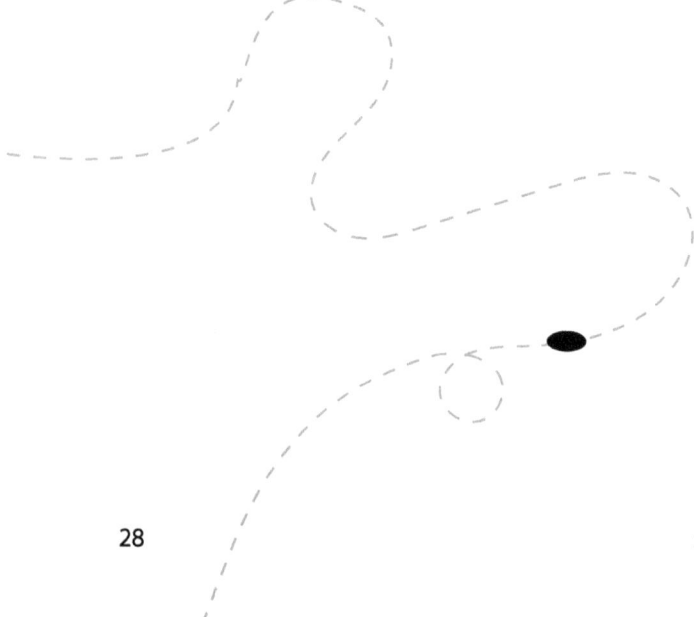

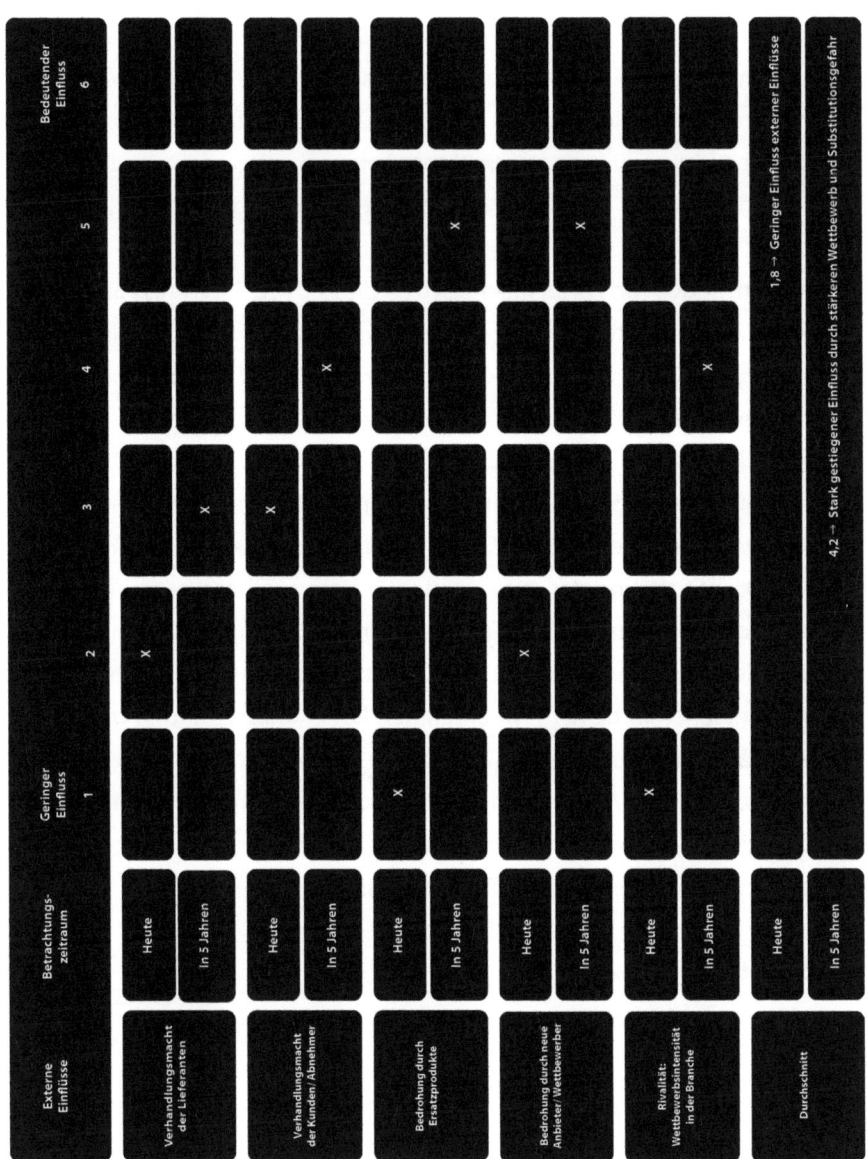

KAPITEL 01 | Strategische Fehler

Durch das Zusammenspiel dieser Kräfte werden Chancen und Risiken im Markt deutlich. In Kombination mit den internen Stärken und Schwächen des Unternehmens werden Marketingziele definiert, die auf dieser Istanalyse basieren. Mit geeigneten Strategien können die fünf Kräfte beeinflusst und zum Vorteil des Unternehmens verändert werden. Mit einer Zusammenfassung der externen Chancen und Risiken für dein Unternehmen kannst du überschauen, wie sich die Marktstruktur auf dein Unternehmen auswirkt.

Neben dem Modell von Porter möchte ich dir die **PESTEL-Analyse** präsentieren, die sechs Faktoren betrachtet, die das externe Geschäftsumfeld beeinflussen.[4] Hierbei werden Daten wie Statistiken, Marktanalysen und Expertenmeinungen zu jedem externen Faktor gesammelt und bewertet.

Jeder identifizierte Faktor wird daraufhin analysiert, wie er dein Unternehmen – positiv oder negativ — beeinflussen könnte. Auf dieser Basis wird bewertet, welche Faktoren den größten Einfluss auf dein Business haben könnten.

Nach der Identifizierung der relevantesten Faktoren müssen passende Strategien entwickelt werden, um Chancen zu nutzen, Risiken zu minimieren oder sich auf Veränderungen vorzubereiten. Die Ergebnisse müssen mit den relevanten Ansprechpersonen in deinem Unternehmen kommuniziert und in die laufenden Geschäftspläne integriert werden. Da die externe Umgebung sich ständig ändert, ist es wichtig, die externen Faktoren kontinuierlich zu überwachen und die Strategien und Maßnahmen entsprechend anzupassen.

Die sechs Hauptfaktoren der PESTEL-Analyse sind:

P – Political (politisch)
E – Economic (wirtschaftlich)
S – Social (sozial)
T – Technological (technologisch)
E – Environmental (Umwelt-)
L – Legal (rechtlich)

Politische Faktoren (political) können erhebliche Auswirkungen auf die Geschäftsdynamik, die Handelspraktiken und die finanzielle Stabilität deines Unternehmens haben. Hierzu zählen:

- Regierungspolitik
- Politische Stabilität
- Politische Risiken
- Steuerpolitik
- Handelspolitik
- Politische Entscheidungsfindung

Wirtschaftliche Faktoren (economic) können schwerwiegende Auswirkungen auf die Finanzen und die Leistungsfähigkeit deines Unternehmens haben. Das sind:

- Zinssätze
- Inflation
- Wechselkurse
- Arbeitslosenquote
- Wirtschaftswachstum
- Konjunkturzyklen

Soziale Faktoren (social): Ein tiefgehendes Verständnis dieser Faktoren ist entscheidend, um Zielgruppen besser zu verstehen, ihre Bedürfnisse zu antizipieren und ihre Präferenzen zu berücksichtigen. Hierzu zählen:

- Demografische Faktoren
- Kultur
- Soziale Trends
- Einstellungen und Werte der Gesellschaft
- Lebensstile

- Gesundheitsbewusstsein
- Bildungsniveau

Technologische Faktoren (technological) zu verstehen, ist der Schlüssel für erfolgreiche Anpassung und Weiterentwicklung. Diese Faktoren beinhalten:

- Innovationen
- Forschung und Entwicklung
- Automatisierung
- Internet
- Geschwindigkeit des technologischen Fortschritts
- Bereitschaft der Verbraucher, neue Technologien zu akzeptieren

Umweltfaktoren (environmental) können erhebliche Auswirkungen auf die Geschäftspraktiken und das Ansehen deines Unternehmens haben. Dazu zählen:

- Klimawandel
- Nachhaltigkeitspraktiken
- Umweltvorschriften
- Nachhaltige Nutzung natürlicher Ressourcen

Rechtliche Faktoren (legal): Hierzu gehören zum Beispiel:

- Gesetze, z. B. Handelsgesetze und Arbeitsrecht
- Vorschriften
- Haftungsbestimmungen
- DSGVO

4. FEHLER:
ANALYSEERGEBNISSE FALSCH INTERPRETIEREN

Selbst die akkuratesten Daten können in die Irre führen, wenn sie nicht korrekt ausgewertet werden. Die Ergebnisse deiner Analyse der Stärken und Schwächen sowie der Chancen und Risiken sollten zunächst in einer Vier-Felder-Matrix – einer sogenannten **SWOT-Matrix** – zusammengefasst und gegenübergestellt werden. Jeder dieser Faktoren erhält dabei ein eigenes Feld.

Hierdurch kannst du in etwa erkennen, wie die Ressourcen deines Unternehmens mit den Anforderungen der Unternehmensumgebung interagieren.

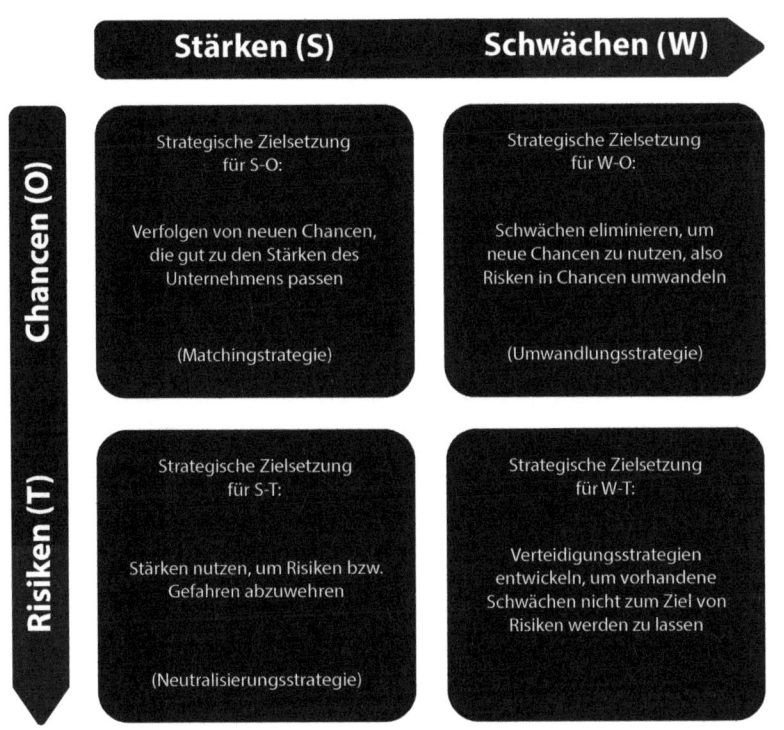

Jetzt geht es ans Eingemachte: Wir verknüpfen die verschiedenen Aspekte, um entscheidende Schnittstellen herauszufinden, die dir den Startpunkt für deine Strategien aufzeigen. Diese leiten sich aus den Möglichkeiten und Bedrohungen ab, denen dein Unternehmen gegenübersteht.

Die Analyse berücksichtigt vier Kombinationen, die du bestimmten Normstrategien zuordnen kannst. So kannst du herausfinden, welche Kombinationen zu neuen Potenzialen und Synergien führen:

Die **Schwächen-Chancen-Kombination** ist dir vielleicht auch bekannt als Umwandlungs- oder Neutralisierungsstrategie. Die Idee ist, deine Schwächen zu beseitigen oder in positive Aspekte zu verwandeln. Warum? Um die vorhandenen Chancen nutzen zu können. Stell dir einen Markt vor, der geradezu boomt, und Kunden, die Schlange stehen, um dein Produkt zu kaufen. Manchmal benötigen wir aber eine lange Zeit, um unsere Ideen auf den Markt zu bringen. Wenn du dieses Hindernis eliminierst, kannst du deine Chancen besser ergreifen.

Die **Stärken-Chancen-Kombination** wird auch als Matching-Strategie bezeichnet. Hierbei gilt es zu verstehen, wie deine Stärken und Chancen zueinander passen, um sie effektiv ausspielen zu können. Du könntest z. B. aktuelle Trends, wie das wachsende Umweltbewusstsein in der Gesellschaft, nutzen und deine Ressourcen einsetzen, um umweltfreundliche Produkte herzustellen.

Bei der **Stärken-Risiken-Kombination** geht es darum, Risiken mithilfe deiner Stärken zu entschärfen und deine Marktposition zu stärken. Ein praktisches Beispiel: Günstige Wettbewerber drängen auf den Markt. Diesem Risiko kannst du beggnen, indem du deine Produktqualität und dein Fachwissen nutzt, um dich von ihnen zu differenzieren.

Im Bereich der **Schwächen-Risiken-Kombination** findest du potenzielle Gefahren für den Erfolg deines Unternehmens. Ein Beispiel ist das steigende Kundenverlangen nach besserem Service. Möglicherweise fehlen in deinem Unternehmen aber die nötigen Ressourcen, um diesem Anspruch gerecht zu werden. Das könnte zu unzufriedenen Kunden und schlechten Bewertungen führen.

Die Analyse der aktuellen Unternehmenssituation untersucht sowohl interne Ressourcen als auch externe Bedingungen. Sie zeigt, wie Stärken, Schwächen, Chancen und Risiken miteinander interagieren und optimal kombiniert werden können. Du erhältst einen umfassenden Überblick über deine Unternehmenssituation, den Markt und die Konkurrenz und kannst nun evaluieren, wie sich dein Unternehmen positionieren sollte.

5. FEHLER:
SMARTE UNTERNEHMENSZIELE FALSCH FORMULIEREN

Selbst in den komplexesten Geschäftsszenarien liegt der Schlüssel zum Erfolg oft in der Einfachheit und Präzision der formulierten Unternehmensziele. Fehler oder Ungenauigkeiten können zu Missverständnissen, ineffektiver Ressourcennutzung und letztlich zum Verfehlen der Zielsetzung führen. Die SWOT-Analyse führt zu klaren Zielen.

Zunächst gilt es, die Bereiche zu definieren, in denen Ziele gesetzt werden sollen. Grundlage hierfür bilden die Kombinationen aus der SWOT-Analyse. Anschließend werden die Ziele priorisiert und eine Marketingstrategie entworfen.

Tipp: Ein hilfreiches Werkzeug, um den Überblick zu behalten, ist ein Zielkatalog, in dem du all deine Ziele auflistest und ihre Priorität festlegst. Wichtig ist auch anzugeben, ob sie kurz- oder langfristig anzugehen sind.

Ziel-Kategorie	Ziel-Definition	Bedingungen/Beschränkungen	IST-Situation	Zeitlicher Rahmen	Priorität
IMAGE	Verbesserung des Images in der Region	Bekanntheitsgrad regional um 30 % erhöher	Zwei Konkurrenten, unbekannt	Kurz- bis Langfristig	Höchste
MEDIEN-PRÄSENZ	Stärkere Präsenz in den regionalen Medien	Vor Eröffnung	Keine Präsenz, zwei Pressemitteilungen bereits vorhanden	Kurzfristig	Hoch
USW.					

Ziele müssen mess- und erreichbar sein. Du musst am Ergebnis erkennen können, ob die Ziele erfolgreich erfüllt wurden oder nicht.

Im Akronym »SMART«[5] steht jeder Buchstabe für ein Qualitätsmerkmal. Je besser das Ziel diesen Merkmalen entspricht, desto besser ist es zu verfolgen. Diese Kriterien helfen dir somit, deine Ziele zu beurteilen, sie präzise und effektiv zu formulieren.

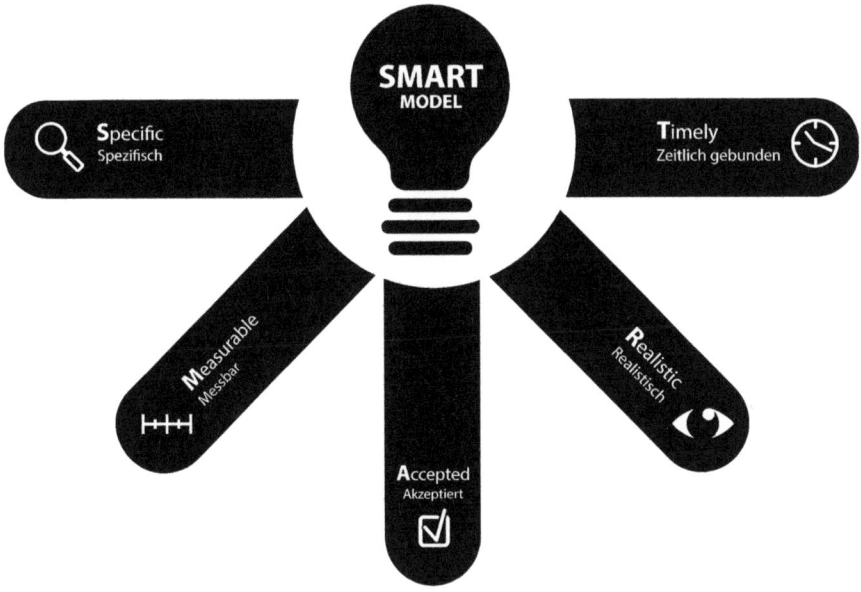

So schaffst du eine solide Grundlage für deine Strategie. Habe also keine Scheu davor, Ziele neu zu formulieren.

Spezifisch: Eine spezifische und detaillierte Zielbeschreibung zu formulieren, bedeutet nicht, dass sie ausführlich sein muss. Stattdessen sollte das Ziel in einem einzigen prägnanten Satz präzise formuliert werden.

Messbar: Was nicht messbar ist, kann auch nicht erreicht werden. Daher ist es entscheidend, messbare Parameter in die Zielsetzung zu integrieren.

Messbare Erfolge erzeugen ein positives Gefühl, ermöglichen eine detaillierte Analyse sowie die Optimierung von Zielen, Strategien und Maßnahmen.

Quantitative Ziele wie Umsatzsteigerungen oder Kosteneinsparungen sind leicht messbar, da sie in Zahlen ausgedrückt werden können. Bei abstrakten und subjektiven Zielsetzungen wie der Verbesserung des Images müssen alternative Methoden herangezogen werden, um den Zielerreichungsgrad zu messen.

Akzeptiert: Es ist entscheidend, dass alle Beteiligten von deinen Zielen überzeugt sind, um sie zu realisieren. Dies gilt insbesondere für Projekte, die verschiedene Unternehmensbereiche umspannen. Ziele sollen motivieren.

Wenn jemand Bedenken gegenüber den Zielen äußert, sollte dies nicht als Widerstand angesehen, sondern als wertvolle Anmerkung geschätzt werden. Häufig können erst dadurch Fehler in der Zielsetzung erkannt und korrigiert werden.

Realistisch: Deine Ziele müssen erreichbar und sinnvoll sein, eine zu hoch oder zu niedrig angesetzte Zielsetzung kann zu Misserfolg führen. Ein Beispiel: Du gründest ein kleines Unternehmen und strebst an, den gesamten Markt innerhalb eines Monats zu dominieren. Das klingt unrealistisch und ist es auch. Ein realistisches Ziel erfordert ein Gleichgewicht zwischen Ambition und realistischer Beurteilung.

Terminiert: Ziele erfordern einen festen Zeitrahmen, innerhalb dessen sie erreicht werden sollen. Du solltest nicht nur Start- und Endzeitpunkt, sondern auch Zwischenziele definieren. Diese Ziele müssen untereinander kohärent sein. Die zeitliche Dimension hilft dir dabei, Prioritäten zu setzen und die Arbeitslast sinnvoll zu verteilen. Auch externe Faktoren wie saisonale Schwankungen oder marktbedingte Einflüsse sollten hier berücksichtigt werden.

Hier sind zwei Beispiele aus der Praxis:

1. Ziel: Erhöhung des monatlichen Umsatzes in der Abteilung »Redaktion« um 15 % durch die Einführung neuer KI-Tools innerhalb der nächsten 12 Monate.

2. Ziel: Steigerung der Programmierleistung in der Abteilung »Digital« um 20 % innerhalb von sechs Monaten durch effizientere Arbeitsabläufe und Schulungen des gesamten Teams.

6. FEHLER:
ZIELGRUPPEN NICHT VERSTEHEN

Zielgruppen lassen sich in direkte und indirekte Gruppen unterteilen, jede verfügt über eigene Merkmale und Einflüsse.

Zu den direkten Zielgruppen zählen Endverbraucher oder Kunden, die deine Produkte kaufen. Wenn du ihre Bedürfnisse und Präferenzen, ihr Kaufverhalten und ihre Demografie nicht verstehst, kannst du falsche Marketingentscheidungen treffen, die zu schlechter Produktausrichtung und Kundenunzufriedenheit führen.

Indirekte Zielgruppen nutzen nicht direkt Produkte deines Unternehmens, haben aber dennoch einen erheblichen Einfluss auf die Kaufentscheidungen der direkten Zielgruppen. Dazu gehören Meinungsführer, Branchenexperten, politische Organisationen, Multiplikatoren und andere Akteure, die das Unternehmensimage und die -wahrnehmung beeinflussen können. Wenn du ihre Bedeutung nicht erkennst oder unterschätzt, kann das zu einem Mangel an Glaubwürdigkeit, zu Rufschädigung und zu Umsatzverlusten führen.

Der richtige Kunde als Schlüssel zum Erfolg
Eine Zielgruppenanalyse kann maßgeblich dazu beitragen, deinen Umsatz zu steigern.

Scheinbar werden alle Kundenbedürfnisse erfüllt, trotzdem gibt es manchmal Beschwerden? Dann sollte dir klar werden, dass es nicht ausreicht, irgendwelche Kunden zu bedienen, die mit deinen Produkten zufrieden sind. Die Frage »Wer sind meine Wunschkunden?« wird deine Entscheidungen maßgeblich beeinflussen. Lege den Fokus nicht auf die Überzeugungskraft des Angebots, sondern versuche, deine idealen Kunden zu verstehen. Diese neue Denkweise führt zum Erfolg, denn du kannst so die Begeisterungsfaktoren deiner Wunschkunden mit in die Portfolioentwicklung integrieren.

Für die präzise Definition der Wunschkunden können verschiedene Kriterien herangezogen werden:

- **Demografische Merkmale:** Geschlecht, Alter, Familienstand

- **Sozioökonomische Merkmale:** Beruf, Bildungsstand

- **Psychografische Merkmale:** Werte (z. B. Gerechtigkeit, Fairness, Tradition, Zusammenarbeit) und Ziele (z. B. Karrierefortschritt, soziale Interaktion)

- **Geografische Merkmale:** makrogeografisch (Bundesländer, Regionen und Städte), mikrogeografisch (Stadtteile, Gebiete, Straßenabschnitte)

- **Aktiografische Merkmale:** Kaufverhalten (Einkaufsorte, Produktwahl, Informationsverhalten, Markentreue und -wahl, Kaufhäufigkeit, Nutzungsintensität und Preisbewusstsein)

Wenn du deine Wunschkunden identifizieren kannst, öffnen sich weitere Möglichkeiten der Segmentierung. Mit den folgenden Methoden kannst du die Vorlieben und Bedürfnisse deiner Wunschkunden noch besser kennenlernen:

Personas sind die **lebendige Repräsentation deiner Zielgruppe.** Mit den beschriebenen Unterscheidungskriterien kannst du mehrere fiktive Charaktere erschaffen, die verschiedene Segmente deiner Zielgruppe widerspiegeln. Diese Personas geben deinem Wunschkunden ein Gesicht und bieten dir einen Einblick in die Denkweise, die Vorlieben und Ziele deiner Zielgruppe. Mit jeder Persona verstehst du somit besser, wer deine Kunden sind, was sie brauchen und wie du sie am besten erreichen kannst.

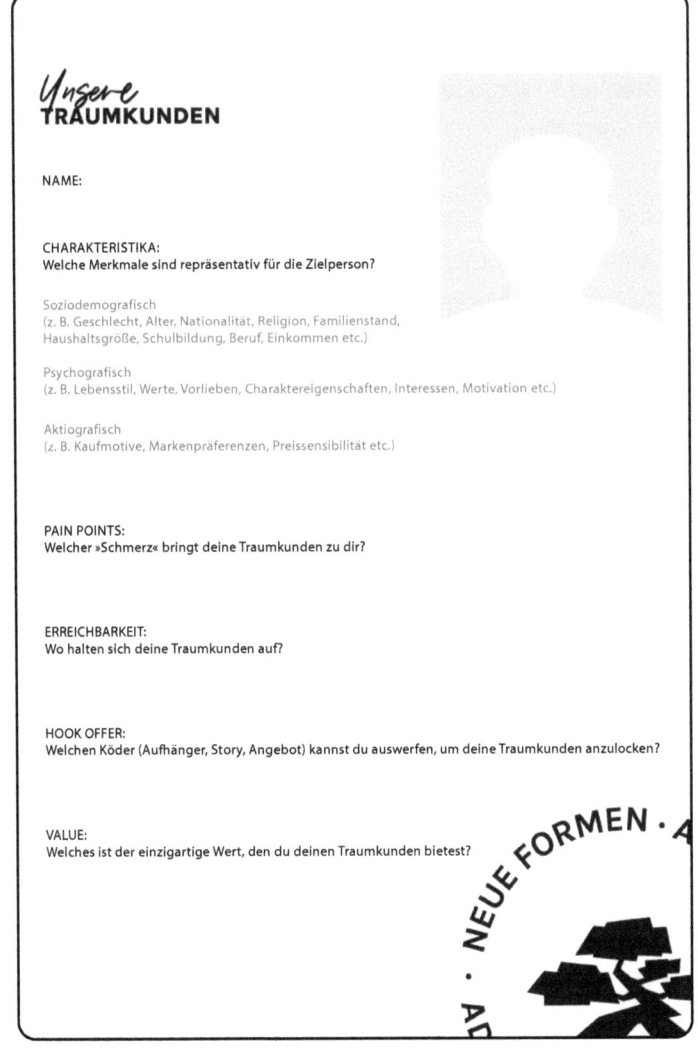

Um deinen Wunschkunden noch besser zu verstehen, solltest du dich auf zwei wesentliche Aspekte fokussieren: die **Pain Points** und die **Gain Points**.

Pain Points: Welche Herausforderungen treiben deine Zielperson zu dir? Falls du diese Frage nicht anhand von Marktfeedback beantworten kannst, sprich potenzielle Kunden direkt an und erfrage ihre Perspektiven. Reflektiere dich selbst: Welche Gemeinsamkeiten hast du mit deiner Zielgruppe? Warst du bereits in einer vergleichbaren Situation? Wenn ja, wie hast du dich gefühlt? Diese persönlichen Erfahrungen können wertvolle Einblicke in die Bedürfnisse deiner Zielperson liefern.

Gain Points: Welche Erwartungen und Wünsche hat deine Zielperson an dich? Kehre nicht einfach die Schmerzpunkte um, sondern frage dich, was deine Zielperson motiviert. Führe hier gründliche Ursachenforschung durch und kratze nicht nur an der Oberfläche.

Der **Zielgruppenzuspitzer** ist eine nützliche Hilfe zur präziseren Bestimmung deiner Zielgruppe. Es handelt sich um eine Art Lückentext, der verschiedene Merkmale einer operativ gut erreichbaren Zielperson umfasst. Er beinhaltet:

- Die **Positionierungsbeschreibung** (»Immobilieninvestor«)

- Mindestens eine **Konkretisierungsstufe** (»mindestens zwei Immobilienbesitztümer im Portfolio«)

- Ein **Situations- oder Problem-Statement** (»auf der Suche nach neuen Anlagemöglichkeiten für sein Immobilienportfolio«)

- eine **Zielbeschreibung** (»interessiert an Immobilien im wachsenden Stadtteil für langfristige Investitionen«)

So kannst du das Beispiel ausformulieren: Unsere Zielgruppe sind Immobilieninvestoren mit mindestens zwei Immobilien im Portfolio, die auf der Suche nach neuen Anlagemöglichkeiten sind und Interesse an neuen Investitionsmöglichkeiten in wachsenden Stadtteilen für langfristige Investitionen zeigen.

Wo halten sich deine Wunschkunden auf? Wenn du die bevorzugten Aufenthaltsorte und Kommunikationskanäle deiner Zielgruppe kennst, kannst du gezielt dorthin gelangen, wo potenzielle Kunden Informationen suchen, Entscheidungen treffen und mit deinem Unternehmen interagieren.

Untersuche, welche **Onlineplattformen und sozialen Medien** (Facebook, Instagram, LinkedIn etc.) deine Zielgruppe am häufigsten nutzt, um dort dein Angebot zu präsentieren.

Branchenspezifische Veranstaltungen und Messen: Je nach deinem Geschäftsfeld kannst du hier deine Wunschkunden persönlich treffen und auf dein Angebot aufmerksam machen.

Lokale Gemeinschaften und Treffen: Engagiere dich in lokalen Gemeinschaften oder Vereinen. Je nach Art deines Geschäfts könnten Treffpunkte, Workshops oder Seminare ideale Orte sein, um potenzielle Kunden anzutreffen.

Kooperationen mit verwandten Unternehmen: Suche nach Kooperationsmöglichkeiten mit Unternehmen, die bereits deine Zielgruppe ansprechen. Das könnte eine Win-win-Situation sein, um deine Produkte einem bereits interessierten Publikum zu präsentieren.

Kundenbefragungen und Feedback: Führe Befragungen durch, um direkt von deinen Bestandskunden zu erfahren, wo sie sich üblicherweise aufhalten und welche Medien sie konsumieren.

Google Analytics und Webseitenstatistiken: Analysiere die Daten deiner Website, um zu sehen, von welchen Standorten und über welche Kanäle Besucher auf diese gelangen.

7. FEHLER:
UNKLARES PRODUKT- UND DIENSTLEISTUNGSPORTFOLIO

Ebenso wichtig wie die Zielgruppenkenntnis ist die Portfolioklarheit. Denn um deine Kunden von deinen Produkten und Dienstleistungen zu überzeugen, brauchst du ein gut durchdachtes, klares und strukturiertes Produkt- bzw. Dienstleistungsportfolio.

Das bedeutet, dass du genauestens analysieren und bewerten musst, was du anbieten möchtest.

Produkte müssen so aufgebaut sein, dass sie perfekt zum sogenannten »Need« der Zielpersonen passen. Im Optimalfall lösen diese Probleme, mit denen deine Kunden schon lange Zeit zu kämpfen haben.

Das Produktportfolio ist eine Sammlung aller Produkte, die dein Unternehmen anbietet. Es dient als Marketing- und Werbewerkzeug, um potenzielle neue Kunden, Geschäftspartner oder Investoren anzuziehen. Das Portfolio kann zwar je nach Größe, Branche und Unternehmensstrategie stark variieren, sollte jedoch unabhängig davon immer über die folgenden fünf Eigenschaften verfügen:

- **System und Organisation:** Dein Portfolio sollte entsprechend deiner Produktstrategie gestaltet sein und ausschließlich Produkte enthalten, die zum Erreichen deiner Unternehmensziele beitragen. Merkmale, Funktionen und Vorteile deiner Produkte sollten für Kunden, Investoren oder Geschäftspartner direkt ersichtlich werden.

Ordne deine Produkte in einer Reihenfolge an, welche es ermöglicht, Bezüge zwischen den einzelnen Produkten herzustellen. Mithilfe eines klaren Portfolios wird es dir leichterfallen, Marktrisiken zu erkennen und entsprechend zu reagieren. Im besten Fall lassen sich deine Produkte kombinieren, sodass du sie gemeinsam bewerben und verkaufen kannst.

- **Vielfalt und Kundenorientierung:** Ein Produktportfolio sollte außerdem durch eine breite Produktpalette unterschiedliche Kundenbedürfnisse berücksichtigen. So können deine Kunden die Option wählen, die zu ihren Bedürfnissen am besten passt. Dennoch solltest du nicht den ganzen Bauchladen an Produkten anbieten, sondern dir eine sogenannte »Mantelpositionierung« aufbauen: Anstatt Produkte zu streichen oder nicht aufzunehmen, solltest du einen gemeinsamen »Mantel« als Oberbegriff finden, unter dem sich möglichst viele deiner Produkte gebündelt verkaufen lassen.

- **Raum für kontinuierliche Weiterentwicklung:** Das Produktportfolio ist ein wichtiges Werkzeug für die Entwicklung innovativer Angebote, die verschiedenste Marktsegmente abdecken. Es sollte immer die Entwicklung zukünftiger Innovationen berücksichtigen und auf die sich ändernden Bedürfnisse, Trends und Entwicklungen des Markts ausgerichtet sein.

Tipp: Platziere deine Neuheiten besonders prominent, um Kunden gezielt darauf aufmerksam zu machen.

- **Klarheit und Transparenz:** Durch Klarheit über dein Angebot und die Verkaufszahlen kannst du Entwicklungen besser prognostizieren und besser entscheiden, in welche Produkte du vermehrt Ressourcen investieren möchtest. Durch die Antizipation zukünftiger Entwicklungen in deinem Portfolio senkst du zudem die Investitionsrisiken und bereitest dich auf Herausforderungen vor.

- **Kosteneffizienz:** Achte bei der Analyse deiner Produkte darauf, deine Produktions- und Lieferkettenprozesse zu optimieren, um deinen Gewinn bestmöglich zu steigern. Kosteneffizienz hilft deinem Unternehmen dabei, wettbewerbsfähige Preise anzubieten und Kunden anzulocken. Zudem kannst du auf finanzielle Herausforderungen besser reagieren, da du deine allgemeinen Betriebskosten senkst. Das Ergebnis: mehr finanzielle Stabilität, effektiver und nachhaltiger Ressourceneinsatz.

Abschließend noch drei weitere Tipps für ein gelungenes Portfolio:

- **Achte auf Nachhaltigkeit:** Indem du umweltfreundliche und sozial verantwortliche Produkte förderst, kannst du den langfristigen Erfolg deines Unternehmens sicherstellen.

- **Sorge für entsprechende Mechanismen zur Leistungsmessung und -analyse:** Nur so kannst du dein Portfolio bewerten und Anpassungen vornehmen.

- **Stärke mithilfe deines Portfolios Markenwert und -image deines Unternehmens:** Dein Portfolio sollte dazu beitragen, deine Marke als vertrauenswürdig und innovativ zu positionieren.

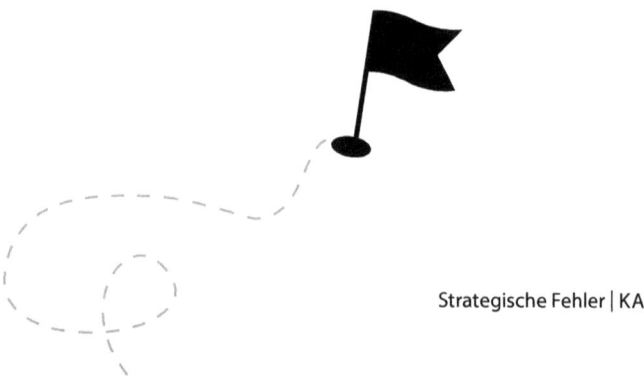

8. FEHLER:
RECHTLICHE UND STEUERLICHE ASPEKTE VERNACHLÄSSIGEN

> **Hinweis:** Ich bin kein Anwalt und darf keinerlei Rechtsberatung vornehmen. Dieses Kapitel dient ausschließlich informellen Zwecken und sollte nicht als Ersatz für professionelle rechtliche oder steuerliche Beratung betrachtet werden. In solchen Angelegenheiten solltest du immer einen qualifizierten Rechtsanwalt oder Steuerberater zurate ziehen. Ein stabiler Betrieb deines Unternehmens hängt maßgeblich von rechtlichen und steuerlichen Angelegenheiten ab.

Die Folgen schwammiger Vereinbarungen können weitreichend sein – von kostspieligen Rechtsstreitigkeiten über finanzielle Verluste bis hin zu erheblichen Rufschäden.

Mit der folgenden Checkliste für Verträge und Vereinbarungen kannst du gewährleisten, dass alle rechtlichen Aspekte vor einer Vertragsunterzeichnung geprüft und abgesichert sind:

- Klare Definition der Leistungen und Lieferungen
- Festlegung von Zahlungsbedingungen
- Vereinbarung über Haftung und Schadenersatz
- Regelungen für Vertragsauflösung und Kündigung
- Prüfung durch Rechtsanwälte

Die Missachtung gesetzlicher Vorschriften und regulatorischer Anforderungen kann zu schwerwiegenden rechtlichen Konsequenzen führen. Stelle daher sicher, dass alle geltenden Gesetze, Vorschriften und Lizenzanforderungen befolgt werden, um Sanktionen zu vermeiden.

Tipp: Konsultiere von Anfang an einen Rechtsanwalt, der sich auf Unternehmensrecht spezialisiert hat. Dieser kann dich über die vertraglichen Aspekte informieren und bei der Erstellung von rechtlich bindenden Dokumenten helfen. Halte dich über aktuelle Entwicklungen in deinem Land oder deiner Region auf dem Laufenden und passe deine Geschäftspraktiken entsprechend an. Hier eine Checkliste für regulatorische Compliance:

- Identifikation und Verständnis aller relevanten Gesetze und Vorschriften
- Regelmäßige Schulungen für Mitarbeiter zur Einhaltung der Gesetze
- Implementierung von Kontrollmechanismen zur Überprüfung der Compliance
- Regelmäßige Aktualisierung und Anpassung an neue Vorschriften
- Zusammenarbeit mit Rechtsanwälten und Experten für spezifische Branchenanforderungen

Rechtsformen definieren nicht nur die rechtlichen Strukturen und die Haftungsverhältnisse, sondern haben auch maßgebliche Auswirkungen auf die steuerliche Belastung des Unternehmens und seiner Inhaber. Es gibt verschiedene Rechtsformen; jede von ihnen bringt spezifische Vor- und Nachteile mit sich, die im Hinblick auf Steuern und Rechtsverbindlichkeiten abgewogen werden müssen.

Bei der Unternehmensform des **Einzelunternehmers** agiert der Unternehmer als Einzelperson und haftet somit persönlich und unbeschränkt mit seinem gesamten Vermögen. Es gibt keine rechtliche Trennung zwischen dem Geschäft und dem Privatvermögen des Unternehmers. Die Gewinne des Einzelunternehmens werden direkt dem Einkommen des Inhabers zugeordnet. Das bedeutet, dass die Einkünfte aus dem Unternehmen mit dem persönlichen Einkommensteuersatz des Inhabers besteuert werden.

Der **eingetragene Kaufmann (e. K.)** haftet mit seinem gesamten Vermögen für die Verbindlichkeiten des Unternehmens. Es gibt keine Haftungsbeschränkung. Die Gewinne des e. K. werden als Einkommen des Kaufmanns behandelt und entsprechend der persönlichen Einkommensteuersätze besteuert. Es gibt keine Trennung zwischen Unternehmensgewinnen und persönlichen Einkünften.

Außerdem gibt es **Personengesellschaften:**

Bei der **Gesellschaft bürgerlichen Rechts (GbR)** haftet jeder Gesellschafter persönlich und unbeschränkt mit seinem Privatvermögen. Es existiert keine rechtliche Trennung zwischen dem Geschäftsvermögen und dem Privatvermögen der Gesellschafter. Auch bei der **Offenen Handelsgesellschaft (OHG)** haften die Gesellschafter persönlich und unbeschränkt mit ihrem Privatvermögen. Es besteht keine rechtliche Trennung zwischen dem Geschäftsvermögen und dem Privatvermögen der Gesellschafter. Wichtig zu wissen ist, dass eine OHG im Gegensatz zur GbR ins Handelsregister eingetragen werden muss.

Sowohl bei der GbR als auch bei der OHG werden Gewinne und Verluste entsprechend der individuellen Beteiligungsquote den Gesellschaftern zugeordnet und von ihnen persönlich versteuert. Diese flexible Gewinn- und Verlustverteilung ermöglicht eine faire Besteuerung eines jeden Gesellschafters gemäß seinem Anteil am Geschäftsergebnis.

Die **Kommanditgesellschaft (KG)** zeichnet sich durch eine klare Unterscheidung zwischen den persönlich haftenden Gesellschaftern (Komplementäre) und den beschränkt haftenden Gesellschaftern (Kommanditisten) aus. Während die Komplementäre uneingeschränkt mit ihrem Privatvermögen haften, ist die Haftung der Kommanditisten auf ihre Einlage beschränkt. Die Besteuerung ist differenziert: Die persönlich haftenden Gesellschafter versteuern ihren Gewinn individuell nach ihren persönlichen Einkommensteuersätzen, es sei denn, es handelt sich um eine juristische Person, die dann stattdessen eine Körperschaftsteuer zahlen muss.

Eine andere Gruppe von Rechtsformen sind die **Kapitalgesellschaften:**

Die **Gesellschaft mit beschränkter Haftung (GmbH)** ist durch eine beschränkte Haftung gekennzeichnet. Das bedeutet, dass die Haftung der Gesellschafter auf das Vermögen der Gesellschaft begrenzt ist. Die persönlichen Vermögen der Gesellschafter sind von den geschäftlichen Verbindlichkeiten getrennt. Die Gewinne der GmbH unterliegen der Körperschaftsteuer. Diese wird auf Gesellschaftsebene berechnet und bezahlt. Wenn Gewinne an die Gesellschafter ausgeschüttet werden, unterliegen diese Ausschüttungen der persönlichen Einkommensteuer der Gesellschafter. Es handelt sich also um eine zweistufige Besteuerung, bei der sowohl auf Unternehmensebene als auch auf persönlicher Ebene Steuern anfallen.

Die **Gesellschaft mit beschränkter Haftung & Compagnie Kommanditgesellschaft (GmbH & Co. KG)** ist eine spezielle Form der Personengesellschaft in Deutschland, die eine GmbH als Komplementär und eine oder mehrere natürliche oder juristische Personen als Kommanditisten kombiniert. Diese Gesellschaftsform verbindet die Haftungsbeschränkung einer GmbH mit den steuerlichen Vorteilen einer Personengesellschaft. Die Besteuerung ist komplex und hängt von der rechtlichen Struktur, den Beteiligten und ihrer Funktion ab. Die GmbH als persönlich haftende Gesellschafterin zahlt Körperschaftsteuer, während die KG gewerbesteuerpflichtig ist. Gewinnanteile der Kommanditisten unterliegen der Einkommensteuer und können mit anderen Einkünften verrechnet werden. Besondere Regelungen gelten für Kommanditisten, die auch Gesellschafter der Komplementär-GmbH sind oder Geschäftsführungsdienstleistungen erbringen.

Die **Aktiengesellschaft (AG)** zeichnet sich durch eine beschränkte Haftung aus, die Haftung der Aktionäre ist auf das Gesellschaftsvermögen begrenzt. Die persönlichen Vermögen der Aktionäre sind von den geschäftlichen Verbindlichkeiten getrennt. Die Gewinne der AG unterliegen der Körperschaftsteuer. Diese Steuer wird auf Gesellschaftsebene berechnet und gezahlt. Wenn Gewinne in Form von Dividenden an die Aktionäre ausgeschüttet werden, unterliegen diese Ausschüttungen der persönlichen Einkommensteuer der Aktionäre. Es handelt sich also um eine zweistufige Besteuerung, bei der sowohl auf Unternehmensebene als auch auf persönlicher Ebene Steuern anfallen.

Eine steuerliche Planung ist unerlässlich, um Steuern zu minimieren und die finanzielle Stabilität deines Unternehmens zu gewährleisten. Durch die Zusammenarbeit mit Steuerberatern kannst du maßgeschneiderte Steuerstrategien entwickeln und deine Steuerbelastung optimieren.

Tipp: Engagiere einen Steuerberater, um deine Steuerangelegenheiten zu managen, Steuererleichterungen zu nutzen, deine Steuererklärungen korrekt vorzubereiten und Strafen zu vermeiden. Halte dich und dein Team durch regelmäßige Schulung und Weiterbildung über rechtliche und steuerliche Entwicklungen auf dem Laufenden. So kannst du sicherstellen, dass dein Team mit den neuesten Anforderungen und Best Practices vertraut ist. Hier findest du eine Checkliste für die steuerliche Planung:

- Analyse der steuerlichen Situation deines Unternehmens
- Identifikation von steuerlichen Einsparungsmöglichkeiten
- Erstellung einer langfristigen Strategie
- Regelmäßige Überprüfung und Anpassung der Steuerstrategie
- Einhaltung von Fristen für Steuererklärungen und Zahlungen

Das Versäumnis, Steuerpflichten ordnungsgemäß zu erfüllen, kann zu hohen Geldstrafen, rechtlichen Problemen und einem geschädigten Ruf führen. Du brauchst also eine Checkliste für **steuerliche Compliance:**

- Einhaltung aller steuerlichen Verpflichtungen (Steuererklärungen, Zahlungen etc.)
- Prüfung von Steuererklärungen auf Richtigkeit und Vollständigkeit
- Dokumentation aller steuerlich relevanten Transaktionen
- Einrichtung eines effektiven Buchhaltungssystems für Steuerzwecke
- Regelmäßige Schulungen für Mitarbeiter zur steuerlichen Compliance

Mehrere Arten von Steuern sind für Unternehmen relevant.

Ertragssteuern betreffen das Geld, das du innerhalb eines bestimmten Zeitraums verdienst. Die Gesamtsumme deiner Einkünfte in dieser Zeit bildet die Basis für die Besteuerung. Der zu zahlende Betrag wird durch einen entsprechenden Steuersatz bestimmt, der sich aus dem Einkommensteuertarif und verschiedenen Einkommensquellen ergibt.

Zu den wichtigsten Ertragssteuern in Deutschland gehören:

- die Einkommensteuer
- die Gewerbesteuer
- die Körperschaftsteuer

Zusätzlich wird ein Solidaritätszuschlag (Soli) in Höhe von 5,5 % auf die Einkommensteuer und Körperschaftsteuer erhoben. Der Soli wurde nach der Wiedervereinigung eingeführt, um die damit verbundenen Kosten zu decken.

Verbrauchssteuern sind indirekte Steuern, da sie auf bestimmte Waren, häufig Luxusgüter, erhoben werden. Beispiele für Verbrauchssteuern sind:

- Energiesteuer
- Tabaksteuer
- Kaffeesteuer

Eine Besonderheit besteht darin, dass bei Verbrauchssteuern wie der Stromsteuer zusätzlich auch noch die Umsatzsteuer anfällt. Anders ausgedrückt: Einige Produkte des täglichen Bedarfs können doppelt besteuert werden. In der Regel wird diese Steuerlast auf den Endverbraucher übertragen, indem die anfallenden Steuern auf den Verkaufspreis aufgeschlagen werden.

Substanzsteuern werden auf bestimmte Vermögenswerte erhoben, die dein Unternehmen zu einem bestimmten Zeitpunkt besitzt, wie Häuser oder Grundstücke. Hierzu gehören:

- Vermögenssteuer
- Grundsteuer
- Kraftfahrzeugsteuer

Die **Umsatzsteuer**, auch **Mehrwertsteuer** genannt, wird auf den Verkauf von Waren und Dienstleistungen erhoben. Der Prozentsatz ist warenabhängig und liegt zwischen 7 und 19 %. Unternehmen, die umsatzsteuerpflichtig sind, müssen diese Steuer auf den von ihnen berechneten Verkaufspreis aufschlagen.

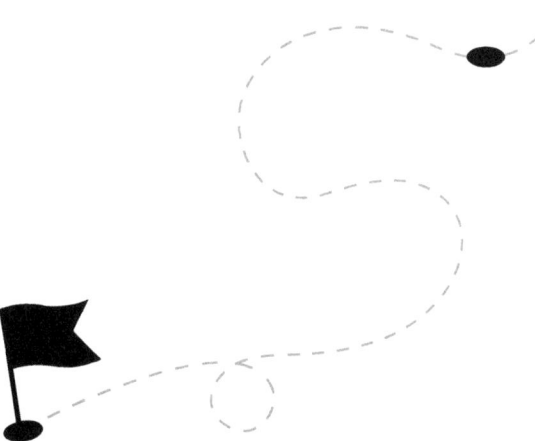

9. FEHLER:
UNKLARE POSITIONIERUNG

Die Wahl der richtigen Wettbewerbsstrategie ist von grundlegender Bedeutung, um langfristig auf dem Markt zu bestehen. Mit ihr definierst du deine Wettbewerbsposition und entscheidest so über Erfolg oder Misserfolg deines Unternehmens. Der renommierte amerikanische Wirtschaftswissenschaftler Michael E. Porter differenziert drei grundlegende Wettbewerbsstrategien.[3] Er unterscheidet zwischen der sogenannten Kostenführerschaftsstrategie und der Differenzierungsstrategie. Bei partieller Marktabdeckung kann auch die sogenannte Nischenstrategie zum Erfolg führen.

Der **Kostenführer** hebt sich durch besonders niedrige Preise von seinen Konkurrenten ab. Er bietet ein schlankes Produktsortiment mit wenigen Varianten an, meistens Produkte des täglichen Bedarfs. Der Kostenführer ist damit für eine breite Kundschaft attraktiv.

Niedrige Preise können durch verschiedene Mechanismen wie Massenproduktion oder eine sehr strenge Kostenkontrolle gewährleistet werden. Der Kostenführer versucht, die eigenen Produktions- und Betriebskosten so gering wie möglich zu halten. Dabei setzt er auf Standardisierung, damit alle Prozesse immer nach dem gleichen, effizienten Muster ablaufen. Er definiert sich durch ein schlankes Management und die Nutzung aller ihm zur Verfügung stehenden Rationalisierungsmöglichkeiten. Die Organisation ist strukturiert, die Verantwortlichkeiten sind eindeutig. Häufig gibt es detaillierte Kontrollberichte, Redundanzen sollten abgebaut bzw. minimiert werden.

Doch die Kostenführerschaft birgt auch Nachteile: Durch die niedrigen Preise und den möglichst breiten Kundenstamm hat das Unternehmen nur begrenzte Differenzierungsmöglichkeiten. Es ist dem fortlaufenden Wettbewerb um die niedrigsten Preise ausgesetzt und läuft ständig Gefahr, durch andere Kostenführer vom Markt verdrängt zu werden.

Um die Kostenführerschaft zu erreichen, muss zudem zunächst sehr viel investiert werden. Die Anschaffung moderner und energieeffizienter Produktionsanlagen ist teuer und rentiert sich erst nach einigen Jahren. Die hohen Anlaufkosten stellen für viele Unternehmen eine große Hürde dar. Ein weiterer Nachteil besteht darin, sich ständig an Trends und Marktveränderungen anpassen zu müssen, um konkurrenzfähig zu bleiben. Außerdem kann es zu unvorhersehbaren Kostensteigerungen kommen.

Merke dir:

Vorteile der Kostenführerschaft	Nachteile der Kostenführerschaft
Wettbewerbsfähige Preise	Anfängliche Investitionskosten
Breite Kundenbasis	Ständige Anpassung an Trends und Marktveränderungen notwendig
Stabile Gewinne bei hohen Verkaufszahlen	Unvorhergesehene Kostensteigerungen

Der Textilgigant KiK überzeugt eine breite Kundschaft mit konstant niedrigen Preisen und erzielt dadurch hohe Gewinne. Aber auch Lebensmitteldiscounter wie Lidl, Aldi, Penny oder Netto verfolgen diese Strategie. Ebenso sind Ketten wie Takko oder NKD gute Beispiele für eine gelungene Kostenführerschaft.

Die **Differenzierungsstrategie** setzt nicht auf Standardisierungen, sondern eröffnet kreative Freiräume für Mitarbeiter, fördert Innovation und die Entwicklung neuer Produkte, die sich von denen der Konkurrenz möglichst stark unterscheiden. Bei der Differenzierungsstrategie wird viel Wert auf die Qualität und die Einzigartigkeit der Produkte gelegt. Differenzierungsmerkmale können bestimmte Service- oder Zusatzangebote sein. Auch durch besonders freundliches Personal mit besonderen Kompetenzen kann der Differenzierer überzeugen. Statt auf den Preis setzt er auf die herausragende Qualität, das Design und den Service.

Die Zielgruppe ist nicht die breite Masse, sondern es sind spezifische Kunden, die für die Einzigartigkeit und die Marke gern entsprechend zahlen. Das erworbene Produkt kann häufig nur schwer von der Konkurrenz imitiert werden. Dafür wird viel Geld in gutes Marketing und in die Marktforschung investiert, das Unternehmen baut sich ein exklusives Markenimage auf. Bei dieser Strategie steht vor allem die Markenbindung im Fokus. Sie soll die höheren Preise rechtfertigen. Nur so sichert der Differenzierer den Fortbestand seines Unternehmens. Voraussetzung für den Erfolg der Strategie ist eine fundierte Analyse der innerbetrieblichen Abläufe und der Absatzmöglichkeiten auf dem Markt. Die Zahlungsbereitschaft der Konsumenten muss gewährleistet sein.

Auch die Differenzierungsstrategie birgt Nachteile: Durch ständige Innovation und Einzigartigkeit fallen höhere Produktions- und Entwicklungskosten an. Die Entwicklung neuer Ideen muss durch den Verkauf der entstandenen Produkte finanziert werden. Da kreative Freiräume den standardisierten Abläufen vorgezogen werden, kann die Entwicklung neuer Produkte oft länger dauern als erwartet. Ebenso besteht das Risiko, dass das Produkt den Kunden am Ende nicht überzeugt und sich schlecht verkauft.

Durch die Beschaffung von qualitativ hochwertigeren Rohstoffen und den Einsatz von mehr Personal entsteht ein erheblich höherer Kostenaufwand. Wenn das Produkt sich nicht eindeutig von Konkurrenzprodukten abhebt, kann das schnell zum Nachteil werden. Immer kürzer werdende Produktlebenszyklen machen die Qualitäts- oder Preisführerschaft zur Herausforderung. Dabei muss das Markenimage ständig gepflegt und an Marktentwicklungen angepasst werden. Die Erfolgszutaten: viel Know-how, Kreativität und Zeitgeist.

Merke dir:

Das Unternehmen Apple überzeugt seine Kunden durch sein einzigartiges Design und innovative Technologien, es vermittelt ihnen so ein Gefühl der Exklusivität.

Die **Nischenstrategie** kann bei partieller Marktabdeckung verfolgt werden und erzielt Wettbewerbsvorteile, indem ein Unternehmen nur in einer speziellen Nische bzw. einem eng begrenzten Marktsegment agiert. Denn hier haben Unternehmen prinzipiell bessere Chancen, sich gegenüber der breiten Konkurrenz zu differenzieren und erfolgreich zu sein. Dafür muss eine klare Abgrenzung zum Gesamtmarkt stattfinden. Durch weniger Konkurrenz kann so leichter die Marktführerschaft übernommen werden. Durch das geringere Angebot kann zudem schneller auf Marktveränderungen reagiert werden.

Die Wahl der richtigen Nische erfordert eine Marktsegmentierung, da die Zielgruppenmerkmale und -bedürfnisse der gewünschten Zielgruppe analysiert werden müssen, um die Nische erfolgreich zu bedienen. Es bedarf einer klaren Fokussierung auf das Kundensegment, die Region, eine Produktart oder Dienstleistung, die von anderen Wettbewerbern noch nicht bedient wird. Bei der Differenzierung sollte Folgendes bedacht werden: Ist die Abgrenzung zu eng, werden Mitbewerber zu spät wahrgenommen, ist die Abgrenzung zu groß, gibt es keine Marktnische mehr und die Zielgruppe verschwimmt.

Nachteil der Nischenstrategie ist, dass sich Trendprodukte meist nicht lange auf dem Markt halten. Darüber hinaus fallen auch hier zu Beginn hohe Investitionskosten an und man verfügt aufgrund der kleinen Zielgruppe über ein geringeres Marktvolumen. Wachstums- und Gewinnmarge erreichen so schnell ihr Maximum.

In der Nischenstrategie lassen sich prinzipiell alle Wettbewerbsstrategien vereinen, da man innerhalb der Nische wiederum Kostenführer oder Differenzierer werden kann.

Merke dir:

Vorteile der Nischenstrategie	Nachteile der Nischenstrategie
Maßgeschneiderte Dienstleistungen	Schwierige Erweiterung der Produktpalette
Starker Einfluss auf den Teilmarkt	Begrenztes Marktvolumen
Schnelle Reaktion auf Marktveränderungen	Oftmals begrenzte Lebensdauer von Trendprodukten

Tesla besetzte mit seinen E-Autos eine Nische innerhalb der Automobilbranche. Auch Apple hat mit der Entwicklung der ersten kabellosen Kopfhörer eine Nische für sich genutzt. Vor allem in der Textilbranche gibt es zahlreiche Nischen wie Übergrößen, Arbeits- oder Outdoorkleidung.

Entscheide dich für eine Strategievariante! Ansonsten gerätst du in das Dilemma des »**Stuck in the Middle**« und läufst Gefahr, vom Markt verdrängt zu werden. Eine unklare Positionierung führt zu Wettbewerbsnachteilen. Die verschiedenen Wettbewerbsstrategien stellen unterschiedliche Anforderungen an dein

Unternehmen, welche du erfüllen musst, um erfolgreich auf dem Markt bestehen zu können.

Die von dir eingeschlagene Strategie sollte im Vorfeld geplant und auf die gegebenen Marktbedingungen und -entwicklungen abgestimmt sein. Außerdem solltest du die Kundenbedürfnisse beachten. Du solltest dir durch die Strategiewahl einen Wettbewerbsvorteil verschaffen.

10. FEHLER:
NUR IM UNTERNEHMEN ARBEITEN, NICHT AM UNTERNEHMEN

Endlose To-do-Listen, Kundenanfragen, Besprechungen: Der Gedanke an langfristige Ziele geht im Tagesgeschäft unter und der Druck, den Kopf über Wasser zu halten, wird zu einem ständigen Kampf. Langsam, aber sicher wird strategisches Denken unmöglich und es entsteht ein Kreislauf des Reagierens statt des aktiven Gestaltens.

Erkennst du dich darin wieder? Du bist damit nicht allein: Viele Unternehmer verlieren sich im Chaos des Tagesgeschäfts, statt sich auf die Unternehmensentwicklung zu konzentrieren.

Es bringt nichts, dich in die Alltagsarbeit deines Unternehmens zu stürzen; kluges Arbeiten setzt oft strategisches Denken voraus. Als Unternehmer musst du die großen Zusammenhänge verstehen, klare Ziele setzen und dafür sorgen, dass dein tägliches Handeln zu diesen Zielen beiträgt. Es geht nicht nur darum, so viele Aufgaben wie möglich perfekt zu erledigen, sondern auch darum, die richtigen Dinge zu tun. Gleichzeitig ist es nicht einfach, **am** anstatt **im** Unternehmen zu arbeiten und deinen Fokus zu verschieben. Die Unterscheidung mag dir subtil erscheinen, aber sie führt zu nachhaltigem Wachstum.

Betrachte dich als Gärtner. Wenn du versuchst, jede Blume einzeln zu züchten, ohne die Gesamtstruktur deines Gartens zu berücksichtigen, verlierst du dich in Detailarbeit. Tägliche Aufgaben wie das Gießen sind wichtig, aber nicht alles: Die Kunst besteht nicht nur darin, eine einzelne Blume zum Blühen zu bringen, sondern darin, alle Pflanzen in Harmonie miteinander wachsen zu lassen. Du schaffst die Bedingungen, in der das gesamte Ökosystem deines Gartens gedeihen kann. Auch als Unternehmer darfst du dich nicht im Tagesgeschäft verlieren, du musst eine Vision für eine funktionierende Ordnung schaffen, in der jedes Element seinen Platz hat und in der dein Unternehmen als Ganzes wachsen kann.

Dein Unternehmen besteht aus verschiedenen Aufgabenbereichen. Die Hauptaktivitäten unterteilt der bekannte US-amerikanische Unternehmensberater Michael E. Gerber in drei Teilbereiche:[6]

- Der **Techniker** ist derjenige, der die Fachkraft-Aufgaben verrichtet. Dies kann ein Handwerker, ein Künstler oder ein Grafikdesigner sein.

- Der **Manager** ist dafür verantwortlich, die Aufgaben der Techniker zu organisieren und für reibungslose Betriebsabläufe zu sorgen. In kleinen Unternehmen übernimmt der Inhaber auch die Managerrolle.

- Der **Unternehmer** bringt nicht nur seine technischen Fähigkeiten ein oder organisiert den Betrieb, sondern ist auch eine visionäre Führungspersönlichkeit. Er schafft Systeme und Prozesse, die es seinem Unternehmen ermöglichen, unabhängig von seiner eigenen Arbeitskraft zu funktionieren, beispielsweise die Unternehmensausrichtung oder die Pflege der Beziehungen zur Öffentlichkeit.

Problematisch ist die ungleiche Gewichtung dieser Bereiche. Besonders Kleinunternehmer konzentrieren sich zu sehr auf die technischen Aspekte ihrer Tätigkeit und agieren als Problemlöser für ihre Angestellten. Dadurch vernachlässigen sie ihre eigentliche Rolle: Planung, Strategieentwicklung, die SWOT-Analyse und die Unternehmenspositionierung.

Du solltest also Systeme schaffen, die es dir ermöglichen, diesen Aufgaben nachzugehen.

Damit du das Prinzip der »System-Schaffung« besser verstehst, möchte ich dir die »Cashflow Quadrant«-Theorie von Robert Kiyosaki[7] vorstellen; sie konzentriert sich auf die verschiedenen Arten, wie Menschen Einkommen erzielen. Kiyosakis Hauptthese besteht darin, dass es vier grundlegende Typen von Menschen gibt, die sich auf zwei Achsen eines Quadranten verteilen lassen:

Cashflow-Quadrant

	Angestellte	Unternehmer	
Aktives Einkommen ←			→ **Passives Einkommen**
	Selbstständige	Investoren	

Angestellte erzielen ihr Einkommen, indem sie ihre verfügbare Zeit gegen ein Entgelt, z. B. einen Stundenlohn, eintauschen. Ihr Einkommen steht somit in direktem Zusammenhang mit ihrer Arbeitszeit, und sie haben häufig nur begrenzte Kontrolle über ihre berufliche Zukunft. Sie sind häufig besonders auf Sicherheit bedacht und stellen diese über ihre finanzielle Freiheit.

Selbstständige sind zwar ihr eigener Chef und freiberuflich tätig, aber auch ihr Einkommen hängt stark von ihrer eigenen Arbeitsleistung ab. Sie können oft nur begrenzt expandieren, da sie ihr Unternehmen in der Regel selbst führen. Obwohl sie selbstständig sind, müssen sie ununterbrochen arbeiten.

Unternehmer sind unabhängig, sie besitzen und führen Unternehmen. Sie können andere für sich arbeiten lassen und damit ein passives Einkommen aus den Unternehmensaktivitäten erzielen.

Investoren leben von den passiven Erträgen ihrer Investitionen in Form von Aktien, Immobilien oder anderen Anlageformen.

Die vier Quadranten sind in zwei Gruppen unterteilt: Die erste Gruppe besteht aus Angestellten und Selbstständigen, die zweite aus Unternehmern und Investoren. Um finanzielle Unabhängigkeit zu erlangen und die Unternehmensentwicklung voranzutreiben, musst du dich in der zweiten Gruppe bewegen.

Kiyosaki betont dabei den Unterschied zwischen Selbstständigen und Unternehmern wie folgt: »Ein Selbstständiger hat einen Job, ein Unternehmer hat ein System«.[7] Unternehmer und Investoren neigen eher dazu, Strukturen zu schaffen, die selbstständig funktionieren können, während Angestellte und Freiberufler oft direkt mit der operativen Seite ihrer Tätigkeit zu tun haben.

Somit ist es wichtig, dass du dich nicht mehr als Arbeitnehmer siehst – dein Ziel ist es nicht, der beste Mitarbeiter deines Unternehmens zu werden, sondern ein Unternehmen zu gestalten, das dir Autonomie sichert. Diese Tipps werden dir bei dem Perspektivwechsel helfen:

- **Analysiere deine Verhaltensmuster** und deine persönliche Motivation dafür, dich in das tägliche Geschäft zu stürzen: Leistungsdrang? Das Bedürfnis nach Anerkennung? Schnelle Erfolge können deinen Selbstwert zwar kurzfristig steigern, langfristig bringen sie dich jedoch nicht ans Ziel.

- **Übernimm Verantwortung.** Es erfordert eine bewusste Anstrengung, aus dem Tagesgeschäft auszusteigen und deine Rolle als Unternehmer zu vertreten.

- **Setze langfristige Ziele.** Das Schaffen einer Vision hilft dabei, den Fokus auf die wesentlichen Ziele und die Unternehmensvision zu behalten. Betrachte dein Unternehmen aus der Vogelperspektive: Wie kann es sich weiterentwickeln?

- **Entwickle klare und effiziente Arbeitsprozesse**, die es deinem Unternehmen ermöglichen, unabhängig von individuellen Arbeitsleistungen zu funktionieren.

- **Fördere Innovationen.** Als Unternehmer bist du nicht nur für das aktuelle Geschäft verantwortlich, sondern auch dafür, auf Veränderungen in der Branche zu reagieren. Ermutige kreative Ideen und Innovation im Unternehmen.

- **Fördere deine Mitarbeiter.** Ein erfolgreiches Unternehmen basiert nicht nur auf deinen Fähigkeiten, sondern auch auf einem engagierten und qualifizierten Team. Je eigenständiger und kompetenter deine Mitarbeiter sind, desto stärker kannst du dich auf deine Aufgaben konzentrieren.

- **Delegiere Aufgaben**, lege Verantwortlichkeiten und Funktionen klar fest (am besten schriftlich) und identifiziere Fach- und Führungsaufgaben, die andere genauso gut oder besser erledigen können als du.

11. FEHLER:
FEHLENDE MENTOREN

Der Mensch trifft durchschnittlich zwischen 20.000 und 35.000 Entscheidungen am Tag, kleine, alltägliche Entscheidungen, jedoch auch große, zum Teil mit schwerwiegenden Konsequenzen. Gerade als Unternehmer musst du viele dieser wichtigen Entscheidungen treffen – eine Herausforderung.

Eine Person mit reichem Erfahrungsschatz kann dich bei der Entscheidungsfindung beraten. Ein Mentor hilft dir auch bei der Entwicklung deiner persönlichen Fähigkeiten. Außerdem verfügt er über die entsprechenden Branchenkontakte, da er meist schon jahrelang aktiv und erfolgreich ist. Damit ist er Ratgeber, Inspirationsquelle und Verbindung zur Geschäftswelt zugleich.

So findest du den passenden Mentor:

- **Deine Kontakte:** Als Mentor kommt grundsätzlich jeder infrage, der die Ziele, die du dir für dein Unternehmen gesetzt hast, bereits erreicht hat und von dem du lernen kannst. Oft befindet sich ein passender Kandidat schon in deinen Kontakten.

- **Inspirierende Quellen:** Beschäftige dich mit Podcasts, Artikeln, Videos oder Online-Lehrgängen von Menschen, die dich inspirieren und die deine Ziele bereits erreicht haben. Informiere dich darüber, wie sie ihre Erfolge erzielt haben, und bilde dich kontinuierlich weiter, um dein Wissen selbstständig zu vertiefen.

- **Websites und soziale Medien:** Du kannst dich auch an Experten wenden, die ihre Erfahrung gegen entsprechendes Honorar weitergeben. Suche deren Websites auf oder suche in den sozialen Netzwerken und auf Onlineplattformen.

- **Organisationen und Netzwerke:** Durch den Beitritt in berufliche Organisationen, die deiner Branche oder deinem Tätigkeitsfeld entsprechen, gelangst du mit den richtigen Leuten in Kontakt.

Überlege dir, warum du die Person für einen geeigneten Mentor hältst, und überzeuge sie, indem du deine Vorstellungen klar formulierst. Überlege dir mögliche Gegenleistungen, um die Beziehung für beide Seiten vorteilhaft zu machen. Über diese grundlegenden Eigenschaften sollte dein Mentor verfügen:

- **Berufliches und persönliches Vorbild:** Ein Mentor sollte für dich ein positives Vorbild sein, das dich dazu inspiriert, das Bestmögliche aus dir und deinem Unternehmen herauszuholen. Dein Mentor hat nachhaltigen Einfluss auf deine Entwicklung und sollte demnach deinen moralischen und ethischen Werten entsprechend handeln.

- **Ehrlichkeit:** Dein Mentor muss die Wahrheit stets konstruktiv und ehrlich aussprechen können, um ein Vertrauensverhältnis aufzubauen. Nur so kann eine unterstützende und effektive Beziehung geschaffen werden, die eine echte Weiterentwicklung ermöglicht.

- **Zeitliche Verfügbarkeit:** Nur wenn dein Mentor genügend zeitliche Kapazitäten hat, kann er schnell auf deine Bedürfnisse und Fragen reagieren und dir zielgerichtet helfen. Nur so kann er dir die kontinuierliche Unterstützung bieten, die du benötigst.

- **Engagement:** Dein Mentor sollte daran interessiert sein, aktiv mit dir nach den passenden Lösungen für deine Probleme zu suchen. Er sollte ernsthaftes Interesse für deine Ziele und deine persönliche Weiterentwicklung zeigen, damit seine Hilfestellung maximal wirksam wird.

- **Kommunikation:** Egal ob es um die Kommunikation deiner Ziele, Feedback, deine persönliche Entwicklung oder Problemlösungen geht: Dein Mentor muss verständlich kommunizieren können. So sollte er auch über seine eigenen Fehler und Misserfolge offen und ehrlich sprechen. Nur so kannst du daraus lernen.

Die Suche nach einem Mentor gelingt meist nicht sofort. Aber: Das Warten lohnt sich!

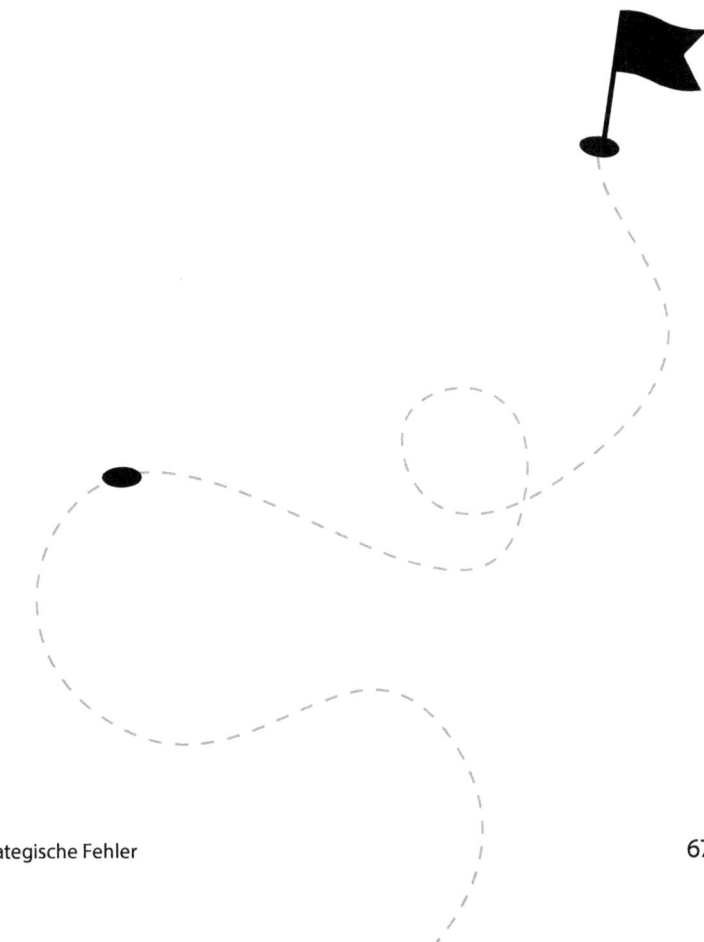

KAPITEL 02

Prozesse, Effizienz und Effektivität

Die Ameisenkolonie

In einem Wald lebte eine große Ameisenkolonie, die für ihre Arbeitsmoral und ihren Zusammenhalt bekannt war. Sie war ein System, das in Harmonie arbeitete, um das Überleben und Gedeihen der Gemeinschaft zu sichern.

Eines Tages wurde der größte Teil des Ameisenbaus zerstört. Königin Arista blieb ruhig und sammelte ihre Berater um sich. Sie wusste, dass die Kolonie nur überleben konnte, wenn alle Ameisen effizient zusammenarbeiteten.

Sie rief die ältesten und erfahrensten Ameisen zusammen und gemeinsam entwickelten sie einen detaillierten Plan. Sie teilten die Aufgaben so auf, dass keine Ameise überlastet war und jede ihre spezifischen Fähigkeiten optimal einsetzen konnte. Es wurden klare Kommunikationswege etabliert, sodass jede einzelne Ameise genau wusste, was zu tun war. Die Arbeiterameisen begannen sofort mit dem Wiederaufbau der zerstörten Tunnel, die Soldaten bewachten die Eingänge und die Pfadfinder suchten neue Nahrungsquellen.

Der neue Ameisenbau wurde schneller als erwartet abgeschlossen und war nicht nur stabiler, sondern auch sicherer als zuvor. Dank der klugen Planung und der effektiven Umsetzung konnte die Kolonie in kürzester Zeit wieder zu alter Stärke zurückfinden.

Diese Geschichte zeigt, dass Erfolg nicht nur durch harte Arbeit, sondern auch durch intelligente Planung und effiziente Prozesse erreicht wird. Ein gut organisiertes Arbeitsumfeld ist die geheime Zutat für den Unternehmenserfolg. Jedoch können schlechtes Zeitmanagement, Projekt-Hopping oder eine ineffiziente Meetingkultur den reibungslosen Arbeitsablauf behindern.

12. FEHLER:
INEFFIZIENTE ARBEITSWEISE

8:00 Uhr morgens: E-Mails werden gecheckt und die To-do-Liste für den Tag überflogen. 8:15 Uhr: Die ersten neuen Mails flattern rein. 8:30 Uhr: Das erste Meeting des Tages. 9:15 Uhr: Wieder neue Mails – ziemlich hoher Workload heute. 9:30 Uhr: Kunde ruft an. 11:00 Uhr: Pause. Ein paar Aufgaben werden noch nebenbei erledigt. 12:15 Uhr: Die Präsentation für heute muss eigentlich vorbereitet werden, aber es kommen immer mehr Mails. 13:45 Uhr: Die Präsentation lief nicht gut. Die Laune ist im Keller. 15:15 Uhr: Der Tisch droht unter dem Berg an Arbeit nachzugeben. 17:30 Uhr: Die nächste Deadline steht kurz bevor und noch immer ist dieses eine wichtige Projekt nicht abgeschlossen. 19:00 Uhr: Wieder mal ein stressiger Tag. Die restlichen Aufgaben müssen wohl oder übel morgen erledigt werden.

Kommt dir das bekannt vor? So sieht der Arbeitstag von vielen Unternehmern aus. Stress, Zeitdruck und ein zu hohes Arbeitspensum regieren den Arbeitsalltag vieler Unternehmer und hindern sie daran, ihre Ziele zu erreichen. Die Lösung: effektives Zeitmanagement.

Georg Christoph Lichtenberg sagte einmal: »Die Leute, die niemals Zeit haben, tun am wenigsten.« Das klingt paradox, ist es aber nicht. Wer Zeit effizient nutzt, dem bleibt am Ende des Tages auch mehr davon. Wer sie allerdings durch eine unstrukturierte Arbeitsweise verschwendet, dem bleibt kaum Zeit übrig. Deshalb ist es wichtig, dass du ein Gefühl für deine eigene Zeit entwickelst.

Was du leider nicht ändern kannst, ist die Zeit selbst. Worauf du allerdings Einfluss hast, ist die Art und Weise, wie du mit deiner Zeit umgehst. Dafür musst du:

- **Zeitdiebe identifizieren:** Bist du oft abgelenkt oder arbeitest du parallel an vielen Aufgaben gleichzeitig? Überprüfe, ob du in deinem Arbeitsalltag Zeitfresser entdecken kannst. Denn unsere heutige Gesellschaft ist von Reizüberflutung geprägt. Zeitdiebe wie die sozialen Medien hemmen deine Produktivität und laden zur Prokrastination ein. Deshalb ist es wichtig, vor allem Social Media von deinem Arbeitsalltag zu trennen, E-Mail-Postfächer zu geregelten Zeiten zu überprüfen und einzelne Aufgaben der Reihe nach anzugehen.

- **Aufgaben priorisieren:** Überlege, welche Projekte wirklich wichtig sind, denn die Priorisierung erleichtert es dir, deinen Zeitplan zu organisieren, und steigert deine Effizienz. Du kannst Aufgaben in »wichtig« und »weniger wichtig« unterteilen. Nennenswert ist hierbei vor allem die Eisenhower-Matrix, die Aufgaben in vier Prioritäten-Felder unterteilt:

Bedeutung

wichtig und dringend	weniger wichtig, aber dringend
wichtig, jedoch nicht dringend	nicht wichtig und auch nicht dringend

Zeit

Weniger relevante Aufgaben kannst du im »nicht wichtig und nicht dringend«-Feld aufschieben, während Aufgaben, die du dem Feld »wichtig und dringend« zuordnest, oberste Priorität haben. Ausschlaggebend ist nicht nur, welches Projekt du zuallererst angehst, sondern auch, wie viel Zeit du diesem widmest. Plane realistisch und rechne mit Zeitverzögerungen.

- **Deadlines setzen:** Lege eigene Zeitfristen für dich fest, um Aufgaben zeitnah abzuschließen. Dadurch steigerst du deine eigene Motivation und Produktivität. Dabei geht es nicht darum, die selbst gesetzte Deadline immer zu erreichen, denn oft schätzen wir den Zeitaufwand falsch ein.

- **Aufgaben delegieren:** Erleichtere dir deinen Alltag, indem du entbehrliche Aufgaben oder Teile davon an andere Personen abgibst. Schließlich kannst du nicht alles allein schaffen – dafür hast du ein Team oder kannst dir eins aufbauen.

- **Perfektionismus vermeiden:** Erledige die Aufgabe zwar nach bestem Gewissen, aber verliere dich nicht in Details. Perfektionismus kann dafür sorgen, dass du zu viel Zeit verlierst und am Ende doch nicht das bestmögliche Ergebnis herausholst. Lege die Aufgabe erst einmal zur Seite, um ihr zu einem späteren Zeitpunkt den letzten Feinschliff zu verpassen.

- **Gleichartige Aufgaben bündeln:** Oft ähneln sich Aufgaben und du kannst sie in einem Zug abarbeiten.

- **Komplexe Aufgaben in kleinere Meilensteine aufteilen:** Wenn du vor einer komplexen Aufgabe stehst, kann allein der Anblick der Aufgabe dich schnell überfordern. Wenn du sie in kleinere Meilensteine unterteilst, senkt das die Angst vor ihrer Bewältigung und bringt neue Motivation.

- **Lernen, »Nein« zu sagen:** Wäge sorgfältig ab, welche Aufgaben deine Kapazitäten zulassen. Niemandem ist geholfen, wenn du ein Projekt annimmst, es aber dann nicht rechtzeitig bearbeiten kannst.

In unserer heutigen Leistungsgesellschaft leiden viele unter enormem Performance-Druck. Dauerhafter Stress sollte allerdings kein Indikator für Erfolg sein, im Gegenteil: Je ausgeglichener du deinen Arbeitstag beendest, desto besser hast du wahrscheinlich auch deine Aufgaben gemeistert. Durch mehr Achtsamkeit für deine Bedürfnisse und durch ein effizientes Zeitmanagement strukturierst du deinen Alltag sinnvoll und erreichst deine Ziele schneller.

13. FEHLER:
PROJEKT-HOPPING

»Projekt-Hopping« reißt uns hin und her zwischen dem Tatendrang, Projekte abzuschließen, und dem Reiz neuer verlockender Ideen. Ein häufiges Ergebnis: Ineffizienz. Denn der ständige Wechsel bedeutet: Es gibt viele Anfänge, aber nur wenige Abschlüsse.

Hast du schon einmal vom **Shiny Object Syndrome** (SOS) gehört? Wie eine Elster werden wir ständig von neuen glänzenden Ideen, Projekten oder Trends angezogen. Allerdings handelt es sich im Gegensatz zum Sammeltrieb von Elstern bei Menschen eher um ein impulsives Verhalten, das von verschiedenen Faktoren beeinflusst wird:

Suchtpotenzial von schnellem Erfolg und Belohnung: Neue Projekte stehen oft für unentdeckte Möglichkeiten und versprechen Wachstum. Neue Ideen, die uns die Möglichkeit geben, schnell sichtbare Ergebnisse zu erzielen, lösen einen kurzfristigen Nervenkitzel aus und werden oft überbewertet, während bestehende Aufgaben als weniger aufregend wahrgenommen werden. Dieser kurzfristige Erfolg kann süchtig machen und deine Versuchung verstärken, dich immer wieder auf neue Unternehmungen einzulassen.

»Fear of missing out« (FOMO): In einer dynamischen Geschäftswelt ist die Angst, eine bahnbrechende Gelegenheit zu verpassen, allgegenwärtig. Wir suchen dann ständig nach Neuem.

Neugier: Auch unser Innovationsdrang ist ein treibender Faktor. Während uns das »Alte« schnell langweilt, kann die Aussicht auf Neues unwiderstehlich sein. Gerade als angehender Unternehmer kannst du es wahrscheinlich kaum erwarten, durchzustarten. Du sprudelst und springst von einem Projekt – hopp, hopp, hopp – zum nächsten.

Von dieser Unruhe kannst du dich befreien. Als erfahrener Unternehmer, der mehr als einmal durch Höhen und Tiefen gegangen ist, sage ich dir: Es ist wichtig, Projekte nicht nur zu beginnen, sondern sie auch abzuschließen. Hier dreht sich alles um Klarsicht, Konstanz und Durchhaltevermögen. So bleibst du auf Kurs:

- **Priorisiere Projekte**, die den größten Einfluss auf deine Ziele oder dein Unternehmen haben.

- **Definiere eine maximale Anzahl** an Projekten, die du gleichzeitig bearbeitest.

- **Blockiere für das wichtigste Projekt in deinem Kalender feste Zeiten**, in denen du dich ausschließlich dieser Aufgabe widmest.

- **Vermeide Ablenkungen**, die dich zum Projektwechsel verleiten könnten. Schalte Benachrichtigungen aus oder lege feste Zeiten für E-Mails fest.

- **Setze messbare Ziele und Meilensteine**, um deinen Fortschritt zu verfolgen und deine Motivation aufrechtzuerhalten.

- **Entwickle Ausdauer und Geduld**, denn Erfolg ist ein Marathon und kein Sprint. Es wird Höhen und Tiefen geben, Niederlagen und Siege. Wenn es schwierig wird, erinnere dich, warum du angefangen hast.

- **Überprüfe deine Projekte** und passe regelmäßig deren Priorität an.

- **Lerne aus Misserfolgen**, denn nur so findet ein Entwicklungsprozess statt. Analysiere die Ursachen deiner Fehler, um sie als Sprungbrett für zukünftige Projekte zu nutzen.

- **Entwickle Prozesse**, die dich unterstützen, nicht behindern. Die Automatisierung von Arbeitsprozessen kann Wunder bewirken. Implementiere effektive Zeitmanagement-Techniken, wie die Eisenhower-Matrix, um Aufgaben nach Dringlichkeit und Relevanz zu priorisieren.

- **Lerne zu delegieren**, indem du klare Rollen und Verantwortlichkeiten innerhalb deines Teams festlegst. Berücksichtige dabei die Stärken und Fähigkeiten eines jeden Teammitglieds.

14. FEHLER:
INEFFIZIENTE MEETINGS

Es ist nicht ungewöhnlich, dass Unternehmer viele Stunden ihrer kostbaren Arbeitszeit in endlosen Besprechungen verbringen, ohne klare Ergebnisse zu erzielen. Damit Meetings einen messbaren Nutzen bringen, ist eine effiziente Meetingkultur notwendig.

Wenn Arbeitszeit in unproduktiven Besprechungen verloren geht, beeinträchtigt das nicht nur deinen Arbeitsalltag, sondern kann auch dein gesamtes Team negativ beeinflussen.

Oft fehlt es an klarer Struktur und das eigentliche Ziel wird verfehlt. Das kostet Zeit: Laut einer Umfrage der Hochschule Augsburg[8] stieg zwischen 2015 und 2018 der Anteil der Fach- und Führungskräfte, die bis zur Hälfte ihrer Arbeitszeit in Besprechungen verbrachten, von 39 % auf 45 %. Der Anteil derer, die sogar mehr als die Hälfte ihrer Zeit in Meetings verbringen, stieg 2018 von 20 % auf 24 %. Diese Zahlen sind seit der Coronapandemie aufgrund von Heimarbeit und der Notwendigkeit besserer Abstimmung in Krisenzeiten deutlich gestiegen.

Das Ergebnis: ein spürbarer Produktivitätsverlust und schleichende Unzufriedenheit. Das Einstellen der Besprechungen ist leider keine Lösung des Problems – denn Meetings sind nicht nur notwendig für den Unternehmenserfolg, sondern können auch die Motivation und Produktivität deines Teams nachhaltig steigern. Sie fördern persönlichen Kontakt, die Kommunikation und stärken das Vertrauen untereinander. Die Lösung: eine effiziente Meetingkultur zu etablieren.

Stell dir vor, dein Unternehmen ist eine Küche, in der verschiedene Gerichte zubereitet werden. Deine Aufgabe ist es, dafür zu sorgen, dass alle Gerichte gelingen. Dafür solltest du folgende Punkte beachten:

- **Eine zielgerichtete Agenda:** Eine klare Tagesordnung ist das Rezept, das zu einem köstlichen Gericht führt. Sie schafft einen Leitfaden, definiert klare Ziele und erleichtert die Aufgabenverteilung. Stelle sicher, dass alle Teilnehmer die Agenda zuvor erhalten.

- **Die Teilnehmerauswahl:** Viele Köche verderben den Brei: Mit der Teilnehmerzahl steigt oft auch die Anzahl derer, die wenig zur Diskussion beitragen können. Lade ausschließlich Personen ein, die für die behandelten Themen relevant sind.

- **Strikte Zeitführung:** Nur präzises Timing und sorgfältige Planung garantieren Spitzenköchen ein perfektes Ergebnis. Eine klare Zeitstruktur ermöglicht es, die Tagesordnung und alle relevanten Punkte abzuarbeiten, ohne in endlose Diskussionen zu geraten.

- **Aktive Teilnahme:** Wie in der Küche, wo jedes Gewürz zum Geschmack beiträgt, kann jeder deiner Mitarbeiter zum Erfolg beitragen. Die aktive Teilnahme sollte bewusst gefördert werden: Klare Moderation und kreative Techniken motivieren deine Mitarbeiter und steigern die Diskussionsqualität.

- **Folgeaktionen festlegen:** Folgemaßnahmen stellen sicher, dass eure Besprechung Früchte trägt. So wie ein erfahrener Koch Aufgaben delegiert, müssen auch die Ideen deines Teams umgesetzt werden. Sonst bleibt euer Treffen in der Theorie stecken. Lege also am Meetingende konkrete Schritte, Verantwortlichkeiten und Fristen fest.

Wurde eine gute Meetingkultur entwickelt, solltest du den Erfolg weiterhin überwachen. Die folgenden Punkte werden den Mehrwert deiner Meetings auch zukünftig gewährleisten:

- **Feedback:** Befrage deine Teams zu Schwachstellen der Meetingkultur, sodass du die Meetings besser auf ihre Bedürfnisse abstimmen kannst.

- **Reflexion:** Meetings sind Spiegel deines Unternehmens – sie zeigen den Zustand von Engagement, Zufriedenheit und Produktivität. Durch regelmäßige Beobachtung kannst du Muster erkennen, Defizite aufdecken und Positives verstärken.

- **Schulungen:** Raum für Verbesserungen gibt es immer. Schulungen helfen, eine effektive Kommunikation, klare Zielsetzung und aktive Beteiligung der Mitarbeiter zu entwickeln.

- **Dokumentation:** »Best Practices« solltest du im Kopf behalten. Halte deshalb bewährte Erfahrungen mit Meetings schriftlich als Leitfaden fest. Dieser dient als Handbuch für neue Teammitglieder und stellt Standards auch bei Personalwechseln sicher.

15. FEHLER:
UNKLARE ARBEITSPROZESSE OHNE STANDARDISIERUNG

In der Vergangenheit habe ich immer wieder erlebt, wie Unternehmen an mangelnder Klarheit und Standardisierung ihrer Arbeitsprozesse gescheitert sind. Chaos, Ineffizienz und unnötige Kosten sind die Folge: viel Work, aber kein Flow.

Deine Ziele scheinen unerreichbar, egal wie viel du arbeitest? Häufig sind die Prozesse unklar und es entsteht rasch eine Engstelle, die Ressourcen verschlingt. Dies führt dann zu unnötigen Missverständnissen und Frustrationen. Die rettende Idee: Die Standardisierung von Arbeitsprozessen befreit dich von einem Durcheinander.

Die Arbeitsabläufe in deinem Unternehmen sind wie einzelne Arbeitsschritte für den Bau eines Wolkenkratzers: Klare Zuständigkeiten und präzise Baupläne sorgen dafür, dass das Gebäude am Ende stabil steht. So wie ein Architekt sicherstellen muss, dass jede Schraube perfekt platziert ist, schaffen Standards in deinem Unternehmen eine Struktur, die jedem Mitarbeiter klare Anweisungen gibt. Diese Standards treiben ebenso die Effizienz des Unternehmens an. Das Ergebnis ist ein Unternehmen, das auf einem soliden Fundament steht.

Aber Achtung: Standard heißt nicht Stillstand. Die Prozessstandardisierung kann wie eine Zwangsjacke wirken, die keine Vielfalt und Kreativität zulässt. Jedoch geht es vielmehr darum, repetitive Aufgaben zu identifizieren und effizient zu gestalten.

Du solltest deinem Team genau erklären, welches Ziel du mit standardisierten Abläufen verfolgst. Das fördert die Zusammenarbeit und das Verständnis für den größeren Zweck und führt zu einer erfolgreichen Integration dieser Prozesse im Unternehmen. Eine klare Erläuterung der Ziele ermöglicht auch allen Teammitgliedern, sich in den Veränderungsprozess einzubringen.

Klarheit und Standardisierung sind dabei nicht nur temporäre Lösungen, sondern langfristige Strategien, die den Erfolg deines Unternehmens erst ermöglichen. Mit diesem Ansatz investiert dein Unternehmen gezielt in seine Zukunftsfähigkeit.

Stell dir vor, dein Unternehmen ist ein gut geöltes Uhrwerk, ein strukturiertes und koordiniertes System, in dem jedes Element eine entscheidende Zahnradposition einnimmt. Hier ist der Trick: Diese Zahnräder sind nicht an bestimmte Personen gebunden, sondern an Positionen im Unternehmen. Warum das so wichtig ist? Aus folgenden Gründen:

Wenn Aufgaben und Prozesse auf bestimmte Personen zugeschnitten sind, ist dein Unternehmen anfällig für Störungen durch Personalwechsel. Wenn sich dein Unternehmen jedoch auf Positionen statt auf Individuen konzentriert, bleibt die Kontinuität gewahrt, unabhängig davon, wer gerade das Sagen hat.

Personenunabhängige Prozesse ermöglichen dir eine reibungslose Skalierbarkeit, ohne dass bei jeder Veränderung das Rad neu erfunden werden muss.

Statt sich auf die Einzigartigkeit einer Person zu verlassen, sollte dein Unternehmen auf klare Richtlinien setzen, die jeder Mitarbeiter befolgen kann – ein Rezept für minimale Risiken.

Klare Schritte und eindeutige Verantwortlichkeiten führen zu einem reibungslosen Ablauf und zu hoher Effizienz. Jeder deiner Mitarbeiter weiß genau, was er zu tun hat, ganz ohne Rätselraten.

Standardisierte Prozesse fördern den Erfahrungsaustausch und ermöglichen eine kontinuierliche Weiterentwicklung deiner Mitarbeiter. Best Practices können leichter ausgetauscht und übernommen werden. Vor allem neuen Teammitgliedern wird dadurch geholfen, sich im Handumdrehen in ihre Rolle einzufinden.

Insgesamt sind personenunabhängige Prozesse das Geheimrezept für Stabilität, Effizienz und die Fähigkeit, zu wachsen. Dein Unternehmen wird zu einem gut synchronisierten Orchester, in dem die Musik weiterklingt, unabhängig davon, wer gerade den Taktstock schwingt.

Mit diesen zehn Tipps kannst du Arbeitsprozesse standardisieren:

- **Prozessanalyse:** Analysiere die bestehenden Arbeitsabläufe, identifiziere Engpässe und erkenne, wo Unklarheiten auftreten.

- **Klare Ziele:** Deine Vision gibt die Richtung vor, während deine Ziele Meilensteine setzen. Das schafft Orientierung und hilft Mitarbeitern, ihre Aufgaben besser zu verstehen.

- **Kleine Schritte:** Kleine, überschaubare Prozesse ermöglichen eine schrittweise Umstellung, ohne dein gesamtes Unternehmen zu überfordern.

- **Dokumentation:** Beschreibe jeden Schritt genau und nachvollziehbar. Das schafft nicht nur Klarheit für deine Mitarbeiter, sondern erleichtert auch das Erkennen von Engpässen und Optimierungspotenzialen.

- **Digitale Tools:** Setze digitale Werkzeuge wie Projektmanagement-Softwares, Workflow-Apps und digitale Zeiterfassung ein. Diese Tools erleichtern die Dokumentation und die Zusammenarbeit.

- **Schulung:** Selbst der effizienteste Prozess wird scheitern, wenn das Team nicht informiert und vorbereitet ist. Investiere daher in Schulungen, um sicherzustellen, dass alle Mitarbeiter die Prozesse verstehen und umsetzen können.

- **Kommunikation:** Eine offene Kommunikation fördert das Verständnis deiner Mitarbeiter und schafft ein gemeinsames Bewusstsein für die Bedeutung von Klarheit in den verschiedenen Arbeitsabläufen.

- **Feedbackmechanismen:** Durch kontinuierliches Feedback kannst du leichter Prozesse optimieren und dich an Veränderungen anpassen.

- **Technologie als Verbündeter:** Automatisiere Routinetätigkeiten, um Fehler zu minimieren und die Effizienz zu steigern.

- **Anpassungen:** Etabliere einen Prozess der kontinuierlichen Verbesserung, um anpassungsfähig zu bleiben.

Je genauer und klarer du Arbeitsabläufe und Rollen definierst, desto effizienter läuft dein Unternehmen.

16. FEHLER:
FEHLENDE PROZESS- UND WISSENSDOKUMENTATION

Unternehmer neigen dazu, sich auf die sichtbaren Herausforderungen wie Prozessoptimierung oder Produktentwicklung zu konzentrieren. Dabei wird oft übersehen, dass das Kollektivwissen aller Führungskräfte und Mitarbeiter nach und nach im Chaos des Unternehmensalltags verloren geht.

Laut einer Studie von Panopto[9] kostet fehlender oder ineffizienter Wissensaustausch ein einzelnes Großunternehmen im Durchschnitt unglaubliche 47 Millionen US-Dollar pro Jahr. Und selbst wenn es eine Dokumentation gibt, wird diese oft nicht richtig genutzt. Dabei bietet sie unzählige Vorteile.

Dein Unternehmen gleicht einem komplexen Puzzle mit vielen kleinen Teilen. Jedes dieser Teile repräsentiert eine Aufgabe, eine Entscheidung oder ein spezifisches Wissensfragment. Stell dir vor, deine Ideen, Aufgaben und das erforderliche Wissen sind verstreut und liegen durcheinander. Genau hier setzt die Dokumentation an: Sie ist dein Werkzeug, um das gesamte Bild klar zu sehen. Beispielhafte Dokumentationsformen sind:

- Checklisten
- Anleitungen
- Prozesspläne
- Diagramme
- Fotos, Screenshots oder Abbildungen
- Videomaterial
- Leitfäden
- Richtlinien

So hältst du das kollektive Wissen deines Teams schriftlich und strukturiert fest.

Ich habe oft erlebt, wie eine kluge Dokumentation den Unterschied zwischen Erfolg und Misserfolg ausmachen kann. Es ist nie zu früh, sich diesem Thema zu widmen, die investierte Zeit und Mühe zahlen sich auf lange Sicht in Form von Stabilität, Effizienz und Wachstum aus.

Aber dokumentiere nicht nur, um zu erfüllen, sondern um zu gestalten und dein Unternehmen auf eine solide Grundlage zu stellen. In Zeiten der Unsicherheit oder Krise ist die Fähigkeit, schnell und effektiv zu handeln, entscheidend. Durch eine klare Dokumentation kannst du auf unvorhergesehene Situationen vorbereitet sein und deinem Team die Werkzeuge geben, um flexibel zu agieren.

Die systematische Dokumentation ist keine Form von Bürokratie, sondern ein entscheidender Schritt zu mehr Effizienz. Wenn jeder deiner Mitarbeiter, von der Führungsebene bis zur Basis, die Arbeitsabläufe versteht, wird die Effizienz gesteigert und die Fehlerquote minimiert.

Erfahrungen und bewährte Methoden sollten nicht im Kopf Einzelner gefangen sein. Dein Unternehmen besteht nicht nur aus physischen Vermögenswerten, sondern auch aus dem kollektiven Wissen deiner Mitarbeiter. Wenn das Wissen Einzelner ausschließlich in ihren Köpfen bleibt, kann dieses bei Personalwechseln verloren gehen. Durch die Wissensdokumentation stellst du sicher, dass deine Organisation auch dann stark bleibt, wenn Schlüsselpersonen das Unternehmen verlassen oder neue hinzukommen.

Wenn du dein Unternehmen skalieren möchtest, müssen Prozesse reibungslos reproduzierbar sein.

Die Dokumentation von Prozessen minimiert den Schulungsaufwand für neue Teammitglieder. Indem sie auf vorhandenes Wissen zugreifen und von den Erfahrungen ihrer Vorgänger lernen, wird nicht nur die individuelle Leistung, sondern auch eine gemeinsame Unternehmenskultur gestärkt.

Du solltest folgende Informationen dokumentieren:

Wie läuft der Prozess im Detail ab? Erfasse alle relevanten Aktivitäten und Interaktionen von der Initiierung bis zur Abschlussphase.

Welche Funktion hat jeder einzelne Prozessschritt? Kläre die spezifischen Ziele jedes einzelnen Schritts, um das Verständnis für die Gesamtfunktion des Prozesses zu fördern.

Welche Rolle spielen deine Mitarbeiter im gesamten Prozesszyklus? Identifiziere die Beteiligten an jedem Schritt und ihre Verantwortlichkeiten, um die Zusammenarbeit zu fördern.

Für wen ist die Dokumentation gedacht? Sind erfahrene Teammitglieder, Neueinsteiger oder vielleicht externe Stakeholder die Zielgruppe? Passe den

Detailgrad und die Sprache entsprechend an. Ergänze die theoretischen Erklärungen auch mit praktischen Beispielen.

Welche Ressourcen werden benötigt? Liste alle erforderlichen Ressourcen auf – Personal, technologische Hilfsmittel oder Materialien –, um Engpässe und Bedürfnisse zu identifizieren.

Gibt es Abhängigkeiten zwischen verschiedenen Prozessschritten oder Abteilungen? Analysiere, wie die Schritte miteinander verknüpft sind und wie Abhängigkeiten zwischen verschiedenen Abteilungen berücksichtigt werden müssen.

Kann man der Prozessdokumentation leicht folgen? Überlege dir eine klare Struktur für deine Dokumentation. Verwende Überschriften, Unterpunkte und Absätze, um die Informationen logisch zu strukturieren.

Sind die Prozessdokumentationen leicht zugänglich für alle Teammitglieder? Stelle sicher, dass die Dokumentationen an einem zentralen Ort leicht zugänglich sind.

Wie wirkt sich der Prozess auf das Gesamtergebnis deines Unternehmens aus? Analysiere die Auswirkungen des Prozesses auf die übergeordneten Unternehmensziele und prüfe, ob der Prozess zu Effizienz und Wertschöpfung beiträgt.

Existieren Notfallpläne für jeden Prozess? Stelle sicher, dass für jeden Prozessschritt klare Maßnahmen zur Risikovermeidung und -bewältigung existieren.

Kann ich den Prozess möglicherweise auch veranschaulichen? Verwende Diagramme oder Grafiken, um komplexe Prozesse verständlicher zu machen.

Womöglich fühlst du dich von den zahlreichen Phasen der Prozessdokumentation überwältigt. Doch keine Sorge, es gibt verschiedene Tools und Vorlagen, die dir bei jedem Schritt deines Dokumentationsprojekts helfen können. Vor dem Dokumentieren ist es entscheidend, in Echtzeit Informationen über den Prozessablauf zu sammeln. Hierfür sind Brainstorming-Sitzungen, an denen mehrere Personen beteiligt sind, effektiv. Tools wie Miro oder Mural enthalten ein Online-Whiteboard, das die Zusammenarbeit beim Erstellen visueller Darstellungen unterstützt. Mural bietet beispielsweise vorgefertigte Vorlagen für Brainstorming-Sitzungen, die dich durch die Planung, Strukturierung und Dokumentation der Ergebnisse einer produktiven Brainstorming-Sitzung leiten.

Noch anspruchsvoller ist es, diese Informationen zu ordnen und übersichtlich darzustellen. Hier kann die Hilfeartikel-Vorlage von Confluence unterstützen. Diese Vorlage erleichtert dir nicht nur die Sortierung der Informationen, sondern trägt auch zur Einheitlichkeit der Prozessdokumentation bei. Auch Tools wie Process Street und Trello ermöglichen es dir, Checklisten, Boards und Prozessdokumentationen zu erstellen.

Tools wie Gliffy, Draw.io, BPMN.io, SmartDraw und Lucidchart helfen dir, Prozesse zu visualisieren, Informationen durch die Integration von visuellen Elementen wie Flussdiagrammen oder Schaubildern verständlicher darzustellen.

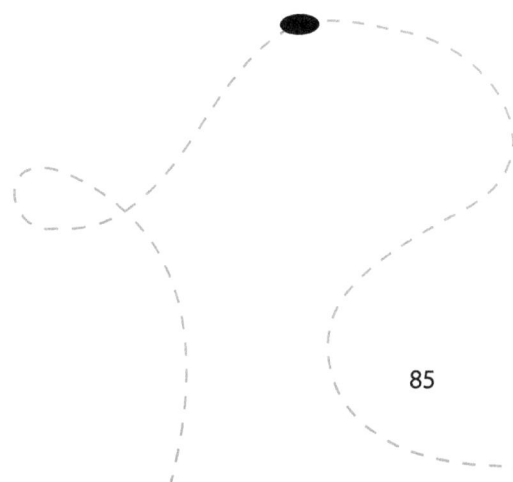

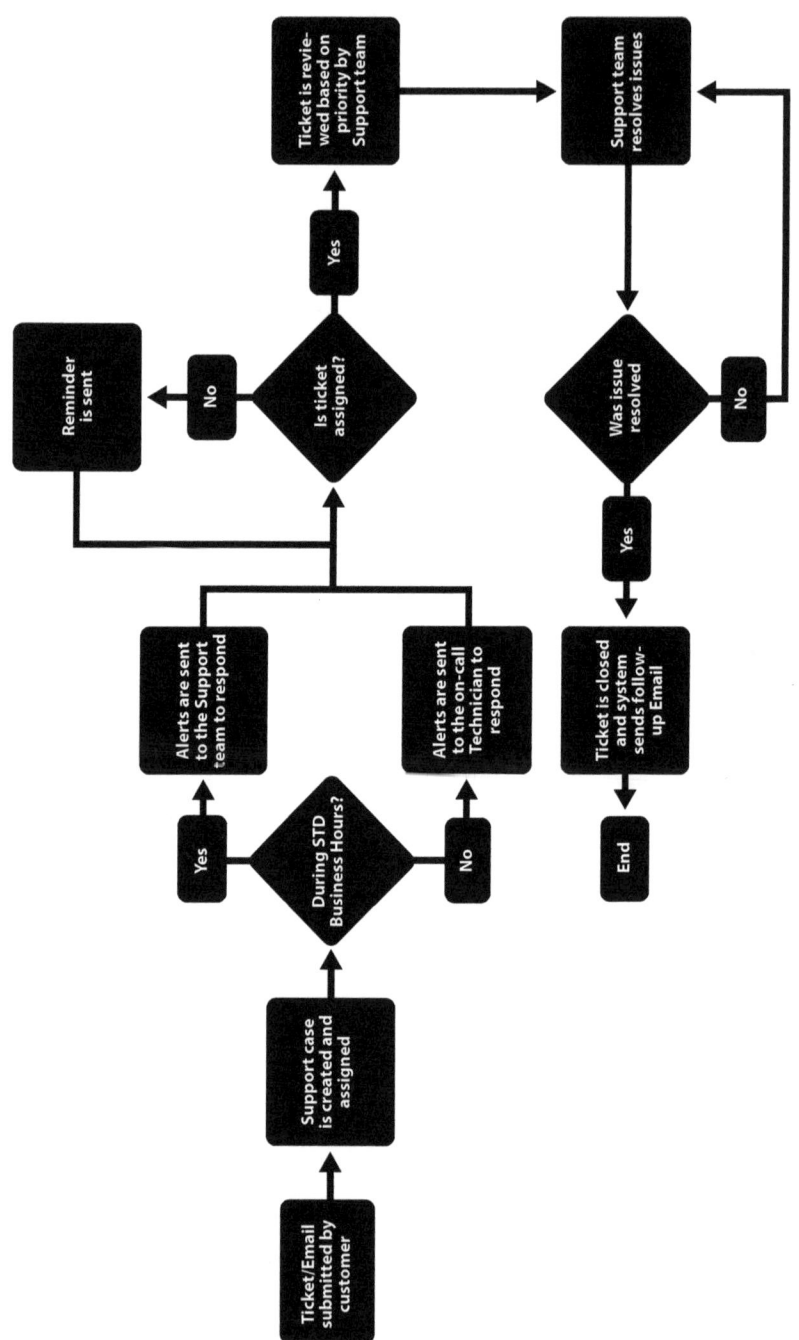

Bei der Auswahl eines Tools ist es wichtig, dass du die spezifischen Anforderungen deines Unternehmens und die Bedürfnisse deines Teams berücksichtigst. Manche sind besser für bestimmte Diagrammarten geeignet, während andere eine umfassendere Palette von Funktionen bieten.

So führst du Dokumentationen ein:

- **Implementiere klare Dokumentationsrichtlinien:** Welche Informationen sollen erfasst und wie sollen sie strukturiert werden?

- **Beschreibe in klaren Schritten** – je genauer und detaillierter, desto besser.

- **Nutze moderne Tools und Technologien**, um den Dokumentationsprozess zu vereinfachen und die Zugänglichkeit zu verbessern.

- **Fördere eine Kultur der Dokumentation**, indem du Mitarbeiter ermutigst, ihr Wissen zu teilen und jeden einzelnen ihrer Arbeitsschritte schriftlich festzuhalten.

- **Integriere Dokumentation in den Arbeitsalltag**, indem du klare Erwartungen bezüglich der regelmäßigen Dokumentaktualisierung setzt.

- **Biete Schulungen an**, um Mitarbeitern die Bedeutung der Dokumentation für Effizienz und Qualität zu vermitteln.

- **Überprüfe und aktualisiere deine Dokumentationen regelmäßig**, um mit der sich wandelnden Geschäftswelt Schritt zu halten. Kontinuierliche Überprüfungen ermöglichen es deinen Mitarbeitern zu verstehen, was gut funktioniert und was nicht.

- **Setze klare Verantwortlichkeiten für die Dokumentation** in den verschiedenen Bereichen.

Bedenke, dass Wissens- und Prozessdokumentation keine lästige Notwendigkeit ist, sondern eine strategische Investition in das Wachstum deines Unternehmens, durch die du Stabilität, Effizienz und Innovationspotenzial erreichst.

17. FEHLER:
RESSOURCENVERSCHWENDUNG

Das **Silo-Denken** ist ein Phänomen, das den Erfolg eines Unternehmens maßgeblich mitbestimmt. In der Unternehmenslandschaft hat es sich als unsichtbarer Saboteur herausgestellt.

Unternehmen leiden oft darunter, dass die einzelnen Abteilungen nicht ausreichend kommunizieren und unterschiedliche Ziele verfolgen. »Das ist nicht unsere Baustelle«, hört man des Öfteren; jeder kümmert sich um seine eigenen Angelegenheiten.

Dein Unternehmen ist wie ein Orchester, in dem jedes Teammitglied ein Instrument spielt. Marketing, Vertrieb, Produktion – jeder spielt seine eigene Melodie. Wenn diese Melodien nicht harmonieren, sondern isoliert erklingen, entsteht das sogenannte Silo-Denken. Es führt zu einem Klangchaos und damit wird es schwierig, ein beeindruckendes Musikstück zu komponieren. Die Potenziale der verschiedenen Abteilungen bleiben ungenutzt.

So eine Abgrenzungsmentalität entsteht nicht aus dem Nichts, sondern ist das Ergebnis komplexer Einflüsse, die tief in uns verwurzelt sind. »Wir gegen den Rest der Welt« – dieses Phänomen findet sich schon in der Frühzeit. Unsere Zugehörigkeit zu einer Gruppe beeinflusst unser Handeln. Dabei unterscheiden wir zwischen zwei Hauptgruppen:

Die **In-Group**: Wir suchen uns eine eigene Gruppe, die wir bevorzugen. In der Regel verbinden wir mit dieser Gruppe ein Wir-Gefühl, positive Vertrautheit und Zusammengehörigkeit. Die In-Group kann auf familiärer, sozialer, beruflicher oder kultureller Basis existieren. Zu unserer Abteilung beispielsweise haben wir tendenziell eine positive Einstellung und zeigen oft einen In-Group Bias.

Die **Out-Group** sind »die Anderen«. Sie repräsentiert Mitglieder, die als weniger vertraut wahrgenommen werden. Wir entwickeln eine abwertende Haltung gegenüber der Out-Group, also z. B. anderen Unternehmensbereichen.

So entsteht das Silo-Denken als Ergebnis eines schleichenden Prozesses. Kommt es zu Problemen zwischen den Teams eines Unternehmens, finden sie nur schwer wieder zusammen. Unterschiedliche Abteilungsziele fördern die Silobildung ebenso wie eine zu starke Spezialisierung. Wenn Abteilungsgrenzen ausschließlich nach Know-how gezogen werden, fehlen den Mitarbeitern wichtige Informationen und der Blick für die Möglichkeiten anderer Bereiche, was zu Missverständnissen und Ineffizienz führt.

Wenn du die Negativfolgen dieser Denkweise erkennst, kannst du verhindern, dass die Zusammenarbeit abnimmt, Konflikte und Konkurrenzdenken aber zunehmen. Wenn jede Abteilung für ihre eigenen Interessen kämpft, um sicherzustellen, dass ihr Bereich nicht benachteiligt wird, ist das ein Fall von Selbstsabotage.

Es ist nicht leicht, das Silo-Denken zu überwinden. Silos existieren, weil Arbeitsteilung, Spezialisierung und Fachwissen eine Struktur erfordern. Diese Struktur bietet Unternehmen und Mitarbeitern Sicherheit, geschlossene Organisationssysteme können besser mit Herausforderungen umgehen.

Das Silo-Denken trägt also auch zur Komplexitätsreduktion bei. Es geht daher nicht darum, die schützenden Mauern deines Unternehmens vollständig abzubauen, sondern darum, zu erkennen, an welchen Stellen sie besonders massiv sind. Silos müssen an den richtigen Positionen aufgebrochen werden, damit eine kollaborative Kommunikation möglich ist.

Um herauszufinden, wo Handlungsbedarf besteht, stelle dir folgende Fragen:

- Wie ist die derzeitige Struktur deiner Organisation?
- Welche Abteilungen arbeiten gut zusammen?
- Was steht einer effektiven Zusammenarbeit im Weg?

Um Silo-Denken zu überwinden, reicht es nicht, Ursachen im Unternehmen zu identifizieren oder die Symptome allein zu behandeln. Du musst strukturell ansetzen und proaktiv Maßnahmen ergreifen, um Zusammenarbeit, Kommunikation und Zusammenhalt zu fördern.

Eine offene Kommunikation führt zur Überwindung von Silos. Fördere Meetings und schaffe Plattformen und Foren, auf und in denen Teams Ideen und Erfahrungen austauschen können. Ermögliche konstruktives Feedback, um Probleme offen anzusprechen und gemeinsam zu lösen. So nutzt du deine Ressourcen effizienter.

Auch Transparenz und Zugänglichkeit sind ausschlaggebend für den Unternehmenserfolg. Ermutige deine Mitarbeiter, ihr Wissen mit allen zu teilen.

Klare gemeinsame Ziele fördern die Zusammenarbeit und einen effizienten Ressourceneinsatz. Definiere klare Ziele, die für alle relevant sind, und kommuniziere sie regelmäßig. Betone den Wert der Teamarbeit. Wenn alle das gleiche Ziel haben, wird das Silo-Denken reduziert.

Eine gute Zusammenarbeit erfordert Offenheit, also die Bereitschaft, Anreize aufzunehmen und sich neu zu orientieren. Gehe mit gutem Beispiel voran, sei offen für andere Ideen und ermutige deine Führungskräfte, dasselbe zu tun. Bilde interdisziplinäre Teams und fördere cross-funktionale Projekte. So werden unterschiedliche Perspektiven einbezogen, du ermöglichst eine enge Zusammenarbeit zwischen verschiedenen Bereichen.

Schulungen für Kommunikation, Konfliktlösung und Teammanagement etablieren eine unterstützende Führungskultur. Ermutige Führungskräfte, Vorbilder in der Zusammenarbeit zu sein.

Moderne Technologien erleichtern den Informationsaustausch innerhalb deines Unternehmens. Projektmanagement-Tools und gemeinsame Plattformen wie ein Unternehmens-Wiki fördern die Kommunikation und brechen Silos auf. Etabliere klare Kommunikationskanäle, die den Austausch zwischen den Abteilungen erleichtern.

Das Silo-Denken entsteht oft durch die Angst vor Fehlern. Schaffe eine Unternehmenskultur, in der Fehler als Chance gesehen werden. Ein Umfeld, in dem Lernen im Vordergrund steht, stärkt die Zusammenarbeit zwischen Teams. Nutze auch Belohnungssysteme, die Teamleistungen und nicht individuelle Erfolge fördern. Die Zusammenarbeit zwischen Abteilungen sollte durch Anerkennung belohnt werden.

Organisiere außerdem regelmäßige Teambuilding-Maßnahmen, um die Zusammenarbeit zwischen deinen Mitarbeitern zu stärken.

Du solltest diese Bemühungen in deine Unternehmensstrategie integrieren und deine Mitarbeiter aktiv in den Veränderungsprozess einbeziehen. Eine gemeinsame »Partitur«, die die Melodien der verschiedenen Abteilungen miteinander verbindet und mit der alle im selben Rhythmus spielen, macht dein Unternehmensensemble zu einem kraftvollen Orchester. So entsteht Raum für Innovation und Effizienz; dein Unternehmen spielt eine eindrucksvolle Sinfonie des Erfolgs.

18. FEHLER:
INTERNE UND EXTERNE BÜROKRATIE-HÜRDEN

Der Weg zum Unternehmenserfolg führt auch über die Fähigkeit, sich in der oft undurchsichtigen Welt der unternehmensinternen Prozesse zurechtzufinden. Bürokratische Hürden stellen nicht nur Neueinsteiger, sondern auch erfahrene Unternehmer vor Herausforderungen.

Nicht nur die strategischen Entscheidungen und der Wettbewerb prägen deinen unternehmerischen Weg, sondern auch die langsam mahlenden Mühlen der Bürokratie, die eine zusätzliche Komplexität hinzufügen. Sie werden von unzähligen Formularen, Prozessen und Regelungen angetrieben.

Dokumente durchlaufen Genehmigungsinstanzen, bekommen Stempel und Unterschriften. Immer wieder kommen neue Gesetze und Regeln hinzu, die die Produktivität verringern. Insbesondere Start-ups leiden unter dem zusätzlichen Aufwand: Fast 60 % der Gründer in Deutschland empfanden in den ersten Phasen ihrer Unternehmensgründung die Bürokratie als sehr belastend – das ging aus der Studie »Gründungsklima in Deutschland«, die von Baulig Consulting beauftragt wurde, hervor.[10] Gerade der administrative und zeitliche Aufwand wird als besonders hoch empfunden. Im Vergleich dazu wird beispielsweise die Entwicklung einer Geschäftsidee und eines Businessplans von nur etwa jedem Fünften als problematisch wahrgenommen.

Unternehmerische Stolpersteine treten in vielerlei Form auf: komplexe Prozesse, strenge Gesetze oder die Last einer übermäßigen Dokumentationspflicht.

Statt aber die internen und externen Bürokratien als Hindernis zu betrachten, solltest du sie nicht verteufeln. Sie geben dir Sicherheit, schaffen klare Strukturen und sorgen für verbindliche Abläufe. Oft ist vor allem der interne Verwaltungs- und Papierkram hausgemacht. Durch komplizierte Prozesse schaffen sich Unternehmen einen erheblichen Teil ihrer Bürokratie selbst und es wäre unrealistisch, von der Politik den oft versprochenen Bürokratieabbau zu erwarten. Im Gegenteil: Die Zahl der Gesetze und Vorschriften wird voraussichtlich weiter zunehmen. Umso wichtiger ist es, dass Unternehmer wie du und ich ihre Prozesse so gestalten, dass sie effizient und flexibel mit dieser Realität umgehen können. Um einen ersten kritischen Blick auf deine bestehenden Strukturen zu werfen, stelle dir einmal folgende Fragen:

Was können wir eliminieren? Überlege, welche überholten Gewohnheiten und Prozesse in deinem Unternehmen nicht mehr zeitgemäß sind.

Wie können interne Abläufe verbessert werden? Untersuche das interne Optimierungspotenzial, um Effizienz und Flexibilität zu steigern.

Welche Vorschriften sind wirklich notwendig? Frage dich, welche bestehenden Regeln essenziell für die Sicherheit und den reibungslosen Ablauf in deinem Unternehmen sind.

Sind unsere internen Strukturen klar definiert? Überprüfe, ob in deinem Unternehmen klare Verantwortlichkeiten existieren.

Wie können wir auf externe Bürokratie reagieren? Denke darüber nach, wie dein Unternehmen flexibel reagieren kann, um sich trotz steigender gesetzlicher Anforderungen wettbewerbsfähig zu halten.

Durch die aktive Suche nach Verbesserungsmöglichkeiten kannst du nicht nur die interne und externe Bürokratie besser bewältigen, sondern auch den Weg für eine agilere und erfolgreichere Unternehmensentwicklung ebnen.

Mit einem durchdachten Plan kannst du die Stolpersteine aus dem Weg räumen und einen klaren Pfad für dein Unternehmen ebnen. Folgende Tipps können dir dabei helfen:

Interne Bürokratie-Hürden abbauen:

- **Überprüfe und optimiere interne Abläufe**, um ineffiziente Prozesse zu identifizieren und zu verbessern und unnötige bürokratische Hürden zu minimieren.

- Sorge dafür, dass alle Mitarbeiter **Informationen** zu Gesetzen und Regelungen abteilungsübergreifend und effizient **teilen**, sodass jeder das notwendige Wissen und Informationen für seine Aufgaben erhält. Nutze hierfür z. B. interne Kommunikationsplattformen wie Unternehmenswiki.

- Investiere in **zeitgemäße Technologien**, die die Verwaltungsaufgaben erleichtern.

- Biete **Schulungen und Weiterbildungen** an, um sicherzustellen, dass deine Mitarbeiter mit den internen Prozessen vertraut sind. Gut geschulte Teams können effizienter arbeiten. Zudem sollten auch neue Mitarbeiter während ihres **Onboarding**-Prozesses umfassend über Compliance-Anforderungen informiert werden.

- **Hole Feedback ein.** Du gewinnst Erkenntnisse über mögliche Hürden und dein Team kann Verbesserungsvorschläge machen.

Externe Bürokratie-Hürden überwinden:

- Ein vollständiges Vermeiden externer Bürokratie-Hürden ist oft nicht möglich. Daher ist die **Anpassungsfähigkeit** an neue Anforderungen entscheidend. Baue eine Unternehmenskultur auf, die **Flexibilität** bietet.

- Informiere dich durch **regelmäßige Updates** frühzeitig über aktuelle Vorschriften und teile deinen Mitarbeitern Änderungen mit.

- **Arbeite mit Steuerberatern und Anwälten zusammen**, um sicherzustellen, dass dein Unternehmen den rechtlichen Anforderungen entspricht.

- Stelle durch regelmäßige **Compliance-Überprüfungen** sicher, dass alle Abläufe den aktuellen gesetzlichen Anforderungen entsprechen. Dies ermöglicht eine proaktive Anpassung.

- Erleichtere den Umgang mit externen Audits oder Anfragen durch eine gut strukturierte und leicht zugängliche **Dokumentation**. Dies dient als Nachweis für die Einhaltung von Vorschriften, erhöht die Übersicht und steigert die Effizienz.

- Nutze **digitale Archivierungssysteme**, um Dokumente effizient zu speichern und abzurufen. Dies erleichtert den Zugriff und trägt auch zur Einhaltung von Aufbewahrungspflichten bei.

- Engagiere dich in **Interessenverbänden und Netzwerken**, um auf politischer Ebene Einfluss zu nehmen und bürokratische Hürden zu verringern.

Tipp: Benenne Ansprechpartner für verschiedene Abteilungen, die als Ressource für Fragen zu internen und externen Gesetzen, Vorschriften und Regelungen dienen. Sie können bei Bedarf zusätzliche Schulungen oder Informationen bereitstellen. Auf diese Weise vermeidest du Verwirrung unter deinen Mitarbeitern.

Es ist wichtig, diese Strategien an die Unternehmensgegebenheiten anzupassen und kontinuierlich zu evaluieren, um flexibel auf sich ändernde Anforderungen zu reagieren. Auch wenn die genannten Maßnahmen Engagement, Anpassungsfähigkeit, den Willen zur Verbesserung sowie einen zeitlichen und finanziellen Aufwand erfordern, zeigt die Erfahrung, dass sich Investitionen in verschlankte Prozesse und in die Digitalisierung bereits nach kurzer Zeit auszahlen.

19. FEHLER:
DAS PARETO-PRINZIP FALSCH ANWENDEN

In einer Welt, in der die Zeit knapp und die Anforderungen überwältigend sind, spielt ein gutes Zeitmanagement eine entscheidende Rolle. Dabei kommt das sogenannte **Pareto-Prinzip** ins Spiel. Doch häufig wird die Methode missverstanden oder falsch angewendet.

Zu Beginn des 20. Jahrhunderts untersuchte der italienische Ökonom Vilfredo Pareto[11] die Verteilung des Bodenbesitzes in Italien. Dabei stellte er fest, dass etwa 20 % der italienischen Staatsbürger 80 % des Staatsvermögens besaßen. Aus dieser Erkenntnis folgerte er, dass ähnliche Ungleichheiten auch in anderen Bereichen bestehen könnten. Das daraus resultierende Pareto-Prinzip, auch als 80/20-Regel bekannt, dient als Zeitmanagement-Methode, die betont, die Priorität auf die wesentlichen Teile eines Projekts zu setzen. Die Methode besagt, dass 80 % der Ergebnisse mit 20 % des Gesamtaufwands erreicht werden können, während die verbleibenden 20 % der Ergebnisse 80 % des Aufwands erfordern. Vor allem in Unternehmen, genauer gesagt im Marketing und im Vertrieb, findet Paretos Entdeckung Anwendung. Die Regel ist ideal für diejenigen, die

- ihre Gewinne steigern
- den Aufwand reduzieren
- die Effizienz verbessern

wollen.

Gemäß dieser Regel kann dein Unternehmen mit Fokus auf wenige Projekte oder durch eine geringe Zeitinvestition einen Großteil der Ergebnisse erzielen. Setze also Ressourcen dort ein, wo der höchste Nutzen erzielt werden kann,

z. B. im Verkauf der besten Produkte oder durch die Einstellung erstklassiger Mitarbeiter. Auch im Kundensegment ist die Pareto-Regel zu beobachten – oft stammen 80 % des Umsatzes von nur 20 % der Kunden. Basierend auf Paretos ursprünglichen Beobachtungen könnten Banken z. B. 80 % ihrer Kunden in einem Fünftel ihrer Zeit betreuen. Auch im umgekehrten Sinne gilt das Pareto-Prinzip: 80 % der Beschwerden können auf 20 % der Kunden zurückgeführt werden. Dabei ist es entscheidend, die Kunden zu identifizieren, bei denen du mit minimalem Aufwand den höchsten Gewinn erzielst, und die Beziehung zu diesen »besten Kunden« besonders zu pflegen.

Tipp: Kunden der 20 %-Gruppe sind oft bereit, höhere Preise zu zahlen. Es empfiehlt sich daher, die Zahlungsbereitschaft deiner Stammkunden genauer zu untersuchen und gegebenenfalls die Preise zu erhöhen.

Das Pareto-Prinzip (die 80/20 Regel)

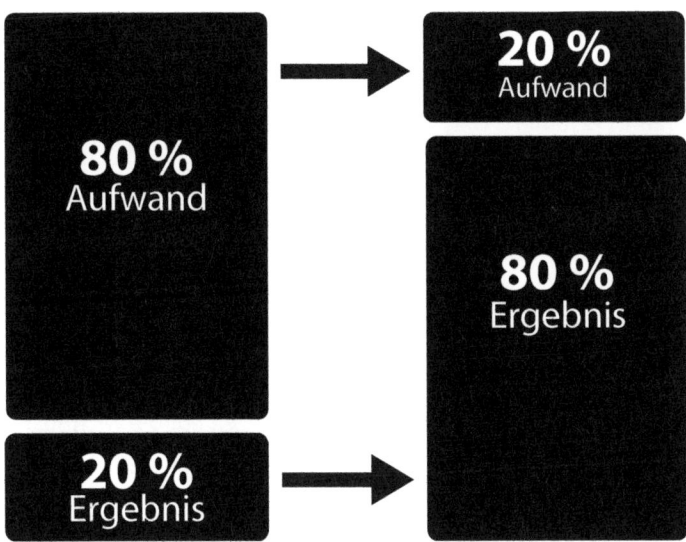

Das Prinzip lässt sich prinzipiell auf jedes Unternehmen übertragen. Was die meisten jedoch nicht wissen: Genau genommen ist diese Methode nicht nur eine einfache Regel, sondern eine mathematische Formel. So hat der Marketingstratege Perry Marshall eine erweiterte Perspektive des Pareto-Prinzips entwickelt, die er als »explosives 80/20-Potenzial«[12] bezeichnet. Seine Beobachtung geht über die traditionelle Anwendung des Prinzips hinaus. Denn Marshall analysierte nicht nur die gesamte 80/20-Gruppe, sondern auch die einzelnen prozentualen Bestandteile, und stellte fest, dass Paretos Methode auf verschiedenen Ebenen oder Stufen anwendbar ist:

Erste Ebene (80/20): Die Grundidee des Pareto-Prinzips kennst du bereits: 80 % der Ergebnisse werden durch 20 % der Ursachen erzeugt.

Zweite Ebene (80/20 innerhalb der 20 %): Marshall behauptet, dass innerhalb dieser 20 % erneut das 80/20-Prinzip anwendbar ist. Das bedeutet, dass von diesen 20 % wiederum 80 % der Ergebnisse durch 20 % dieser 20 % erzeugt werden.

Dritte Ebene (80/20 innerhalb der inneren 20 %): Der Prozess kann weiter auf noch spezifischere Gruppen angewendet werden, was in einer Art exponentieller Wirkung resultiert. Dies kann zu immer präziseren Identifikationen von Elementen führen, die einen überproportionalen Einfluss haben.

Laut Marshall kann die 80/20-Regel unendlich wiederholt werden. Was zunächst kompliziert klingen mag, ist im Grunde eine einfache prozentuale Rechnung. Hier zwei Beispiele:

Arbeitsproduktivität: Wenn du 20 % deiner Arbeit auf die wichtigsten Aufgaben konzentrierst, kannst du 80 % deiner Gesamtleistung erbringen. Innerhalb dieser 20 % könnten die wichtigsten 4 % der Aufgaben für 64 % der Produktivität verantwortlich sein. 20 % von 20 sind 4 %, 80 % von 80 sind 64 %.

Innovationsprozess: Ungefähr 20 % der Ideen in einem Innovationsprozess könnten 80 % der Wertschöpfung deines Unternehmens generieren. Innerhalb dieser Ideen könnten die Top 1 % etwa 51 % des Gesamtwertes ausmachen. 20 % von 4 sind 1 %. 80 % von 64 sind 51 %.

Dies führt zu einer Analyse von Schlüsselbereichen, die einen überproportionalen Einfluss auf die Ergebnisse haben. Die Idee des explosiven Potenzials impliziert: Je tiefer du in die Analyse eindringst, desto präzisere Maßnahmen kannst du ergreifen, um Ressourcen effizient zu nutzen und Ergebnisse zu maximieren. Doch viel zu oft wird die Methode missinterpretiert. Deshalb solltest du unbedingt auf folgende Fehler achten:

80 % Einsatz und 20 % Ertrag ergeben nicht 100 %. Viele addieren die 20 % des Einsatzes und die 80 % des Ertrags, was dem eigentlichen Prinzip widerspricht. Denn das Pareto-Prinzip besagt, dass 20 % des Einsatzes für 80 % des Ertrags verantwortlich sein können, nicht dass sie beide 100 % ergeben. Um 100 % zu erreichen, müsstest du also auch 100 % investieren.

Du darfst die 80 % nicht vernachlässigen. Obwohl das Pareto-Prinzip dazu ermutigt, sich auf die effizientesten 20 % der Projekte zu konzentrieren, bedeutet dies nicht, dass die verbleibenden 80 % irrelevant sind. In jedem Job gibt es Aufgaben, die erledigt werden müssen, auch wenn sie nicht direkt produktiv sind. Das Pareto-Prinzip lehrt vielmehr, sich auf die wesentlichen Aufgaben zu fokussieren, ohne die Bedeutung der übrigen Aufgaben zu vernachlässigen.

Die Pareto-Methode ist nicht nur eine starre Formel: Es geht nicht nur darum, 80 % der Ergebnisse mit 20 % der Anstrengungen zu erzielen. Es geht darum, die richtigen 20 % zu identifizieren, die den größten Einfluss auf deinen Erfolg haben. Das Pareto-Prinzip ermöglicht dir, den Fokus auf die strategischen Schachzüge zu richten, die langfristigen Erfolg bedeuten. Es gilt, das knifflige Netz aus Aufgaben zu entwirren, den Unterschied zwischen »wichtigen« und

»dringenden« Aufgaben zu erkennen, deine Zeit und Ressourcen auf die Knackpunkte zu fokussieren, die einen nachhaltigen Unterschied machen.

Durch das ständige Jonglieren mit unterschiedlichen Aufgaben verwechseln wir oft Dringlichkeit mit Wichtigkeit. Dringende Aufgaben sind wie ständig auflodernde Flammen:

Kundenanfragen, kurzfristige Probleme, die unerwartete Hitzewelle im Produktionsprozess – hier zählt jede Sekunde.

Dringlichkeit kann zum Trugschluss werden, wenn scheinbar wichtige Aufgaben deine Aufmerksamkeit von den entscheidenden ablenken. Die Kunst dabei liegt vor allem im Priorisieren.

Die Fähigkeit, die 20 % der Aufgaben zu identifizieren, die 80 % deines Erfolgs ausmachen, ermöglicht eine effiziente Ressourcennutzung und erleichtert dir die Entscheidungsfindung. Denn nicht jede Aufgabe trägt den gleichen Beitrag zum Unternehmenserfolg bei.

Eine einfache Methode der Priorisierung wurde von H. Ford Dickie entdeckt. Er übertrug zum ersten Mal das Pareto-Prinzip in einen praktischen Anwendungskontext für das Unternehmensmanagement. 1951 stellte er die **ABC-Analyse** in seinem Artikel »ABC Inventory Analysis Shoots for Dollars, not Pennies«[13] vor. Sie ist ein bewährtes Instrument im Zeitmanagement und unterteilt Aufgaben, Kunden oder Produkte in drei Kategorien basierend auf ihrer Relevanz:

Zur **Klasse A (besonders wichtig)** gehören Elemente mit höchster Priorität, die maßgeblich zum Umsatz beitragen, beispielsweise Schlüsselkunden mit großen Aufträgen oder Produkte mit hoher Rentabilität.

Die Elemente der **Klasse B (weniger wichtig)** haben mittlere Priorität, sind wichtig, aber nicht so entscheidend wie Klasse A-Elemente. Dazu gehören Produkte für das Massengeschäft oder Kunden mit durchschnittlichem Umsatz.

In der **Klasse C (unwichtig)** sind Elemente niedriger Priorität, die viele Ressourcen beanspruchen, jedoch kaum zum Gesamterfolg beitragen, beispielsweise Kunden mit geringem Umsatz.

Diese ABC-Analyse hilft, begrenzte Ressourcen dort einzusetzen, wo sie den größten Nutzen bringen. Du solltest dich also vor allem auf Klasse A-Elemente konzentrieren.

Die ABC-Analyse wird in verschiedenen Bereichen angewendet: auf Projekte im Allgemeinen, aber auch in Bezug auf Logistik, Materialbeschaffung oder -wirtschaft.

Um Aufgaben richtig priorisieren zu können, ist es notwendig, für dein Unternehmen relevante Priorisierungskriterien zu bestimmen. Folgende Kriterien sind denkbar:

- **Aufwand/Kosten:** Bewerte die Kosten für bestimmte Aktivitäten, Produkte oder Kunden. Höhere Priorität erhalten vor allem Elemente, die einen geringeren Ressourcenaufwand verursachen.

- **Umsatzbeteiligung:** Elemente, die einen größeren Anteil am Gesamtumsatz ausmachen, erhalten eine höhere Priorität.

- Der **Wert** kann sich auf den materiellen oder strategischen Wert beziehen.

- Produkte mit höheren **Verkaufszahlen** haben eine höhere Prioritätsstufe.

- Der **Deckungsbeitrag** gibt an, wie viel ein Produkt zur Deckung der Fixkosten und Gewinngenerierung beiträgt. Je höher der Deckungsbeitrag, desto höher die Priorität.

- Der **ROI (Return on Investment)** bewertet das Verhältnis zwischen dem Gewinn und den Kosten einer Investition. Ein höherer ROI bedeutet eine stärkere Gewichtung.

- Das **Einkaufsvolumen** bezeichnet das Gesamtvolumen der Einkäufe (Material, Produkte etc.).

- **Bedarfswert:** Dieser bezieht sich auf die Notwendigkeit bestimmter Elemente.

Selbstverständlich kannst du auch eigene Kriterien bestimmen. Für eine genaue Analyse sollten diese möglichst klassifizierbar und für die spezifische Situation deines Unternehmens sinnvoll sein. Vergiss außerdem nicht, dass meist mehrere Kriterien ausschlaggebend sind. Letztlich kannst du bei der Projektanalyse große Datenmengen vereinfachen und Prioritäten übersichtlich darstellen.

Workmanagement-Tools unterstützen dich dabei, prioritäre Aufgaben zu identifizieren und effizient zu verwalten, damit sich dein Team auf das Wesentliche konzentrieren kann. Hier eine Auswahl beliebter Tools:

Mit **Asana** kannst du und deine Mitarbeiter Aufgaben verfolgen und Projekte organisieren. Es ist nicht nur möglich, Aufgaben zuzuweisen und nach Priorität zu sortieren, sondern auch mit deinem Team zu kommunizieren. Asana bietet zudem Boards für die Projektvisualisierung.

Trello ist eine visuelle Plattform mit Boards, Listen und Karten. Durch Labels oder Farbcodes kannst du Projekte nach Priorität kennzeichnen. Zudem können Checklisten erstellt und Aufgaben in kleinere Schritte aufgeteilt werden. Auch kollaborative Funktionen erleichtern die Zusammenarbeit.

Jira ist besonders in der Softwareentwicklung beliebt. In Form von Boards können hier Aufgaben kategorisiert und nach Dringlichkeit oder Wichtigkeit priorisiert werden. Das Tool unterstützt vor allem agile Projektmanagementmethoden und ermöglicht es, den Fortschritt einzelner Aufgaben leicht zu verfolgen.

Mit **Microsoft Teams** können deine Mitarbeiter durch Video- und Chatfunktionen in Echtzeit zusammenarbeiten, Dokumente austauschen und Aufgaben verwalten. Die Plattform bietet die Möglichkeit, Teams für bestimmte Aufgaben zu erstellen. Mit der Integration von Microsoft Planner kannst du Aufgabenlisten erstellen, priorisieren und den Fortschritt verfolgen. Die Kalenderfunktionen bieten die Möglichkeit, Besprechungen direkt aus Teams zu planen.

Monday.com ist ein visuelles Arbeitssystem bzw. eine Kollaborationsplattform. Aufgaben werden mithilfe von Boards und Diagrammen geplant, organisiert und geordnet. Mit der Zeiterfassungsfunktion kannst du den Zeitaufwand pro Aufgabe festhalten. Tools zur Analyse von Daten unterstützen dich dabei, den Projekterfolg zu bewerten und festzustellen, welche Aufgaben den größten Beitrag leisten.

Wrike ist eine Projektmanagement-Plattform, die es ermöglicht, Aufgaben in einem zentralen Dashboard flexibel zu strukturieren, zu priorisieren und klare Ziele zu setzen. Das Tool fördert auch die Zusammenarbeit und Kommunikation im Team.

Welches dieser Tools am besten geeignet ist, hängt von den spezifischen Anforderungen deines Unternehmens und der Arbeitsweise deiner Mitarbeiter ab.

Die Pareto-Methode ist allerdings mehr als eine Faustregel, sie erfordert eine strategische Herangehensweise. Nutze die folgenden sieben Schritte als Leitfaden für die korrekte Umsetzung:

1. **Identifiziere Aufgaben und Projekte** und erstelle eine Liste, um einen Überblick über offene To-dos zu bekommen.

2. **Analysiere den Beitrag zum Gesamterfolg** einer jeden Aufgabe. Welche 20 % der Aufgaben haben den größten Einfluss auf die Unternehmensziele?

3. **Priorisiere Aufgaben nach Wichtigkeit** und dem erwarteten Beitrag zum Erfolg.

4. **Fokussiere dich auf das Wesentliche** und konzentriere deine Ressourcen auf die Top-20 % der Aufgaben. Vermeide, dich in unwichtigen Details zu verlieren.

5. **Überprüfe deine Prioritäten regelmäßig**, um sicherzustellen, dass deine Bemühungen weiterhin auf die Erfolg versprechenden Aufgaben gerichtet sind.

6. **Delegiere und eliminiere** Aufgaben, die nicht zu den Schlüsselaufgaben gehören, um dich auf die strategischen Aspekte zu konzentrieren. Überlege, welche Aufgaben ganz eliminiert werden können, ohne den Gesamterfolg zu beeinträchtigen.

7. **Lerne mithilfe der Ergebnisse** besser, die wichtigsten Aufgaben zu fokussieren.

Natürlich handelt es sich bei den Prozentangaben von 20 % und 80 % lediglich um Richtwerte. Das Pareto-Prinzip ist zudem keine allgemein geltende Regel und hat nicht in jeder Situation Gültigkeit. Besonders in kritischen Momenten ist die Methode keine Option, da bestimmte Aufgaben mit höchster Sorgfalt erfüllt werden müssen. Daher solltest du stets abschätzen, wie viel Zeit du einer Aufgabe widmest und ob das Prinzip mit deiner Unternehmensphilosophie übereinstimmt. Die Methode hilft dir jedoch, mit begrenzten Mitteln effizienter zu arbeiten.

Es ist also nicht immer notwendig, ein übermäßiger Perfektionist zu sein. Es geht eher darum, deine überzogenen Erwartungen zu reduzieren und unnötigen Perfektionismus zu überwinden, auch im privaten Leben.

20. FEHLER:
DINGE STÄNDIG AUFSCHIEBEN

Sätze wie »Ich kann nur unter Druck effektiv arbeiten« habe ich im Laufe meiner Karriere schon oft gehört. Dieses weitverbreitete Verhalten hat in der Psychologie einen Namen: **Prokrastination**. Der Begriff kommt aus dem Lateinischen: »prokrastinare« bedeutet übersetzt »vertagen«. Auch wenn es wie Faulheit aussehen mag, hat der Begriff eigentlich wenig mit Faulheit zu tun. Denn während Faulheit »Nichtstun« bedeutet, ist Prokrastination ein aktiver Prozess.

Im Volksmund wird dieses Verhalten auch als »Aufschieberitis« belächelt.[14] Doch was harmlos klingt, kann fatale Folgen haben und ist für diejenigen, die wichtige Aufgaben bis zur letzten Minute aufschieben, oft alles andere als amüsant: Denn häufiges Aufschieben kann langsam zu einer Art chronischer Krankheit werden. Kritisch wird es, wenn du selbst wichtige Projekte so lange vor dir herschiebst, bis negative Konsequenzen drohen.

Grundsätzlich ist Prokrastination ein erlerntes Verhalten und kann daher bei jedem auftreten, auch bei dir. Allerdings kann erlerntes Verhalten auch wieder verlernt werden.

Wenn jedoch schwerwiegende Folgen auftreten, wird die Prokrastination zu einer pathologischen Form des Aufschiebens, die eine Störung der Selbststeuerung darstellt und zu erheblichem Leidensdruck führen kann. Du erlebst Stress und Druck, da du ständig Angst vor dem nächsten Termin oder der nächsten Deadline hast.

Hinweis: Es gibt keine klare Grenze, ab wann Prokrastination behandelt werden sollte. Wenn das pathologische Aufschieben jedoch zu Leiden führt, besteht Handlungsbedarf und im schlimmsten Fall sollte professionelle Hilfe in Anspruch genommen werden. Wenn du dir nicht sicher bist, ob du von pathologischer Prokrastination betroffen bist, solltest du zunächst einen Selbsttest machen.

Ein solcher Test, den du unter anderem im Internet findest, gibt dir eine detaillierte Rückmeldung zu diesem und verwandten Themen wie Depressionen oder ADHS und zeigt dir erste Anlaufstellen auf.

Das Gegenteil der Prokrastination ist die **Präkrastination**, bei der Menschen bemüht sind, ihre Aufgaben sofort und schnell zu erledigen. Obwohl das zunächst vorteilhaft erscheint, geht diese Neigung oft mit einem zwanghaften Wunsch einher, Aufgaben sofort zu erledigen. Das kann zu Stress und oberflächlichem Arbeiten bis hin zum Burn-out führen. Soziale Kontakte und Freizeitaktivitäten kommen dabei nicht selten zu kurz. Achte also darauf, dich mit den Aufgaben nicht zu überfordern.

Grundsätzlich ist es menschlich, gelegentlich Aufgaben zu vernachlässigen; ein übermäßiges Aufschieben kann jedoch auf Dauer negative Auswirkungen auf den Alltag, das Unternehmen und sogar auf die psychische Gesundheit haben. Eine selbstreflektierte Analyse der Ursachen kann den Weg zu gezielten Lösungsansätzen ebnen. Folgende Ursachen sind möglich:

Ineffektives Zeitmanagement: Hast du Schwierigkeiten, deine Zeit sinnvoll zu strukturieren und Prioritäten zu setzen?

Bevorzugung kurzfristiger Erfolge: Wählst du oft Aktivitäten, die zwar Erfolgserlebnisse bieten, aber nicht unbedingt dem eigentlichen Ziel dienen? »Sensation Seeker« neigen beispielsweise oft dazu, ständig neue, aufregende Aktivitäten zu suchen und langwierige Aufgaben zu meiden.

Mangelnder Selbstwert: Versagensangst spielt eine große Rolle, insbesondere bei einem geringen Selbstbewusstsein und wenn du dein Selbstwertgefühl stark an Erfolge bzw. Misserfolge knüpfst.

Überlastung: Hast du das Gefühl, von deinen Aufgaben überwältigt zu sein? Wenn du Schwierigkeiten hast zu delegieren, könntest du dazu neigen, dich selbst mit einer Überfülle von Aufgaben zu belasten und sie aufzuschieben.

Mangelnde Priorisierung kann dazu führen, dass du dich mit weniger dringenden oder angenehmeren Aufgaben beschäftigst.

Fehlende Motivation: Wird eine Aufgabe als uninteressant empfunden, besteht die Tendenz, sie aufzuschieben.

Doch was kannst du tun, um dich diesem Muster zu widersetzen? Hier sind einige meiner bewährten Methoden:

- **Setze klare Prioritäten** und identifiziere die wichtigsten Aufgaben, die einen direkten Einfluss auf den Unternehmenserfolg haben. Konzentriere dich auf diese Aufgaben.

- **Setze realistische Ziele und Meilensteine**, um den Fortschritt besser zu verfolgen und das Gefühl der Überwältigung zu minimieren.

- **Verbessere dein Zeitmanagement**, um Arbeitsphasen zu strukturieren. Setze klare Zeitgrenzen für Aufgaben, um Ablenkungen zu minimieren.

- **Triff Entscheidungen**, statt sie aufzuschieben. Setze dir eine Frist für die Entscheidungsfindung, zögere nicht und vertraue darauf, dass du die bestmögliche Wahl getroffen hast.

- **Lerne, Aufgaben zu delegieren**, und vertraue deinem Team. So verteilst du die Arbeitslast und schaffst Freiraum für strategische Entscheidungen.

- **Halte deine Motivation aufrecht**, indem du regelmäßig deine Visionen reflektierst. Erinnere dich daran, warum du dein Unternehmen gegründet hast.

- **Setze realistische Standards** und akzeptiere, dass Perfektion nicht immer erreichbar ist. Erkenne den Wert von erledigten Aufgaben, auch wenn sie nicht perfekt sind.

- **Gehe unangenehme Aufgaben zuerst an**, um den Aufschub zu verhindern.

- **Führe ein Belohnungssystem ein**, um positive Anreize zu schaffen und die Motivation aufrechtzuerhalten.

- **Reflektiere regelmäßig deine Arbeitsgewohnheiten**, um Rückfälle in alte Muster zu erkennen und Strategien anzupassen.

Es gibt verschiedene Techniken, die du in deinen Arbeitsalltag integrieren kannst:

- Die **Pomodoro-Technik**[15]: Teile deine Arbeitszeit in kurze Intervalle, üblicherweise 25 Minuten, auf die eine kurze Pause folgt. Nach vier solcher Intervalle wird eine längere Pause eingelegt. Dies fördert deine Konzentration und verhindert Überlastung.

- **Time Blocking**[16]: Plane bestimmte Zeiträume im Voraus für spezifische Aufgaben ein. Dies hilft, den Fokus auf bestimmte Aktivitäten zu lenken und Ablenkungen zu minimieren.

- Die **Zwei-Minuten-Regel**[17]: Wenn eine Aufgabe weniger als zwei Minuten dauert, erledige sie sofort. Dies verhindert, dass kleine Aufgaben sich ansammeln und zu einer größeren Last werden.

Auch digitale Tools wie eine Projektmanagement-Software, Kalender-Apps und To-do-Listen sind nützliche Werkzeuge, die du individuell anpassen und kombinieren kannst, um deinen persönlichen Arbeitsstil und die Unternehmensanforderungen zu berücksichtigen. Vergiss dabei nicht: Sei nachsichtig mit dir selbst, wenn Dinge nicht immer nach Plan laufen, sonst entstehen Druck und Frustration.

Prokrastination kann auch ein Symptom von Depressionen sein, Niedergeschlagenheit, geringes Selbstwertgefühl und Nervosität können zu Arbeitsstörungen führen. In einigen Fällen muss die eigentliche mentale Erkrankung behandelt werden, zum Beispiel bei Depressionen, ADHS oder Angststörungen. Dieser Ratgeber ist allerdings **kein Ersatz** für eine Therapie. Wenn du große Schwierigkeiten hast, mit extremer Prokrastination umzugehen, und diese Tipps nicht helfen, kann es sinnvoll sein, professionelle Hilfe in Anspruch zu nehmen. Eine Prokrastinationstherapie, insbesondere die kognitive Verhaltenstherapie, kann in dem Fall sehr wirksam sein. Hierbei verbesserst du aktiv deine Selbstregulation.

21. FEHLER:
INNOVATIONSSTAU

Es ist unerlässlich, die Entwicklungen in der eigenen Branche im Blick zu behalten. Viele Unternehmer richten sich in der Komfortzone ein und reagieren nicht auf Veränderungen.

Die heutige Geschäftswelt ist geprägt von ständigem Wandel. In meinen vielen Jahren als Unternehmer habe ich erlebt, wie Unternehmen sich immer wieder im Erfolg sonnen, bis sie plötzlich von den Veränderungen ihrer Branche überholt werden. Vernachlässigte Trends sind ein gefährlicher Sog, der dein Unternehmen in stagnierendes Gewässer zieht. Im ständigen Fluss der Neuerungen kann ein Unternehmen in einem Innovationsstau stecken bleiben. Ein ernster Zustand, der das Überleben deines Unternehmens bedroht und aus verschiedenen Gründen entsteht.

Dein Unternehmen kann Schwierigkeiten haben, kreative Ideen zu entwickeln und umzusetzen. Eine Atmosphäre, die Experimente ermutigt und Misserfolge als Lernmöglichkeiten betrachtet, ist entscheidend. Die Furcht vor Misserfolgen unterdrückt kreatives Denken und Innovationen.

Wenn dein Unternehmen vehement an bewährten Praktiken festhält, kann eine Innovationsblockade eintreten. Auch Mitarbeiter können Widerstand gegen Veränderungen zeigen und so die Einführung neuer Ideen erschweren. Entscheidungen werden dann langsamer getroffen. Begrenzte Ressourcen für Forschung und Entwicklung können den Innovationsprozess behindern. Ohne Mittel ist es schwer, Ideen zu entwickeln und umzusetzen.

Wenn dein Unternehmen die Bedürfnisse seiner Kunden nicht versteht, kann es den Anschluss verlieren. Die Vernachlässigung von Kundenfeedback führt zu einem Innovationsstau.

Fehlende Zusammenarbeit und schlechte Kommunikation können außerdem den Innovationsfluss behindern. Offener Austausch ist entscheidend für erfolgreiche Neuerungen.

Manchmal haben Unternehmen auch Schwierigkeiten, mit dem technologischen Wandel Schritt zu halten. Neue Technologien erfordern Anpassungen, die nicht immer umgesetzt werden. Ohne klare strategische Ausrichtung und deutliche Innovationsziele läufst du Gefahr, dich zu verzetteln und den Fokus zu verlieren.

Innovationsstaus spiegeln oft eine Kombination dieser Faktoren wider und es erfordert eine ganzheitliche Herangehensweise, um den Innovationsprozess zu revitalisieren.

Sich nicht an neue Gegebenheiten anzupassen oder keine innovativen Ideen zu entwickeln, kann zum schleichenden Niedergang führen, vor allem in Krisenzeiten. Das zeigten die letzten Jahre: Mit der Coronapandemie hat die Innovationskraft in Deutschland stark abgenommen; besonders innovationsferne Unternehmen wurden noch risikoaverser. Laut einer aktuellen Studie der IW Consult im Auftrag der Bertelsmann Stiftung[18] haben mehr als 25 % der deutschen Unternehmen ihre geplanten Innovationsaktivitäten verschoben oder ganz gestrichen. Insgesamt ist der Anteil der Unternehmen, die nicht aktiv nach Innovationen suchen, in den letzten Jahren auf rund 40 % gestiegen. Dieser Rückzug aus dem Innovationsgeschehen hat gravierende Folgen für die Wettbewerbsfähigkeit Deutschlands.

Die Krise zwang viele, ihre Geschäftsmodelle zu überdenken und sich auf neue Strategien zu konzentrieren. Manche erkannten die Notwendigkeit, sich an den veränderten Markt anzupassen, sie reagierten mit Flexibilität und Agilität. So entstanden neue Geschäftsmöglichkeiten. Von virtuellen Events und Online-Vertriebskanälen bis hin zur Umstellung auf digitale Arbeitsmodelle und kontaktlose Dienstleistungen – Unternehmen, die sich schnell anpassten, konnten sich behaupten und florieren.

In Krisenzeiten werden die Karten also neu gemischt – und sie bringen nicht nur Verlierer hervor. Wer es schaffte, die Coronakrise als Chance zu sehen, erwies sich als Gewinner inmitten des Chaos. Diese Unternehmen nutzten die Krise als Katalysator für positive Veränderungen. Merke dir also: Unternehmen, die Risiken eingehen und neue Wege beschreiten, können gestärkt aus einer Krise hervorgehen und ihre Marktposition festigen. Dies unterstreicht die Bedeutung von Agilität und Innovationsfähigkeit als Schlüsselkomponenten für langfristigen Erfolg, besonders in Zeiten der Unsicherheit.

Viele Unternehmen stehen vor enormen Herausforderungen; die einen meistern sie, andere nicht. Werfen wir einmal einen Blick auf Unternehmen, die unterschiedliche Wege gegangen sind:

Kodak war ein Gigant in der Fotografie und Marktführer für analoge Kameras und Filme. Jedoch vernachlässigte das Unternehmen den Trend der digitalen Fotografie: Während Kodak an traditionellen Filmen festhielt, revolutionierten digitale Kameras den Markt. So verpasste Kodak den Übergang zur digitalen Ära, was im Jahr 2012 zum Bankrott führte.

Blockbuster war der führende Anbieter von Videotheken. Das Unternehmen ignorierte den Trend des digitalen Streamings und die aufkommende Popularität von Plattformen wie Netflix, es setzte weiterhin auf das traditionelle Verleihmodell. Dies führte dazu, dass das Unternehmen seine Videotheken schließen musste, während Streamingdienste den Markt eroberten.

Viele Unternehmen setzen auf Nachhaltigkeits- und Umwelttrends nicht nur, um ökologische Verantwortung zu übernehmen, sondern auch, um wirtschaftlichen Erfolg zu erzielen. Vor allem in Nordamerika hat sich ein Hype um die veganen Burger des kalifornischen Unternehmens Beyond Meat entwickelt. Das Start-up entwickelt seit 2009 pflanzliche Fleischalternativen auf der Basis von Erbsenproteinen und hat inzwischen eine Finanzierung von mindestens 122 Millionen US-Dollar erhalten. Ziel des Unternehmens ist es, Proteinquellen anzubieten, die den ökologischen Fußabdruck der Lebensmittelindustrie reduzieren, ein Beispiel für Unternehmen, die den gesellschaftlichen Wandel als Chance nutzen und davon profitieren.

Tesla ist ein Unternehmen, das erfolgreich Trends erkannt hat. Während etablierte Automobilhersteller zögerten, Elektroautos zu produzieren, setzte Tesla auf Elektromobilität und brachte hochmoderne Fahrzeuge auf den Markt. Das Unternehmen führte Innovationen wie autonomes Fahren ein und demonstrierte, wie die gezielte Auseinandersetzung mit Trends eine Branche mit langjährigen Traditionen revolutionieren kann.

Diese Beispiele veranschaulichen, wie Unternehmen durch den unterschiedlichen Umgang mit Trends erhebliche Risiken eingehen oder ihre Marktposition stärken können.

Trends sind mehr als vorübergehende Modeerscheinungen und haben eine große Bedeutung für den Erfolg deines Unternehmens. Sie spiegeln die sich ändernden Bedürfnisse unserer Gesellschaft wider und dienen außerdem als Inspirationsquelle für Innovationen. Es gibt verschiedene Arten von Trends:

Die zunehmende Digitalisierung von Geschäftsprozessen und Produkten ist ein anhaltender Trend. Auch neue Technologien wie künstliche Intelligenz, Blockchain, Augmented Reality oder 5G können sich erheblich auf verschiedene Branchen auswirken.

Die weltweite Vernetzung beeinflusst Wirtschaft und Handel. Der Trend zur Nachhaltigkeit wächst.

Veränderungen wie die Gesellschaftsalterung oder Migration beeinflussen Konsumverhalten und soziale Dynamiken. Das wachsende Interesse an Gesundheit und Wellness steigert die Nachfrage nach gesunden Lebensmitteln, Fitnessprodukten und Gesundheitsdienstleistungen.

Modetrends, Kunst und Design sind stark von kulturellen Einflüssen geprägt. Populärkultur wie Musik, Film, Sport und Unterhaltung beeinflussen Verhalten und Vorlieben der Menschen.

In letzter Zeit, besonders aufgrund der Coronapandemie, haben Remote-Arbeitsmöglichkeiten und flexible Arbeitsstrukturen stark zugenommen. Die Arbeitswelt verändert sich auch durch fortschreitende Automatisierung.

Der anhaltende Trend zu Onlineshopping und E-Commerce geht auf die steigende Nachfrage nach personalisierten Produkten zurück und der wachsende Fokus auf Nachhaltigkeit zeigt: Verbraucher legen zunehmend Wert auf ökologisch und sozial verantwortliches Handeln sowie umweltfreundliche Produkte. Dieses neue Bewusstsein kann Innovationen in den Bereichen erneuerbare Energien, Kreislaufwirtschaft und Ressourcenschonung vorantreiben. Das sollte in die strategische Planung einbezogen werden.

Es gibt eine zunehmende Nutzung digitaler Technologien für medizinische Beratung und Behandlung sowie ein wachsendes Interesse an gesunden Lebensstilen.

Verschiedene Trends beeinflussen sich oft gegenseitig. Wer sie unterschätzt, verliert Marktanteile und den Anschluss an die Konkurrenz. Dabei sind Innovationen nicht nur auf technologischen Fortschritt beschränkt, auch Änderungen in anderen Bereichen haben bedeutsame Auswirkungen auf dein Unternehmen.

Die Fähigkeit, dich schnell an neue Gegebenheiten anzupassen, sichert den Fortbestand deines Business. Oder um es mit dem berühmten Evolutionstheoretiker Charles Darwin (1869) auszudrücken: »Survival of the Fittest« – nur wer sich anpasst, überlebt. Die Entwicklung der Geschäftswelt spiegelt die Evolution der Natur wider, in der Anpassung und Weiterentwicklung für das Überleben entscheidend sind. In einer Welt, die sich ständig verändert, bleibt diese Fähigkeit der Schlüssel für langfristigen Erfolg.

Gut ausgebildete Fachkräfte suchen gern Arbeitgeber, die ihnen die Möglichkeit bieten, an vorderster Front der technologischen Entwicklung zu arbeiten. Hat Innovation Priorität, kann dein Unternehmen erstklassige Talente anziehen und eine Atmosphäre von Kreativität schaffen, die die Motivation deiner Mitarbeiter erhöht. Eine solche Innovationskultur fördert auch flexible Teams, die proaktiv auf Veränderungen reagieren.

Wenn du Trends erkennst, kannst du innovative Produkte anbieten. Kunden schätzen Marken, die als innovativ wahrgenommen werden. Innovationen stärken also dein Markenimage. Apple z. B. baut auf Innovation und Design und sichert sich so loyale Kunden sowie eine starke Marktposition.

Die Geschäftswelt belohnt die, die sich anpassen, und bestraft jene, die sich in Gewohnheiten verlieren. Trends zu ignorieren, ist wie auf der Autobahn das Lenkrad loszulassen – es führt unweigerlich von der Erfolgsspur. Achte also darauf, dass der Innovationsmotor deines Unternehmens auf Hochtouren läuft.

Hier sind fünf Regeln, mit denen du auf dem Spielfeld des Unternehmertums erfolgreich agierst:

Wissen ist Macht: Verfolge aktuelle Entwicklungen deiner Branche und informiere dich über neue Trends. Marktanalysen sind wichtig. Beobachte deine Wettbewerber und führe regelmäßig Marktforschung durch, um Veränderungen bei der Nachfrage, im Wettbewerb und bei den Technologien zu identifizieren. Bleib informiert, indem du Fachliteratur liest und Blogs bzw. Branchenportale verfolgst. Setze Tools und KI ein, um Datenmuster, Trends und Kundenverhalten zu analysieren.

Netzwerke nutzen: Tausche auf Branchenveranstaltungen wie Konferenzen und Messen sowie durch die Vernetzung mit anderen Erfahrungen aus. Ein aktives Netzwerk dient oft als Frühwarnsystem für Neuerungen. Suche die Zusammenarbeit mit externen Partnern, Start-ups oder Forschungseinrichtungen. Sie eröffnet oft neue Perspektiven und Zugang zu Fachwissen, das intern nicht verfügbar ist.

Eine Kultur der Veränderung: Das Verständnis für Marktdynamiken ermöglicht es dir, proaktiv auf Veränderungen zu reagieren und dein Unternehmen entsprechend auszurichten. Um den Innovationsstau zu durchbrechen, ist es dabei unabdingbar, die Kreativität deines Teams zu beflügeln. Proaktivität ist der Motor der Veränderung: Schaffe in deinem Unternehmen eine Kultur, die Innovationen und Experimente fördert und deine Mitarbeiter dazu ermutigt, neue Ideen und Experimente einzubringen. Offener Austausch trägt dazu bei, Innovation nicht als Option, sondern als Grundbestandteil des Unternehmens zu sehen. Entwickle eine langfristige Innovationsstrategie, setze Meilensteine und evaluiere regelmäßig den Fortschritt deines Unternehmens. Implementiere schnelle Prototypen und iterative Prozesse. Teste Ideen in kleinen Maßstäben, um schnelleres Feedback zu erhalten und Anpassungen vorzunehmen.

Gehe mit der Zukunft: Schaue aktiv nach vorn und erkenne die Zeichen des Wandels. Reserviere Ressourcen für Forschung und Entwicklung, um neue Produkte und Prozessverbesserungen zu entwickeln. Ermutige deine Mitarbeiter, sich weiterzubilden und neue Fähigkeiten zu erwerben. Eine Belegschaft, die sich aktiv mit Veränderungen auseinandersetzt, ist ein wertvolles Kapital. Benenne einige deiner Mitarbeiter als Trendscouts, die sich speziell auf den Fortschritt konzentrieren.

Sei flexibel und aufgeschlossen: Das Ignorieren von Trends kann kostspielig sein. Implementiere also agile Methoden und Strukturen, um flexibel reagieren zu können. Sei offen für Veränderungen und lerne aus den Erfahrungen anderer. Nutze Feedback und Anregungen, um deine Perspektiven zu erweitern. Kunden sind oft die ersten, die ihre veränderten Präferenzen signalisieren; Mitarbeiter verweisen auf interne Verbesserungspotenziale.

Aber nicht jeder Trend ist für dein Unternehmen relevant. Es geht darum, Trends durch eine gründliche Analyse der eigenen Marktposition, der Kapazitäten und der Kundenbedürfnisse sinnvoll in deine Strategie zu integrieren. Du solltest also nicht blindlings jedem Hype folgen, sondern vielmehr gezielt jene Entwicklungen aufgreifen, die Mehrwert schaffen.

So schaffst du ein zukunftsorientiertes Unternehmen. Deine Reise führt dich durch unbekanntes Terrain, aber nur dort erklimmst du wahre Höhen.

22. FEHLER:
ZÖGERN STATT LOSLEGEN

Viele Unternehmer stoßen auf ein ganz bestimmtes Hindernis: die Furcht vor der Unvollkommenheit. Sie denken, dass alles perfekt sein muss, bevor sie den ersten Schritt wagen. Dabei ist Perfektion eine Illusion und der Feind des Fortschritts. Fortschritt ist die Fähigkeit, unvollkommen zu beginnen, kontinuierlich zu lernen und so zu wachsen.

Ich erinnere mich noch gut an den Start meines ersten Unternehmens. Ich hatte das Gefühl, nicht gut genug vorbereitet zu sein. Das ist nur natürlich – der Beginn einer unternehmerischen Reise ist nicht einfach und von Umwegen, Höhen und Tiefen geprägt.

Verständlicherweise möchtest du sicherstellen, dass deine Ideen oder dein Unternehmen von Anfang an makellos sind. Doch Perfektion ist ein Trugbild, das uns dazu verleitet, im endlosen Kreislauf von Planung und Überlegung zu bleiben. Sie verhindert, dass unsere Visionen Wirklichkeit werden. Perfektionismus kann dazu führen, dass du das Ziel aus den Augen verlierst und kostbare Zeit verschwendest, während du nach dem idealen Moment suchst. So verpasst du deine Chancen und verschiebst deine Träume auf unbestimmte Zeit.

Du wirst nie vollständig bereit sein; es gibt immer noch etwas zu lernen und zu verbessern. Ein Erfolg beginnt mit dem ersten, oft mühsamen Schritt – du musst nur die Angst vor dem Scheitern überwinden. Ich lege dir nahe, den Schleier der Perfektion zu durchbrechen und den Wert in unvollkommenen Anfängen zu erkennen. Zeige Risikobereitschaft und starte unvollkommen. Risiken einzugehen, bedeutet nicht, leichtfertig in unbekannte Gewässer zu springen, sondern es bedeutet, die Chancen zu erkennen, die sich hinter der Ungewissheit verbergen.

Fundierte Entscheidungen zu treffen, erfordert ein sorgfältiges Abwägen von Möglichkeiten und Risiken. Wenn du deine Komfortzone verlässt, wirst du Innovationen vorantreiben und neue Höhen erklimmen. Es braucht Mut, sich von der Perfektion zu lösen und den ersten Schritt zu wagen, das erste Unternehmen zu gründen oder ein neues Projekt anzugehen. Doch deine Idee wird sich im Laufe der Zeit entwickeln und du wirst Einsichten gewinnen, zu denen du nie gekommen wärst, wenn du auf den perfekten Moment gewartet hättest.

Diese Erkenntnis war für mich ein Befreiungsschlag. Sie öffnete mir eine Welt, in der ich nicht mehr dem Druck ausgesetzt war, alles perfekt umzusetzen, sondern in der ich Herausforderungen als Chancen zur Weiterentwicklung begriff.

Der Erfolgsprozess ist geprägt von Anpassung. Veränderungen zwingen dich dazu, flexibel zu sein. Rückschläge sind dabei unvermeidlich. Unvollkommenheit ist kein Makel, sondern ein natürlicher Teil des Wachstumsprozesses. Jeder Misserfolg birgt wertvolle Lektionen, die dein Unternehmen stärken können.

Die erfolgreichsten Unternehmen haben klein und unvollkommen angefangen. Amazon begann als Online-Buchhandlung, bevor es zum globalen E-Commerce-Giganten wurde. Steve Jobs startete Apple in der Garage seiner Eltern und entwickelte daraus die wertvollste Marke der Welt. »Colonel« Harland D. Sanders, der Gründer von Kentucky Fried Chicken (KFC), begann erst im Alter von 65 Jahren mit dem Franchising seines berühmten Hühnerrezepts. Davor erlebte er zahlreiche Rückschläge, er verlor Arbeitsplätze und Geschäfte. Seine Beharrlichkeit führte jedoch zu einer der erfolgreichsten Fast-Food-Ketten der Welt.

All diese Unternehmen haben sich entwickelt, weil sie den Mut hatten, unvollkommen zu beginnen. Es erfordert Durchhaltevermögen, sich durch Höhen und Tiefen zu bewegen. Die Fähigkeit, sich von Misserfolgen nicht entmutigen zu lassen, sondern sie als Sprungbrett für Errungenschaften zu nutzen, ist entscheidend. Mit wenigen Produkten oder mit deinem gesamten Business – der Trick ist, so schnell wie möglich zu beginnen und kontinuierlich Verbesserungen vorzunehmen. Trau dich, Fehler zu machen.

Hier sind einige Tipps, die dir helfen, deinen Perfektionismus zu überwinden und mutig zu starten:

- Setze dir klare und **erreichbare Ziele**. Dies hilft, den Fokus zu behalten und kleine Schritte in Richtung deiner Vision zu unternehmen, ohne auf den perfekten Plan zu warten.

- Entwickle ein **Minimum Viable Product (MVP)**, ein Produkt in seiner grundlegendsten Form, und teste es auf dem Markt. Dies ermöglicht dir zeitnahes Feedback und schnelle Anpassungen, statt lange am perfekten Produkt zu arbeiten.

- Identifiziere die Bereiche, in denen **Perfektion** zählt, und fokussiere dich darauf. Erlaube dir, in anderen Bereichen **gut genug** zu sein, um voranzukommen. Akzeptiere Unvollkommenheit als Teil des Prozesses – so kannst du Zeit und Ressourcen effektiver nutzen.

- **Fehler sind Chancen**: Analysiere, was schiefgelaufen ist, um dein Unternehmen zu verbessern.

- Umgib dich mit Menschen, die deine Vision teilen und dich ermutigen. Ein starkes **Netzwerk** dient nicht nur als Unterstützung bei Unsicherheiten.

- Miss deinen Erfolg anhand des **Fortschritts** und nicht an einem idealen Standard. Jeder kleine Schritt bringt dich näher ans Ziel, auch wenn nicht alles perfekt läuft.

- Setze dir klare **Zeitrahmen**. Das hilft, Prozesse zu beschleunigen und Entscheidungen zu fällen, statt auf den perfekten Moment zu warten.

Finde die Balance zwischen Planung und dem Mut zu Maßnahmen. Mein Rat ist einfach: Der beste Zeitpunkt, um anzufangen, ist jetzt. Dein Unternehmen wird wachsen, solange du bereit bist, Herausforderungen anzunehmen.

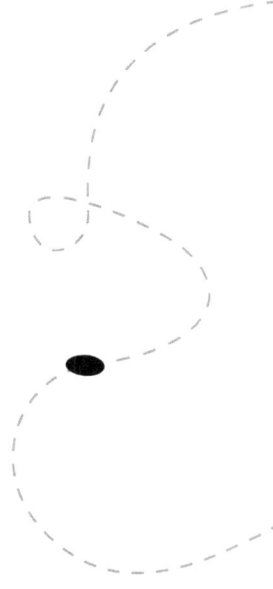

KAPITEL 03

Kommunikation

Der stumme Trommler

Es war einmal ein kleines, in den Bergen verstecktes Dorf, das für seine talentierten Handwerker bekannt war. In diesem Dorf lebte ein junger Trommler namens Miguel. Seine Trommeln waren von herausragender Qualität, gefertigt aus den besten Hölzern und mit einem Klang, der die Seele berührte. Doch trotz der außergewöhnlichen Qualität seiner Trommeln blieb Miguel nahezu unbekannt, und seine Trommeln fanden nur selten den Weg in die Hände der Musiker.

Er verbrachte seine Tage in seiner kleinen Werkstatt, vertieft in die Kunst des Trommelbaus. Er glaubte fest daran, dass seine Arbeit für sich selbst sprechen würde. Doch während seine Trommeln in der Werkstatt verstaubten, waren die Produkte der weniger talentierten Handwerker aus dem Nachbardorf überall zu finden. Diese Handwerker verstanden es, ihre Arbeit in Szene zu setzen und ihre Geschichten zu erzählen.

Eines Tages kam ein reisender Musiker namens Ricardo in Miguels Dorf. Er war auf der Suche nach der perfekten Trommel für seine bevorstehende Tournee. Von den außergewöhnlichen Trommeln des Dorfes hatte er gehört, doch Miguel hatte er noch nie getroffen. Stattdessen fand Ricardo sich bald in der Werkstatt eines anderen Trommelbauers wieder, dessen Trommeln zwar gut, aber bei weitem nicht so herausragend waren wie Miguels.

Enttäuscht von den Trommeln, die er gesehen hatte, beschloss Ricardo, das Dorf zu verlassen. Auf dem Weg hinaus hörte er jedoch aus einer kleinen Werkstatt ein leises Trommeln. Neugierig trat er ein und fand Miguel, der eine seiner Trommeln spielte. Der Klang war voll und tief – Ricardo wusste sofort, dass er die perfekte Trommel gefunden hatte.

»Warum hat niemand von dir und deinen Trommeln gehört?«, fragte er verwundert.

Miguel seufzte: »Ich habe immer geglaubt, dass die Qualität meiner Arbeit für sich selbst sprechen würde. Aber ich verstehe jetzt, dass ich auch meine Geschichte erzählen muss.«

Ricardo bot Miguel an, ihm dabei zu helfen, seine Trommeln bekannt zu machen. Zusammen entwickelten sie eine Marketingstrategie, die zu jedem Instrument eine Geschichte erzählte. Sie nutzten alle vorhandenen Medien, um Miguels Arbeit bekannt zu machen, und organisierten kleine Konzerte im Dorf.

Bald verbreitete sich die Nachricht von Miguels außergewöhnlichen Trommeln. Musiker aus der ganzen Region reisten an, um seine Instrumente zu kaufen, das Geschäft florierte.

Während sich viele auf die technischen Aspekte ihres Angebots oder ausschließlich auf die Finanzierung ihres Unternehmens konzentrieren, führt das Thema Marketing und PR oft ein Schattendasein. Viele Gründer glauben, dass ein großartiges Produkt automatisch zum Erfolg führt. Marketing wird nur als Beiwerk betrachtet, das ein paar »hübsche Motive« zaubert. Es geht aber um intelligente Strategien, harte Fakten und Performance. Denn eines ist sicher: Die meisten Unternehmen scheitern nicht an der Finanzierung oder der Produktqualität, sondern an der mangelnden Vermarktungsintelligenz. Ohne intelligentes Marketing wird dein Produkt nicht bekannt. Marketing und Kommunikation können deine Botschaft überzeugend kommunizieren, deine Wunschzielgruppe erreichen und deine Produkte erfolgreich am Markt positionieren.

23. FEHLER:
MARKETING NICHT IM FOKUS

»Das bisschen Marketing macht sich von allein.« Dieser Annahme erliegen viele Unternehmer, besonders in der Frühphase der Unternehmensgründung. Sie gehen davon aus, dass Marketing eine untergeordnete Rolle spielt und sich mit minimalem Aufwand selbst verwaltet. Doch in einer Zeit des Wettbewerbs und der Werbeüberflutung muss die Führungsebene das Marketing aktiv mitgestalten. Andernfalls verliert es schnell die Orientierung, was die Marke schwächt und zu Umsatzeinbußen führt. Im digitalen Zeitalter muss Marketing von der Geschäftsleitung anerkannt und geführt werden. Hier sind die Gründe:

- **Strategische Ausrichtung:** Marketing ist eine umfassende Disziplin, die eine Brücke zwischen dem Markt und der Geschäftsstrategie schlägt. Wenn die Geschäftsführung Marketing in ihre Verantwortung nimmt, können Marktentwicklungen direkt in strategische Entscheidungen einfließen. Das macht das Unternehmen agiler und adaptiver.

- **Ganzheitliche Markensicht:** Die Geschäftsleitung hat eine Vogelperspektive auf die Marke und kann sicherstellen, dass alle Marketingaktivitäten sie kohärent stärken. Wenn verschiedene Abteilungen isolierte Kampagnen durchführen, führt das zu einer verwässerten Markenwahrnehmung. Die Geschäftsführung garantiert die Einheitlichkeit aller Marketinginitiativen.

- **Kundenorientierung:** Allein die Geschäftsführung ist in der Lage, Kundenbeziehungen auf höchster Ebene zu pflegen und die Stimme des Kunden in die Unternehmensführung einzubringen. Wenn Marketing eine Chefsache ist, wird Kundenorientierung ein zentraler Bestandteil der Unternehmenskultur und der Entscheidungen.

- **Ressourcenzuweisung:** Nur die Geschäftsleitung hat den Überblick und die Autorität, Ressourcen intelligent zu verteilen und das Marketing zu einem Werkzeug für Wachstum und Erfolg zu machen.

- **Innovation und Wachstum:** Die Geschäftsführung kann Marketing nutzen, um die Innovation voranzutreiben. Durch Kundennähe und Marktkenntnis werden neue Produktideen und mögliche Verbesserungen besser erkannt und umgesetzt. Marketing aus der Führungsetage ermutigt Mitarbeiter, in Marktchancen zu denken und zu handeln.

- **Reaktionsfähigkeit:** In Krisenzeiten kann nur schnell auf Herausforderungen reagiert werden, wenn die Marketingverantwortung auf höchster Ebene angesiedelt ist.

Kurz gesagt: Marketing ist das Sprachrohr der Unternehmensvision. Wenn es nicht fest in den Händen derer liegt, die die Richtung vorgeben, geht die Botschaft schnell verloren.

Der Begriff »Strategie« ist nun schon ein paarmal gefallen. Sie bildet das Rückgrat eines jeden Unternehmens, das nachhaltig wachsen möchte. Aber was verstehen wir genau unter strategischer Führung? Im Kern ist es die Kunst und Wissenschaft von Planung und Management, die das Unternehmen nicht nur kurzfristig steuert, sondern es auch für zukünftige Chancen positioniert. Strategische Führung erfordert Verständnis für Geschäftsdynamik, vorausschauendes Denken und den Mut, notwendige Veränderungen durchzusetzen.

Marketingstrategien bilden die Brücke zwischen Unternehmenszielen und Kundenbedürfnissen. Für die Geschäftsführung bedeutet dies, Marketing nicht isoliert zu betrachten, sondern als integralen Bestandteil der Gesamtstrategie. Durch die Integration von Marktanalysen, Kundenfeedback und Wettbewerbswissen in die Entscheidungsfindung trägt Marketing effektiv zur Wertsteigerung bei. Die Geschäftsführung muss das Marketingteam so leiten, dass es sich kontinuierlich anpasst, innovative Kampagnen entwickelt und messbare Ergebnisse zur Unternehmensvision beiträgt. Hier einige Schritte, wie man diese Verantwortung in der Praxis umsetzt:

- **Strategische Einbindung:** Nimm regelmäßig an Marketing-Meetings teil, nicht als stiller Beobachter, sondern als aktiver Teilnehmer. Deine Aufgabe: sicherzustellen, dass die Marketingziele nicht nur der Form halber existieren, sondern dass sie Hand in Hand mit den zentralen Unternehmenszielen gehen. Deine Führungsstärke macht das Marketing zu einem pulsierenden Herzschlag, der das Unternehmen mit Energie versorgt und vorwärtstreibt.

- **Fortbildung:** Ruhe dich nicht auf deinen Lorbeeren aus, sondern erweitere stetig dein Marketingwissen. Das Marketing ändert sich schnell, und was gestern noch Best Practice war, ist heute schon überholt. Investiere in regelmäßige Schulungen und Workshops, tausche dich mit Branchenexperten aus und bleibe auf dem Laufenden über Konsumverhaltensveränderungen und technologische Innovationen. Dies stärkt deine Fähigkeit, zukunftsorientierte Entscheidungen zu treffen.

- **Starke Kommunikationskanäle:** Jede erfolgreiche Marketingstrategie basiert auf einer klaren Kommunikation zwischen dir und deinem Team. Schaffe ein System, in dem regelmäßige Updates über laufende Projekte und Ergebnisse selbstverständlich sind. Wöchentliche Meetings, digitale Dashboards oder regelmäßige Berichte, die einen ständigen Informationsfluss sichern, gewährleisten nicht nur, dass du auf dem Laufenden bist, sondern fördern auch ein motivierendes Gefühl von Wertschätzung bei deinen Teammitgliedern.

- **Gezielte Leistungsmessung:** Definiere klare KPIs (Key Performance Indicators), die dir helfen, den Puls deiner Aktivitäten zu fühlen. Indem du messbare Ziele setzt, kannst du sicherstellen, dass jede Maßnahme zu maximalem Erfolg beiträgt. KPIs sollten nicht in Stein gemeißelt sein. Überprüfe sie regelmäßig und passe sie eventuellen Veränderungen an. Ob es sich um die Konversionsrate, die Höhe der Kundenbindung oder das Brand Engagement handelt – stelle sicher, dass deine KPIs ein echtes Bild deiner Marketingeffizienz zeichnen.

Marketing sollte in die DNA deines Unternehmens eingewoben sein. Es fördert dann Kreativität, Innovation und ein starkes Markenbewusstsein bei allen Mitarbeitern. Erkenne die Erfolge deines Marketingteams öffentlich an und unterstütze Initiativen, die echten Wert für deine Kunden schaffen. Wenn alle verstehen, wie ihre Arbeit zur Markenbotschaft beiträgt, entstehen gemeinsame Ziele, die das Unternehmen vorantreiben. So kann Marketing als zentrale Säule zum Erfolg deines Unternehmens beitragen.

Werkzeuge und Methoden, die dir helfen, deine Marketingeffizienz zu optimieren, schlagen die Brücke zwischen Theorie und Praxis.

Marketing-Dashboards sind unerlässliche Instrumente für jede Führungskraft. Mit ein paar Klicks erkennst du, welche Inhalte resonieren, wo du nachjustieren musst oder welche Kampagnen die höchste Konversionsrate haben. Tools wie Looker Studio, Tableau oder Domo ermöglichen es, Entscheidungen auf Basis von Echtzeitdaten zu treffen, und transformieren komplexe Daten in handlungsorientierte Erkenntnisse.

CRM-Systeme sind das Rückgrat einer jeden Marketingstrategie. Systeme wie Pipedrive, Hubspot oder Salesforce verfolgen nicht nur jeden Schritt deiner Kunden, sondern bieten dir auch Einblicke in ihr Verhalten und ihre Vorlieben. Damit entwickelst du personalisierte Marketingstrategien, die den Verkauf ankurbeln, die Kundenbindung stärken und gezielte Up- und Cross-Sells sichern.

Stell dir vor, deine Marketingkampagnen laufen fast von selbst, jede Interaktion mit deinen Kunden funktioniert nahtlos und effizient. Das ist Marketingautomatisierung. Tools wie Adobe Marketo, HubSpot Marketing Hub, Brevo und Co. sind strategische Partner, die Leads nicht nur generieren, sondern durch den gesamten Sales-Funnel begleiten.

Die **Automatisierung** transformiert repetitive Aufgaben in Prozesse und ermöglicht personalisierte Kommunikation, die einen persönlichen Touch behält.

Eine **Leistungsbewertungssoftware** ermöglicht es dir, die tatsächliche Effektivität deiner Bemühungen in Echtzeit zu beurteilen. So kannst du deinen ROI präzise bestimmen und dein Budget dorthin lenken, wo es die größte Wirkung hat. Diese Technologie ist nicht nur ein Messinstrument, sondern ein Navigator durch die komplexen Gewässer des Marketings. Gute Tools sind hier zum Beispiel Google Analytics, Tracify oder Adobe Analytics.

Das Echo deiner Kunden ist Gold wert. **Feedback-Tools** wie SurveyMonkey oder Google Forms fangen dieses Echo ein. Sie bieten Einblicke in Kundenzufriedenheit, Produktpräferenzen und Markttrends. Mit ihnen hältst du ständig Kontakt zu deinen Kunden und erhältst so eine Fülle an Daten, die du nutzt, um deine Produkte, deine Kommunikation und deine Strategien zu verfeinern.

Durch die Integration dieser Werkzeuge übernimmst du eine proaktive Rolle in der Marketingsteuerung und sicherst nachhaltig den Erfolg.

24. FEHLER:
UNKLARE UNTERNEHMENSIDENTITÄT

Jedes erfolgreiche Unternehmen hat eine klar definierte Identität mit einer prägnanten Mission und einer weitsichtigen Vision. Sie verleihen der Marke eine unverwechselbare Stimme im überfüllten Markt. Sie sind die Grundlage einer Geschichte, die sowohl den Markt als auch die Seelen der Menschen erreicht, das verbindende Gewebe, das Kunden und Mitglieder vereint. Sie bestimmen, was dein Unternehmen ausmacht, seine Prinzipien, Bestrebungen und Verheißungen. Die Unternehmensidentität dient als Kompass für alle Unternehmensentschlüsse, ist entscheidend für die Resonanz in der Gemeinschaft und das Fundament, auf dem sich die Wahrnehmung deiner Marke intern und extern bildet. Sie manifestiert sich in jedem Produkt und jeder Botschaft, die du in die Welt sendest, eine DNA, die definiert, wer du bist, wofür du stehst und wie du dich von anderen unterscheidest. Insgesamt setzt sie sich aus vier Elementen zusammen:

Bedeutung: Das Unternehmen muss seine Existenzberechtigung definieren: »Welchen Zweck und welche Ziele verfolgen wir?« Die Antwort ist der thematische Kern der Marke, den du Kunden und Stakeholdern kommunizierst.

Kompetenz: Die Frage »Welche speziellen Fähigkeiten zeichnen uns aus?« bezieht sich auf Fachwissen und Fertigkeiten, die das Unternehmen einzigartig machen. Diese Stärken werden in den Markenerzählungen hervorgehoben, um das Vertrauen und den Respekt der Kunden zu gewinnen.

Prozess: Die Art und Weise, wie die Dinge getan werden, spricht Bände, ist die praktische Darstellung der Marke in Aktion und sollte das große »Wie tun wir es?« demonstrieren. Es geht um die Methodik, darum, wie Produkte erstellt werden und wie diese Methoden die Markenversprechen unterstützen.

Besonderheit: Zuletzt steht die Frage: »Was macht uns unverkennbar anders als unsere Mitwettbewerber?« Hier geht es um die einzigartigen Merkmale, die die Marke von anderen unterscheidet. Diese können in einer speziellen Geschichte, einer einzigartigen Tradition oder in innovativen Ansätzen liegen.

Eine ID-Matrix visualisiert die Elemente deiner Markenidentität. In der folgenden Abbildung siehst du, wie eine solche Matrix strukturiert sein könnte, um die Konzepte Bedeutung, Kompetenz, Prozess und Besonderheit grafisch zu veranschaulichen.

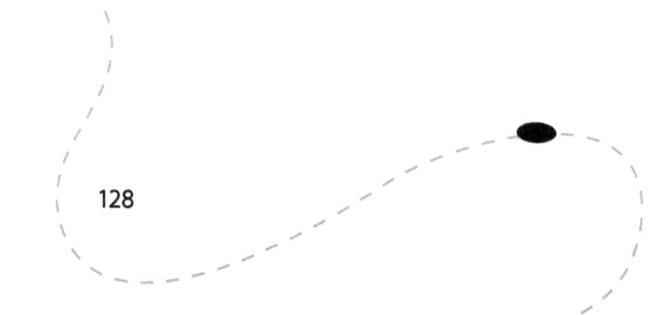

Bedeutung
Wofür bzw. für welche Fähigkeit/Eigenschaft stehen wir am Markt?

Kompetenz
Welchen zentralen Mehrwert bieten wir unseren Kunden?

Prozess
In welcher Reihenfolge / nach welchem Geschäftsmodell/Prozess tun wir die Dinge?

Besonderheit
Wodurch differenzieren wir uns?

Die Frage nach der Identität eines Unternehmens geht weit über die bloße Präsentation eines Produkts hinaus. Es geht um die »Seele« des Unternehmens. Wenn du die Einzigartigkeit deines Unternehmens artikulieren kannst, öffnest du dir ungewöhnliche Wege, die von der **Unique Selling Proposition (USP)**, einem klassischen Konzept, hinführen zur **Unique Audience Proposition (UAP)**, einer moderneren Perspektive.

Die USP ist ein Marketingkonzept aus den 1940er Jahren, das erklärt, warum dein Produkt besser ist als die Konkurrenz. Es geht darum, ein Versprechen an die Kunden zu kommunizieren: »Kaufe unser Produkt, und du hast diesen spezifischen Vorteil.« Wenn du mich fragst: Ich finde diesen Ansatz nicht zeitgemäß, denn mal ganz ehrlich, sofern du heutzutage nicht ein neues Medikament gegen Krebs entwickelst, ist es eher schwierig, eine echte USP zu erreichen.

Die UAP ist ein neuerer Ansatz, der die Einzigartigkeit nicht auf das Produkt beschränkt, sondern auf die Zielgruppe. Statt zu fragen: »Was macht unser Produkt einzigartig?«, fragt die UAP: »Wie können wir ein einzigartiges Erlebnis für unsere Zielgruppe schaffen?« Es geht darum, zu verstehen, welche spezifischen Bedürfnisse sie hat und wie dein Unternehmen diese auf einzigartige Weise lösen kann.

Eine USP könnte sein: »Unser Staubsauger hat die stärkste Saugleistung auf dem Markt.« Eine UAP hingegen könnte lauten: »Unser Staubsauger ermöglicht es Haustierbesitzern, Zeit zu sparen und ein sauberes Zuhause zu genießen, ohne Kompromisse bei der Qualität einzugehen.«

Der Schritt von USP zu UAP ist ein Schritt von produktzentriertem zu kundenzentriertem Denken. Die USP ist wichtig, um die Alleinstellungsmerkmale deines Angebots hervorzuheben, mit der UAP kannst du eine emotionalere und nachhaltigere Beziehung zu deinen Kunden aufbauen. Sie ist besonders wertvoll in einem Markt, in dem ähnliche Produkte angeboten werden, die wenig Wettbewerbsvorteile bieten.

In der Praxis erfordert die Entwicklung einer UAP, dass du dein gesamtes Unternehmen um die Erwartungen der Zielgruppe herum aufbaust. Vom Produkt über das Marketing bis hin zum Service – alles muss zu einem maßgeschneiderten Erlebnis für deine Zielgruppe beitragen. Aber wie?

1. **Verstehe deine Zielgruppe:** Du brauchst dafür grundlegende demografische Daten wie Alter, Geschlecht und Standort. Gehe dann darüber hinaus: Was sind ihre Vorlieben, Herausforderungen und Ziele? Bedenke, dass Kundenbedürfnisse vielschichtig sind. Es geht nicht nur um das physische Produkt, sondern um das Gesamterlebnis. Manche Kunden suchen Produkte, die ihr Leben erleichtern, andere legen Wert auf Ethik und Nachhaltigkeit. Erfasse Meinungen durch Umfragen, führe Interviews und ergründe, was deine Kunden antreibt. Berücksichtige, dass sich die Wünsche und Bedürfnisse deiner Kunden im Laufe der Zeit verändern, betrachte diesen Prozess daher als kontinuierliche Aufgabe, um deine UAP dynamisch und relevant zu halten.

    Analysiere Kundenprofile und -feedback auf allen Kanälen, um Muster zu erkennen. Was schätzen sie an deinen Mitbewerbern, was vermissen sie?

Identifiziere Trends und Themen in sozialen Medien. Je tiefer dein Verständnis ist, desto zielgerichteter kannst du deine UAP formulieren.

2. **Definiere, was dein Unternehmen einzigartig macht:** Das erfordert eine introspektive Betrachtung deiner Stärken und Alleinstellungsmerkmale. Vielleicht ist es dein revolutionärer Kundenservice, der den Kunden nicht nur als König behandelt, sondern als Partner. Oder deine Firmenkultur basiert auf ethischen Grundsätzen und strebt nicht nur nach Profit, sondern nach positivem Wandel. Stelle diese einzigartigen Aspekte ins Zentrum deiner UAP, sie heben deine Marke von anderen ab.

3. **Formuliere eine Botschaft, die resoniert:** Deine Botschaft muss die Unternehmensseele widerspiegeln und gleichzeitig das Herz deiner Zielgruppe erreichen, ihre Bedürfnisse ansprechen und sie zum Handeln inspirieren. Die Botschaft muss deutlich machen, dass du nicht nur die Erwartungen deiner Zielgruppe verstehst, sondern sie übertriffst. Lass deine Kunden fühlen, dass deine Marke ein Teil ihres Lebens ist, der echten Mehrwert bietet und ihren Bedürfnissen entspricht.

   Eine gute UAP ist eine Geschichte, die deine Kunden in deine Marke eintauchen lässt. Nutze Storytelling, um deine UAP zum Leben zu erwecken und eine emotionale Verbindung zu deiner Zielgruppe zu schaffen.

4. **Integriere deine UAP in alle Geschäftsbereiche:** Jeder Aspekt deines Unternehmens sollte die UAP widerspiegeln. Dafür solltest du kanalübergreifend kommunizieren, damit du deine Botschaft auf alle Kundenberührungspunkte überträgst.

5. **Teste und optimiere deine UAP:** Eine UAP ist eine lebendige Idee, die sich deiner Zielgruppe anpasst. Teste sie in verschiedenen Kontexten, in den sozialen Medien oder in Umfragen. Analysiere die Reaktionen. Was begeistert? Was weckt Unsicherheiten? Nutze dies, um deine Botschaft zu schärfen. Viel-

leicht braucht es eine klarere Sprache oder eine stärkere emotionale Komponente. Sei bereit, die Botschaft zu verändern, um deine UAP zu verbessern. Denke daran: Die UAP ist ein Versprechen an deine Kunden, und dein Ziel ist es, dieses Versprechen zu übertreffen.

Mission und Vision sind die Instrumente, die das Wesen eines Unternehmens intern und extern kommunizieren, das Lebenselixier, das den Geist eines Unternehmens prägt. Sie stellen sicher, dass jedes Mitglied die täglichen Aufgaben und den tieferen Sinn dahinter versteht.

Die **Mission** hilft, sich auf ein gemeinsames Ziel zu konzentrieren. Sie definiert, wie du und dein Team täglich handelt, ist ethischer Kompass und Ankerpunkt, der sicherstellt, dass jede Aktion mit den Prinzipien deines Unternehmens in Einklang steht. Wenn dein Unternehmen z. B. Software für Bildungseinrichtungen entwickelt, könntest du formulieren: »Unsere Mission ist es, durch benutzerfreundliche, interaktive Lernsoftware transformative Bildungserlebnisse zu schaffen, die Lehrer unterstützen und Schülern helfen, ihr volles Potenzial zu entfalten.«

Deine **Vision** hingegen zeigt, wohin deine Reise geht. Sie stellt dar, was dein Unternehmen zukünftig erreichen möchte, gibt Orientierung und fördert den Fortschritt. Sie ist das ultimative Ziel deines Unternehmens und sollte sowohl realistisch als auch herausfordernd sein. Nicht nur bei dir, sondern auch bei Mitarbeitern und Kunden weckt sie die Vorstellungskraft und Emotionen. Sie hilft allen zu verstehen, warum die tägliche Arbeit wichtig ist. In dem Beispiel deines Softwareunternehmens für Bildungseinrichtungen könnte deine Vision sein: »Wir streben danach, bis 2030 die globale Bildung zu revolutionieren, indem wir Zugänglichkeit und individuelle Lernerfolge mit unserer Software in Schulen weltweit verbessern.«

Mission und Vision sind unerlässlich für deine Markenbildung. Sie helfen, die Geschichte deines Unternehmens zu erzählen und eine Beziehung zu den Kunden aufzubauen. Menschen möchten wissen, mit wem sie Geschäfte machen; eine klare Mission und Vision geben ihnen einen Einblick in das Herz deines

Unternehmens. Zudem sind sie zentrale Elemente der strategischen Planung. Sie leiten Ziele und Strategien und stellen sicher, dass die Unternehmensaktivitäten darauf ausgerichtet sind. Sie sind die Messlatte, an der du Fortschritt und Entscheidungen bewerten kannst. Auch dafür gebe ich dir einige Tipps:

1. **Reflexion der Unternehmenswerte:** Grundwerte deines Unternehmens sind oft Ausgangspunkt für die Mission. Sie sollten tief verankert sein in der Art, wie dein Unternehmen operiert.

2. **Identifikation des Hauptzwecks:** Dein Unternehmen sollte mehr sein als eine Geldmaschine. Vielleicht möchtest du Arbeitsplätze schaffen, zur Bildung beitragen, ein alltägliches Problem lösen oder Nachhaltigkeit fördern. Dieser übergeordnete Zweck gibt deiner Mission eine Tiefe, die über reine Gewinnziele hinausgeht.

3. **Engagement aller Stakeholder:** Verschiedene Perspektiven bereichern den Missionsentwicklungsprozess. Organisiere Workshops oder Umfragen, sammle Ideen von Teammitgliedern, Kunden und Investoren. Diese Vielfalt gewährleistet, dass die Mission das gesamte Unternehmenssystem widerspiegelt.

4. **Formulierung der Mission:** Deine Mission ist dein Versprechen an die Welt, sie sollte knapp und kraftvoll formuliert werden. Sie muss ausdrücken, was du tust, für wen und warum – ein Versprechen, das in jedem Aspekt deines Geschäfts widerhallt, eine klare Botschaft, die deine Mitarbeiter und Kunden gleichermaßen inspiriert.

5. **Integration in die Unternehmenskultur:** Deine Mission soll Grundlage für alle unternehmerischen Entscheidungen sein und den täglichen Handlungen Sinn und Richtung geben, in jeder Abteilung, jeder Entscheidung und

in jedem Teammitglied verankert sein – als Triebfeder für Innovation und als Maßstab, der den Unternehmenserfolg misst.

Richte deine Unternehmensziele an deiner Vision aus. Identifiziere dafür langfristige Ziele, die die Grenzen deines Unternehmens erweitern. Was willst du in fünf, zehn und zwanzig Jahren erreicht haben? Formuliere Ziele, die machbar sind und das Potenzial haben, deine Branche zu revolutionieren.

Deine Vision dient als Inspiration, die das Engagement deiner Mitarbeiter und Kunden weckt. Gestalte sie so, dass sie nicht nur das »Was« und »Wie«, sondern auch das »Warum« deines Unternehmens widerspiegelt. Sie soll jeden motivieren, die gemeinsamen Ziele umzusetzen.

Nutze kraftvolle Narrative und bildstarke Präsentationen, die die zukünftigen Meilensteine illustrieren. So schaffst du eine greifbare Zukunft, die alle antreibt.

Teile die Vision regelmäßig in Meetings, bei Firmen-Updates und auf internen Plattformen mit. Jede Kommunikation ist eine Chance, Bindung und Engagement zu stärken.

Deine Vision ist der Kompass für jede Geschäftsentscheidung. Jede Abteilung, jedes Projekt sollte überprüfen, ob es die Vision vorantreibt. Stelle einheitliche Ziele auf, die diese Zukunft unterstützen und allen als Orientierung dienen.

Die Entwicklung von Unternehmensidentität, Mission und Vision ist eine Reise, die im tiefsten Kern deines Unternehmens beginnt und zu deinen übergeordneten Zielen führt. Sie sind nicht statisch, sondern lebendig, müssen wachsen und sich anpassen, so wie dein Unternehmen es tut. Durch Verinnerlichung und Eingliederung in die Unternehmenskultur wird aus Identität, Vision und Mission ein lebendiges Testament deines unternehmerischen Geistes.

25. FEHLER:
UNKLARES WERTESYSTEM

In einer Welt, die immer schneller und vernetzter wird, spielen Unternehmenswerte eine immer größere Rolle für den Geschäftserfolg und für das Sozialgefüge. Ein Wertesystem beeinflusst nicht nur Entscheidungen, es prägt auch die Unternehmenskultur. Mehr denn je legen Kunden und Mitarbeiter Wert auf Transparenz, Echtheit und Ethik.[19] Unternehmen differenzieren sich nicht allein durch ihre Produkte, sondern auch durch die verkörperten Werte. Wer seine ethischen Grundsätze klar definiert und lebt, schafft Vertrauen bei seinen Stakeholdern und sichert sich eine Marktposition, die durch Integrität bestimmt ist.

Die Unternehmensethik befasst sich mit ethischen Fragestellungen und moralischen Standards, die ein Unternehmen verfolgt. Sie dient der Entwicklung von Werten und Prinzipien, die die Aktionen eines Unternehmens leiten. Warum ist sie wichtig?

Menschen vertrauen eher Unternehmen mit ethischen Praktiken. Eine Unternehmensethik signalisiert Kunden und Partnern, dass sie auf dein Unternehmen zählen können. Das führt zu Loyalität und Empfehlungen, die das Geschäftswachstum und die Kundenbindung stärken. Transparentes Handeln und eine klare Kommunikation deiner ethischen Grundsätze zementieren dieses Vertrauen.

Da ein einziger Post ein virales Feuer entfachen und die Reputation beschädigen kann, ist eine unerschütterliche ethische Ausrichtung unerlässlich. Sie funktioniert wie ein Rettungsanker in stürmischen Zeiten. Wenn dein Unternehmen ethische Standards hochhält, reduzierst du das Skandalrisiko und zeigst, dass dein Unternehmen nicht nur nach Profit strebt, sondern auch nach einer positiven Wirkung.

Wenn dein Team stolz auf das ethische Handeln des Unternehmens ist, steigt die Firmenbindung. Mitarbeiter leisten motiviert ihren Beitrag, denn sie sehen ihren Arbeitsplatz nicht als bloße Einnahmequelle, sondern als Ort, an dem sie aktiv Gutes bewirken. Dieser Stolz fördert eine starke Unternehmenskultur und reduziert signifikant Fluktuationen.

Klare ethische Standards reduzieren das Risiko von Verstößen gegen Gesetze und interne Regeln. Das Ergebnis ist eine stabilere, sicherere Umgebung, in der rechtliche Konsequenzen und damit verbundene Kosten vermieden werden. Ethik trägt so zum Risikomanagement bei.

Deiner ethischen Haltung wegen wirst du als Marke respektiert, als Arbeitgeber bevorzugt und als Partner geschätzt. Ein ethisches Fundament ist eine Investition in die Zukunft. Mit folgenden Tipps findest du die Werte, auf die dein Unternehmen aufbauen kann.

Beginne mit einer gründlichen Selbstreflexion und Analyse deines Unternehmens. Betrachte die Anfänge, bedeutende Wendepunkte und was dein Unternehmen bis heute erfolgreich macht. Was waren die treibenden Kräfte? Welche Prinzipien waren da und welche Werte hast du im Laufe der Zeit geformt? Analysiere mehr als die bloße Geschichte deines Unternehmens, grabe nach den ethischen Pfeilern, auf denen alle Entscheidungen beruhen.

Berücksichtige die Perspektiven aller deiner Stakeholder, also aller Personen und Gruppen, mit denen du operierst. Führe dazu zielgerichtete Workshops, Interviews und Umfragen durch, um bereits gelebte Werte zu entdecken. Erfasse so, welche ethischen Grundsätze Kunden, Investoren und Geschäftspartner in der Geschäftsbeziehung als wichtig erachten. Diese Interaktionen zeichnen ein präzises Bild der Werte, die authentisch und bedeutsam für dein Unternehmen sind.

Definiere die Stärken und Schwächen, Chancen und Bedrohungen mit der SWOT-Analyse; identifiziere im nächsten Schritt, welche Werte positive Aspekte stärken und Risiken minimieren. Überlege, wie sich diese Werte im Unternehmensalltag manifestieren und in welcher Form sie als Leitlinien dienen können. Wähle abschließend Werte aus, die die Unternehmensstrategie und -kultur formen und voranbringen.

Stütze dich auf gründliches Benchmarking und tiefgehende Marktanalysen, um relevante Werte für dein Unternehmen zu identifizieren. Analysiere deine Konkurrenten und Branchenvorbilder: Welche Werte verkörpern sie? Welche Trends prägen die Branche und welche ethischen Standards fordert die Gesellschaft? Studiere Marktberichte, Fachartikel und führe Umfragen durch, um die Verbraucher und ihre Werte zu verstehen. Evaluiere, welche davon für dein Unternehmen relevant sind und wie du dich im Wettbewerb differenzieren kannst. Vergiss dabei nicht den »Cultural Fit«: Die Werte müssen zu deinem Unternehmen passen und dürfen nicht nur eine Kopie der Trends sein. Schaffe ein Wertesystem, das zeitgemäß ist und eine klare Marktpositionierung ermöglicht.

Überprüfe Vision und Mission, passe sie an zukünftige Ambitionen an und gewährleiste so, dass diese die Essenz deines Unternehmens einfangen. Antworten auf Fragen wie: »Welche Bedeutung haben unsere Werte im operativen Geschäft?« oder »Wie werden unsere Werte durch unsere langfristigen Ziele widergespiegelt?« bieten einen Rahmen, in dem deine Unternehmenswerte lebendig bleiben und nicht nur auf dem Papier existieren. Sie sollen nicht nur hochfliegende Ideale sein, sondern handfeste Aktionen, und sie sollen die Entscheidungen im Unternehmensalltag prägen.

Formuliere die Kern- und Subwerte aus: Wähle drei Hauptwerte, die das Wesen deiner Marke am besten einfangen und das Handeln aller im Unternehmen bestimmen. Sie weisen die Richtung und unterstützen das Wachstum. Diese Kernwerte verzweigen sich in jeweils drei Subwerte. Sie sind Ausprägungen der Kernwerte und dienen dazu, diese in konkrete Handlungen und Verhaltensweisen umzusetzen. Sie helfen Mitarbeitern dabei, die Kernwerte in ihrem täglichen Handeln zu leben. Sind die Werte sorgfältig definiert, hast du deinen persönlichen Marken-Code, der zum Beispiel so ausschauen kann:

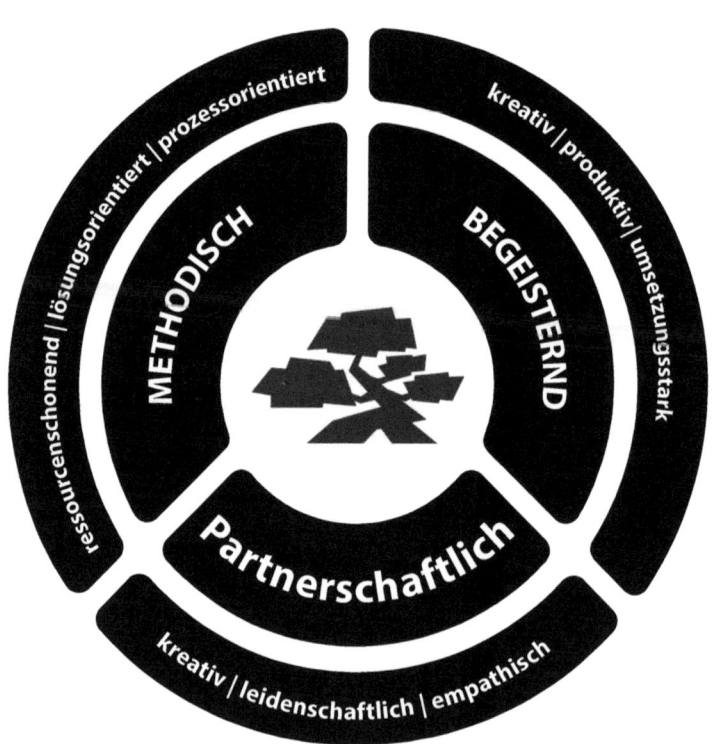

Partnerschaftlich

Wir arbeiten mit der wissenschaftlichen, professionellen und klaren Methodik des
„Walk of Brand", die es uns ermöglicht, objektive Ergebnisse zu liefern.
Dabei entwickeln wir kreative sowie strategische Lösungen.

Transparent
Wir verstehen uns als Sparringspartner auf Augenhöhe. Unsere interne sowie externe Kommunikation ist ehrlich und transparent, was Arbeitsfortschritt und Arbeitsweise angeht. Ebenso werden entstehende Kosten stets transparent kommuniziert.

Empathisch
Wir versetzen uns in den Kunden und agieren empathisch im Sinne des Kundenverständnisses. So sehen wir die Welt durch seine Brille und verarbeiten dieses Verständnis gleichermaßen in der Umsetzung. Selbiges Verständnis gilt auch für unsere Mitarbeiter.

Leidenschaftlich
Wir lieben, was wir tun. Dabei ist Leidenschaft unser Motor. Denn wir führen nicht nur aus, sondern denken mit, wir stehen hinter der Marke, für die wir ein kreatives Ausnahmekonzept kreieren dürfen und haben Spaß daran, Top-Ergebnisse zu erzielen!

Begeisternd

Wir möchten Kunden sowie Mitarbeiter mit individuellen und frischen
Kreativ-Konzepten begeistern, die sich weg vom Einheitsbrei, hin zum einzigartigen Erlebnis bewegen und differenzierte Ergebnisse liefern.

Kreativ
Wir gehen die kreative Extra-Meile und schaffen mit einer atemberaubenden Kreativität echte Wow-Momente.

Proaktiv
Unsere Kommunikation ist proaktiv. Wir kommen kontinuierlich mit neuen Konzept-Ideen, Vorschlägen zu möglichen Marketingmaßnahmen oder trendorientierten Strategieansätzen auf den Kunden zu.

Umsetzungsstark
Unsere Manpower sowie unser hoher Qualitätsanspruch ermöglichen es uns, schnell und effizient Top-Ergebnisse umzusetzen.

Methodisch

Wir arbeiten mit der wissenschaftlichen, professionellen und klaren Methodik des
„Walk of Brand", die es uns ermöglicht, objektive Ergebnisse zu liefern.
Dabei entwickeln wir kreative sowie strategische Lösungen.

Lösungsorientiert
Wir passen die methodische Strategieentwicklung der übergeordneten Zielsetzung an, setzen sie in den jeweiligen unternehmerischen Kontext und orientieren uns an der gewünschten Lösung.

Ressourcenschonend
Wir gehen sowohl mit den materiellen als auch personellen Ressourcen intern und extern nachhaltig um. Die Ressourcen „Zeit" und „Geld" des Kunden spielen dabei eine ebenso wichtige Rolle wie der Umgang mit den Ressourcen von Mitarbeitern wie Stress, Achtsamkeit und Effizienz.

Prozessorientiert
Wir optimieren unsere Prozesse kontinuierlich und sind darauf bedacht, auch hier ressourcenschonend zu arbeiten. Dabei gestalten wir unsere Prozesse so, dass Chancen genutzt und unerwünschte Ergebnisse verhindert werden.

So errichtest du ein Wertesystem, das dir hilft, die richtigen Entscheidungen zu treffen und die richtigen Menschen anzuziehen, auf Mitarbeiter- und auf Kundenseite.

Es ist eine Sache, Unternehmenswerte zu finden, eine andere jedoch, sie im Unternehmensalltag zu verankern. Der Aufbau eines Verhaltenskodex dient dabei als klarer Wegweiser für deine Teams. Er muss präzise formuliert sein und Situationen abbilden, die in deinem Geschäftsfeld auftreten. Durch konkrete Beispiele und unmissverständliche Regeln verstehen deine Mitarbeiter genau, wie sie gemäß den Firmenwerten agieren sollen. Ein Verhaltenskodex kann auch als Werkzeug dienen, um deine Marke zu stärken und Kundenvertrauen zu gewinnen.

Werte-Workshops sind eine kraftvolle Methode, um Unternehmenswerte mit Leben zu füllen. Sie bieten einen interaktiven Rahmen, in dem deine Mitarbeiter ihre Erfahrungen mit den Unternehmenswerten diskutieren können. Dabei können sie Werte personalisieren und sehen, wie sie in realen Situationen angewendet werden. Solche Workshops führen zu einem besseren Verständnis und mehr Verpflichtung und inspirieren häufig die Mitarbeiter, Verbesserungsvorschläge für Unternehmenskultur und -prozesse zu machen.

Ein effektives Wertesystem beginnt mit einem Vorbild an der Spitze. Führungskräfte spielen dabei eine entscheidende Rolle. Wenn sie die Werte deines Unternehmens vorleben, schaffen sie eine Kultur der Integrität, die sich durch das gesamte Unternehmen zieht, von der täglichen Interaktion mit dem Team bis hin zu Entscheidungen bei großen Projekten. Es ist wichtig, dass deine Führungskräfte die Werte deines Unternehmens verstehen, sie ernst nehmen und in schwierigen Situationen danach handeln. Das gibt den Mitarbeitern ein klares Beispiel, baut Vertrauen auf und verankert die ethische Kultur im Unternehmen.

Eine transparente Kommunikation deiner Werte bedeutet, nicht nur die Erfolge, sondern auch Probleme und Lösungswege zu kommunizieren. Wenn du transparent darlegst, wie dein Unternehmen ethische Fragen angeht, stärkst du das Vertrauen deiner Mitarbeiter, Kunden und Partner. Dies fördert die Loyalität und beeinflusst auch das Markenimage positiv.

Indem du Feedback- und Berichtssysteme schaffst, über die Verstöße gegen das Wertesystem gemeldet werden können, schaffst du eine Kultur von Offenheit und gegenseitigem Respekt. Wichtig ist dabei, dass diese Systeme zugänglich und vertrauenswürdig sind. Mitarbeiter sollten sich sicher fühlen, Bedenken ohne Angst vor Repressalien zu äußern. Gleichzeitig muss klar sein, dass alle Berichte ernst genommen und angemessen behandelt werden. Ein solches System zeigt, dass du Werte ernst nimmst und bereit bist, aktiv zu handeln, um die Integrität deines Unternehmens zu wahren und zu verbessern.

Als Unternehmer hast du die Verantwortung und die Macht, eine Kultur zu schaffen, die nicht nur auf Profitstreben, sondern auch auf Prinzipien beruht. Dein Unternehmen sollte ein Beispiel für ethisches Verhalten in der Geschäftswelt sein. Betrachte es als Zukunftsinvestition.

26. FEHLER:
KEIN EINZIGARTIGES BRAND DESIGN

Oft wird gesagt: »Dein Brand Design ist das Unternehmensgesicht.« Doch es ist nicht genug, nur ein weiteres Gesicht in der Menge zu sein. Du musst ein visuelles Echo schaffen, das nicht nur gesehen, sondern auch gehört wird, ein Design, das so einzigartig ist wie die Unternehmens-DNA und das diese widerspiegelt. Ein effektives **Brand Design** kommuniziert deine Werte und baut eine Brücke zwischen dir und deinen Kunden. Der erste Eindruck ist oft entscheidend: Dein Brand Design kann den Unterschied zwischen Vergessen und Erinnerung, zwischen Gleichgültigkeit und Begeisterung ausmachen. Doch wie findet man diesen einzigartigen visuellen Ausdruck?

Brand Design ist ein ganzheitlicher Prozess, der die visuelle Identität deiner Marke gestaltet. Es umfasst die Auswahl von Farbpaletten, Schriftarten, Logos und anderen grafischen Elementen, die das Wesen und die Werte deiner Marke widerspiegeln. Durch ein kohärentes Brand Design kannst du deine Alleinstellungsmerkmale hervorheben und eine emotionale Bindung zu deiner Zielgruppe aufbauen. Damit trägt es zur Wiedererkennung bei, stärkt das Kundenvertrauen und fördert die Markenloyalität.

Sicherlich bist du auch schon mal auf den Begriff Corporate Design (»CD«) gestoßen. Was ist der Unterschied? Im Vergleich zum Brand Design umfasst das Corporate Design ein breiteres Spektrum an visuellen Elementen, die das Gesamtbild deines Unternehmens prägen. Es bezieht sich nicht nur auf das äußere Erscheinungsbild, sondern auch auf die Gestaltung von internen Materialien wie Briefpapier, Präsentationen und Arbeitskleidung. Corporate Design zielt darauf ab, die konsistente Darstellung des Unternehmens in allen Aspekten zu gewährleisten, um seine Professionalität und Glaubwürdigkeit zu stärken. Insgesamt kann man sagen, dass Brand Design sich spezifisch auf die Gestaltung der Markenidentität konzentriert, während Corporate Design eine umfassendere Palette von visuellen Elementen umfasst, die das Unternehmen als Ganzes repräsentieren.

Da wir hier aber nicht in der Uni sitzen, sondern es um praktische Tipps geht, betrachten wir das Ganze übergeordnet. Bedeutet: Immer, wenn ich von Brand Design schreibe, beinhaltet das auch das Corporate Design. Folgende Elemente sind dabei unverzichtbar:

Das **Logo** fungiert als Signatur deiner Marke und ist oft der erste Berührungspunkt für potenzielle Kunden und Mitarbeiter. Die Logogestaltung kann in drei Hauptkategorien unterteilt werden: Wortmarke, Bildmarke und Wort-Bild-Marke.

- Die **Wortmarke** ist eine rein textbasierte Darstellung des Markennamens. Ein klassisches Beispiel ist das Google-Logo. Die Wahl einer Wortmarke kann besonders wirkungsvoll sein, wenn der Name des Unternehmens einzigartig und prägnant ist. Schriftart, Farbe und Größe spielen eine entscheidende Rolle, um die Marke wiedererkennbar zu machen.

- Die **Bildmarke** ist ein Logo, das ausschließlich aus einem Bild oder Symbol besteht, wie das Apfelsymbol von Apple. Bildmarken eignen sich besonders gut für globale Marken, da sie über Sprachbarrieren hinweg erkannt werden können. Sie erfordern jedoch oft umfangreiche Marketinganstrengungen, damit das Symbol eindeutig einer Marke zugeordnet wird.

- Die **Wort-Bild-Marke** ist eine Kombination aus textlichen und bildlichen Elementen, wie beim Logo von Adidas, das sowohl den Namen als auch die drei Streifen umfasst. Diese Form des Logos kann sehr effektiv sein, um die Marke sowohl durch ihren Namen als auch durch ein Symbol zu kommunizieren.

Die Entscheidung für eine Art von Logo hängt von verschiedenen Faktoren ab, darunter die Branchenpositionierung, die Markenpersönlichkeit, die Zielgruppe und die Marketingziele. Wichtig ist, dass das Logo zur Marke passt, ihre Werte und Identität widerspiegelt. Es sollte einfach, einprägsam, zeitlos, vielseitig und angemessen sein, um mit dem Publikum zu resonieren und eine Markenbindung zu schaffen.

Farbpalette: Farben haben eine starke psychologische Wirkung, sie sind entscheidend für die Markenwahrnehmung und -interpretation. Jede Farbe hat eine Bedeutung, vermittelt bestimmte Werte oder Emotionen. Beispielsweise steht Blau oft für Vertrauenswürdigkeit und Professionalität, weshalb es häufig in der Unternehmens- und Finanzwelt verwendet wird. Gelb strahlt Optimismus, Kreativität und Jugendlichkeit aus. Es wird häufig von Marken verwendet, die eine positive und lebhafte Botschaft vermitteln möchten, wie z. B. in der Unterhaltungs- oder Reisebranche. Grün wird mit Gesundheit, Wachstum und Nachhaltigkeit assoziiert, was es zur idealen Wahl für Marken im Nachhaltigkeits-

oder Naturbereich macht. Schwarz steht oft für Eleganz, Kraft und Autorität. Es wird häufig bei Marken eingesetzt, die einen luxuriösen und zeitlosen Eindruck vermitteln möchten, wie z. B. in der Mode- oder Automobilindustrie.

Die Farbkombination sollte harmonisch sein und dabei die Hierarchie und Funktionalität der Markenelemente unterstützen. Eine abgestimmte Farbpalette erleichtert die Konsistenz über verschiedene Touchpoints hinweg. Sie ist also ein kraftvolles Werkzeug, das hilft, deine Markenidentität zu festigen und auf einer emotionalen Ebene zu kommunizieren.

Die **Typografie** vermittelt subtile Botschaften über deine Marke und stärkt Markencharakter und -werte. Serifenlose Schriften wie Helvetica oder Arial strahlen Modernität und Sauberkeit aus, Serifenschriften wie Times New Roman oder Georgia hingegen Tradition und Vertrauenswürdigkeit. Achte auch auf die Lesbarkeit der Schriftart und darauf, dass sie auf verschiedenen Geräten, in verschiedenen Größen sowie in gedruckter Form und online funktioniert. Bei der Auswahl solltest du zudem die Schriftartenverfügbarkeit beachten. Viele hochwertige Schriftarten sind lizenzpflichtig, aber es gibt auch eine Vielzahl an kostenfrei nutzbaren Schriften, etwa von Google Fonts. Diese bieten den Vorteil, dass sie leicht in Webseiten eingebunden und lizenzrechtlich unkompliziert verwendet werden können.

Ein harmonisches Schriftensystem umfasst Überschriften, Fließtext und Akzenttexte. Es sollte eine Hierarchie und eine klare Ordnung für die Inhaltsdarstellung bieten. Betrachte die Typografie als Teil des gesamten visuellen Ökosystems deiner Marke. Es sollte mit deiner Farbpalette, deinem Logo und anderen visuellen Elementen zusammenarbeiten, um eine kohärente und wiedererkennbare Markenidentität zu schaffen.

Die **Bildsprache** umfasst die Auswahl und Gestaltung von Fotos, Illustrationen und Grafiken, die das Markengefühl widerspiegeln und ein stimmiges Gesamtbild ergeben. Betrachte sie als emotionale Komponente, die deine Botschaft nicht nur begleitet, sondern vertieft. Setze auf Qualität und Authentizität, denn nichts wirkt abschreckender als Stockfotos, die man überall sieht. Wähle Bilder, die deine Unternehmensidentität unterstreichen und für sich selbst sprechen können. Es geht darum, dass die Bilder die zentralen Themen der Marke wiedergeben und konsistent über alle Plattformen hinweg verwendet werden. Diese Art von visueller Kohärenz schafft Wiedererkennung, baut Vertrauen auf und fördert eine starke Zielgruppenbindung. Eine Marke, die z. B. Robustheit und Abenteuer vermittelt, wie ein Outdoor-Ausrüster, wählt vielleicht Bilder, die Wanderer auf majestätischen Gipfeln zeigen oder Zelte unter sternenklarem Himmel. Sie transportieren das Gefühl von Freiheit und Ausdauer.

Haptik, Geruch und Klang: Ein effektives Branding spricht die gesamte Bandbreite menschlicher Sinneserfahrungen an, so auch die Haptik, den Geruch und den Klang deiner Marke.

- **Haptik**: Hochwertiges, strukturiertes Papier bei einer Visitenkarte kann Professionalität und Sorgfalt suggerieren, während glattes, glänzendes Papier oft Innovationskraft und Fortschritt vermittelt. Ein gutes haptisches Design bedarf einer bewussten Auswahl an Materialien und Oberflächenstrukturen, die eine Geschichte erzählen, eine, die der Kunde buchstäblich »greifen« kann. Diese müssen konsequent auf das Markenwertesystem abgestimmt sein, um eine multisensorische Markenerfahrung zu schaffen.

- **Gerüche** können eine tiefgreifende Wirkung auf die Markenwahrnehmung haben, da sie direkt mit dem limbischen System im Gehirn verbunden sind, dem Ort, an dem Emotionen und Erinnerungen verarbeitet werden. Ein bewusst eingesetzter Duft kann das Kundenerlebnis in einem Geschäft, einem Hotel oder bei einem Produkt bereichern. Wichtig ist, dass der Duft zur Marke passt und nicht aufdringlich wirkt.

- **Klang**: Markenspezifische Sounds, von der Stimme in Werbespots bis hin zu einem einzigartigen Jingle, können zu einem unverwechselbaren Erkennungszeichen werden. Der Klang sollte die Kernwerte der Marke hörbar machen und eine Klangwelt erschaffen, die zur Botschaft der Marke passt.

Deine Marke wird durch das Brand Design in eine Erzählung verwandelt, die nicht nur ästhetisch ansprechend, sondern auch sinnvoll und ausdrucksstark ist. Wenn du deinen Kunden eine Markenwelt bietest, mit der sie sich identifizieren können, stellst du mit deinem Brand Design echte Verbindungen her.

Der **Halo-Effekt (Überstrahlungseffekt)** ist aus der Sozialpsychologie bekannt und beschreibt, wie ein positives Merkmal einer Person oder Sache zu einer verzerrten Wahrnehmung anderer Eigenschaften führt. Diese positive Eigenschaft überstrahlt andere Merkmale so stark, dass sie die Gesamtwahrnehmung dominiert. Dadurch neigen wir dazu, der Person oder Sache weitere positive Eigenschaften zuzuschreiben, auch wenn dafür keine Beweise vorliegen. Diese kognitive Verzerrung tritt besonders häufig auf, wenn wir nur begrenzte Informationen für eine Bewertung haben.

Im Brand Design ist dieser Effekt besonders wirkungsvoll, da die visuelle Präsentation oft der erste Berührungspunkt mit dem Kunden ist. Die Herausforderung liegt also darin, ein Brand Design zu schaffen, das stark genug ist, um diesen positiven Schein zu erzeugen. Es geht darum, von Anfang an einen starken Eindruck zu schaffen, der dann den Weg für eine ganzheitliche, positive Markenwahrnehmung ebnet. Wenn du es schaffst, einen starken, positiven »Halo« für deine Marke zu bewirken, dann wird von der Produktqualität bis zum Kundenservice alles positiver wahrgenommen.

Der Halo-Effekt kann sich jedoch auch ins Gegenteil verwandeln, in den sogenannten »Horn-Effekt«. Eine negative Erfahrung kann sich ebenfalls auf deine gesamte Marke auswirken und alle positiven Aspekte überschatten. In der Praxis bedeutet dies, dass dein Brand Design ein kohärentes Bild deiner Marke darstellen sollte. Wenn jedes Element die Markenwerte unterstützt, entsteht ein Brand Design, das den Gesamteindruck deiner Marke positiv beeinflussen wird. Neben dem Halo-Effekt gibt es weitere psychologische Aspekte, die eine entscheidende Rolle bei der Markenwahrnehmung spielen und beeinflussen, ob und wie Kunden ihre Entscheidungen treffen.

Die **duale Kodierungstheorie** besagt, dass Informationen sowohl durch visuelle als auch durch verbale Kanäle im Gedächtnis gespeichert werden. Im Brand Design bedeutet dies, dass eine Kombination aus starken Bildern und prägnanten Worten effektiver kommuniziert und länger erinnert wird. So kann ein Logo, das ein ikonisches Bild mit einem kraftvollen Slogan verbindet, tiefere und dauerhaftere Assoziationen bei der Zielgruppe schaffen.

Weniger ist mehr: Dein Brand Design sollte klar und verständlich sein. Achte auf einfache, einprägsame Gestaltungselemente, die eine unmittelbare Verbindung herstellen und deine Markenwerte ohne Umwege kommunizieren. So können die Informationen mit minimalem kognitivem Aufwand erfasst werden.

Die Umsetzung deines Brand Designs ist ein kreativer und technischer Prozess, bei dem strategische Planung auf visuelle Kunst trifft.

Nun stehst du vor der Wahl: Setzt du auf interne Ressourcen oder holst du dir externe Expertise ins Boot?

Die Gestaltung des Brand Designs in den eigenen Räumen kann für eine nahtlose Integration deiner Markenidentität sorgen, denn du bist in der Lage, die Werte und die Essenz deiner Marke kontinuierlich in den Entwurfsprozess einzubringen. Dies erfordert eine Investition in qualifizierte Designkräfte, die nicht nur technische Kompetenz, sondern auch ein Verständnis für strategisches Branding mitbringen.

Mit externen Designern gewinnst du Expertise von außen, die frische Impulse setzen kann. Eine Designagentur oder ein Freelancer bringt Fähigkeiten und Erfahrungen mit, die intern vielleicht fehlen. Diese externen Profis können aufgrund ihrer Distanz zu deinem Unternehmensalltag neue Blickwinkel eröffnen und deine Markenbotschaft so potenziell stärker zum Strahlen bringen. Hier liegt die Herausforderung darin, sicherzustellen, dass sie deine Markenwerte vollständig verstehen.

Insgesamt empfiehlt es sich also, mit einer spezialisierten Branding-Agentur zusammenzuarbeiten. Die fachliche Expertise und die Außenperspektive sind oft entscheidend für den Erfolg. Eine Agentur geht außerdem methodisch vor und hat ein umfassendes Know-how darüber, wie man Unternehmenswerte visuell ansprechend und authentisch übersetzt.

Solltest du dich dennoch für die interne Umsetzung entscheiden, sind die richtigen Werkzeuge obligatorisch. Sie geben deinem Kreativteam die Freiheit, deine Vision lebendig zu gestalten und deine Marke visuell zu definieren.

- Die **Adobe Creative Cloud** ist ein Branchenstandard, der Tools wie Photoshop, Illustrator und InDesign umfasst. Diese Programme bieten eine unvergleichliche Flexibilität und Präzision für die grafische Gestaltung, das Layout und die Bildbearbeitung.

- **Canva** ist eine benutzerfreundliche Grafikdesign-Plattform, ideal für schnelle Designs und Social-Media-Grafiken. Mit einer Vielzahl von Vorlagen und einer einfachen Drag-and-Drop-Oberfläche ist Canva auch für Anfänger zugänglich.

- Der **Affinity Designer** ist eine kostengünstige Alternative zu Adobe-Produkten, die leistungsstarke Vektor- und Rasterbearbeitungswerkzeuge bietet. Ideal für Illustrationen und Branding-Projekte.

Jedes Tool hat seine Stärken in bestimmten Bereichen des Designprozesses, wähle also diejenigen aus, die am besten zu deinen spezifischen Anforderungen passen. Um dein Brand Design aber nachhaltig erfolgreich zu gestalten, empfehle ich dir die Zusammenarbeit mit einer Agentur.

27. FEHLER:
EINE BRAND STORY OHNE WIEDERERKENNUNGSWERT

Geschichten, die uns bewegen, sind die, an die wir uns erinnern. Eine starke Brand Story macht genau das: Sie bewegt Menschen und verwandelt Kunden in treue Anhänger.

Deine Brand Story ist eine Geschichte, die nicht nur gehört, sondern gefühlt und gelebt wird. Sie verankert sich im Bewusstsein und weckt Emotionen, die mit deinem Unternehmen assoziiert werden. Diese Geschichte wird aus den Fasern deiner Unternehmensidentität gewebt, sie muss konsistent, einprägsam und überzeugend sein. Jeder Aspekt deines Brandings, jede Produktlinie, jede Marketingkampagne, jedes Kundengespräch, sollte ein Kapitel dieser Geschichte sein und die Einzigartigkeit deiner Marke zum Ausdruck bringen. Damit diese Narration den Angebotswert steigert, muss sie den Konsumenten nicht nur zeigen, was sie kaufen, sondern auch, welchen Nutzen sie davon haben.

Die Narration verkörpert alles, wofür dein Unternehmen steht – von den Anfängen bis zur Zukunftsvision. Ein tiefes Verständnis für die Bedeutung einer starken Brand Story kann der Wendepunkt für dein Geschäft sein. Sie ist nicht einfach eine nette Anekdote. Sie ist das narrative Gewebe, das deine Marketingstrategien, Produktentwicklungen und Kundenservice-Erlebnisse durchdringt. Sie hilft, die verschiedenen Aspekte deiner Marke zu einem kohärenten Ganzen zu verschmelzen, das mehr ist als die Summe seiner Teile. Deine Brand Story vereint die Unternehmensidentität mit seiner Mission und seiner Vision und lässt deine Unternehmenswerte lebendig werden. Deine Brand Story erweckt deine Marke zum Leben und gibt ihr Bedeutung. Kunden kaufen diese Bedeutung.

In deiner Brand Story solltest du deshalb deine Kunden auf eine Reise mitnehmen, auf der sie sich selbst wiederfinden. Es ist die Kunst, die besonderen Momente deiner Marke in eine überzeugende und inspirierende Erzählung zu verwandeln.

Die Kraft einer starken Brand Story liegt in ihrer Fähigkeit, über das Produkt hinaus zu kommunizieren, den Geist des Unternehmens zu vermitteln und eine dauerhafte emotionale Bindung zu schaffen. Wenn Kunden deine Geschichte hören, sollen sie spüren, dass sie mit ihren eigenen Werten und Überzeugungen übereinstimmt. Eine Brand Story ist somit vor allem für die Schaffung eines Marken-Erbes wichtig, das über Jahre hinweg Bestand hat und die Treue deiner Kunden sichert.

Orientiere dich für deine Brand Story am klassischen Aufbau von Geschichten:

- **Die Ausgangslage**: Du stellst den gegenwärtigen Zustand vor, beschreibst die Markenwelt und die zentralen Figuren, mit ihren Wünschen, Bedürfnissen und Zielen, und präsentierst das grundlegende Angebot. Von hier aus nimmt die Geschichte ihren Lauf.

- Der zweite Akt führt die **Herausforderung** ein, einen Konflikt, der den Status quo stört und den Handlungsstrang vorantreibt. Diese Herausforderung verhindert, dass die Wünsche und Bedürfnisse der Zielgruppe erfüllt werden. Dieser Akt ist entscheidend, da er Spannung aufbaut und das Interesse der Zielgruppe weckt.

- **Die Lösung**: Im finalen Akt der Brand Story wird demonstriert, wie deine Marke das zentrale Problem löst. Dieser Teil sollte den Höhepunkt der Geschichte darstellen, er löst das Versprechen deiner Marke ein und bewirkt eine starke emotionale Kundenreaktion.

Diese dreigliedrige Struktur bildet nicht nur in der Literatur, sondern auch in der Markenkommunikation das Fundament für eine fesselnde Brand Story. Du musst diese Struktur an deine einmalige Unternehmensgeschichte anpassen, sodass deine Marke im Gedächtnis bleibt, eine Bindung erzeugt und das Publikum zum Handeln motiviert.

Die **zentrale Erzählung** deiner Brand Story muss durch **Erzählstränge und Nebenhandlungen** weiter ausgebaut werden. Die Kunst liegt darin, diese Geschichten so zu entwickeln, dass sie zwar eigenständig sind, aber dennoch immer die DNA der Hauptgeschichte tragen. Sie können besondere Markenaspekte wie soziales Engagement oder Kundenerlebnisse hervorheben. Jede Nebenhandlung kann den Markencharakter aus einem neuen Blickwinkel beleuchten, ohne das Gesamtbild zu stören.

Mit diesen zusätzlichen Geschichten kannst du verschiedene Zielgruppen ansprechen und unterschiedliche Interessen bedienen, ohne dabei die Integrität deiner Marke zu verwässern.

Nun geht es darum, eine passende Erzählung für dein Unternehmen zu entwickeln. Du musst deine Unternehmensidentität, deine Vision und Mission, deine Werte in eine authentische Brand Story verwandeln. Hierbei können dir **Archetypen** eine wertvolle Hilfe sein, da sie effektiv den Geist deiner Marke einfangen und Alleinstellungsmerkmale herausstellen.

Archetypen sind die Muster, die sich in den Mythen und Geschichten jeder Kultur finden und in die Tiefen der menschlichen Psyche eingewoben sind. Der Schweizer Psychiater und Psychologe Carl Gustav Jung prägte den Begriff, um jene wiederkehrenden Figuren und Themen zu beschreiben, die universell verständlich sind.[20] Im Branding sind Archetypen Werkzeuge, um komplexe Markenidentitäten zu vereinfachen und eine intuitive Verbindung zu Kunden herzustellen. Jeder Archetyp spiegelt dabei bestimmte Wertvorstellungen und Persönlichkeitsmerkmale wider.

Die Essenz des **Helden** liegt in seiner Bestimmung, sich gegen Widrigkeiten zu behaupten und seine Ziele zu erreichen. Marken wie Nike ermutigen durch diesen ihre Kunden, ihre eigene Heldengeschichten zu schreiben. »Just Do It« ist somit ein klarer Handlungsaufruf. Diese Marken appellieren an den inneren Kämpfer und inspirieren die Kunden, ihre Grenzen zu überschreiten, um neue Bestleistungen zu erbringen.

Der **Weise** bietet Wissen, Wahrheit und Einsicht. Google verkörpert diesen Archetyp durch seinen Zugang zu Informationen und sein Bestreben, Wissen zu organisieren und nutzbar zu machen. Googles einfache, kraftvolle Oberfläche und die ständige Anpassung der Suchalgorithmen spiegeln den Weisen wider, der Komplexität in Erkenntnis umwandelt.

Der **Rebell** bricht mit Traditionen und fordert den Status quo heraus. Diese Marken sprechen diejenigen an, die Veränderung suchen. Harley-Davidson z. B. spricht die Sehnsucht nach Individualität und Freiheit an. Ihre Motorräder sind nicht nur Fortbewegungsmittel, sondern Symbole der Rebellion gegen das Normative.

Wie entwickelst du aber nun eine kohärente, lebendige Brand Story, die inspiriert und emotional verbindet? Wie findest du einen passenden Archetypen? Bedenke dabei, dass eine Brand Story auf Fakten basieren und die Realität deines Unternehmens widerspiegeln sollte. Sie muss authentisch sein, emotional ansprechen und gleichzeitig eine klare Botschaft vermitteln. Um zu einer authentischen Erzählung zu kommen, musst du die Wurzeln deiner Marke erkunden. Was hat dich am Anfang bewegt? Gab es einen Moment, in dem die Notwendigkeit für dein Produkt kristallklar wurde? Erzähle von den Wendepunkten und den Werten, die jede Richtungsänderung geleitet haben.

Definiere deine Vision klar – sie ist der Leuchtturm, der deine Marke lenkt und inspiriert. Deine Mission hingegen ist der Wind in den Segeln, die tägliche Arbeit, die dich deinem Ziel näher bringt. Diese beiden Aspekte müssen in deiner Brand Story verwoben sein, um nicht nur darzustellen, wo du hinwillst, sondern warum. Biete deinen Kunden nicht nur ein Produkt, sondern eine Reise an. Ob dynamisch und innovativ, besonnen und vertrauenswürdig – die Persönlichkeitszüge deiner Marke sind das Gefäß, durch das die Brand Story fließt. Entscheide, welche Attribute deine Marke charakterisieren, und nutze sie als Leitplanken für deine Kommunikation. So wird deine Brand Story nicht nur gehört, sondern gefühlt und stärkt die Bindung zur Zielgruppe.

Indem du die Kernwerte herausarbeitest, schaffst du eine starke Erzählung, die authentisch wirkt, Kunden überzeugt und das Markenvertrauen festigt.

Der Schlüssel für eine resonierende Geschichte ist, ein klares Bild verschiedener Kundengruppen zu erhalten. Beginne mit der Marktsegmentierung, um ihre Bedürfnisse, Wünsche und Schmerzpunkte zu verstehen. Nutze hierfür die sozialen Medien, Kundenfeedback oder direkte Gespräche. So sprichst du nicht nur die Sprache deines Publikums, sondern schreibst auch Geschichten, die mit ihren Erfahrungen und Werten resonieren.

Überlege dir, wie du Geschichten gestaltest, die nicht nur Fakten vermitteln, sondern auch Gefühle wecken und zum Handeln inspirieren. Nutze visuelle Elemente wie Bilder und Videos und gib deinem Text durch einen einheitlichen Tonfall Persönlichkeit. Mache ihn lebendig und sorge dafür, dass er in den Köpfen der Zielgruppe bleibt.

Kunden identifizieren aufrichtige und künstliche Geschichten. Alles sollte auf wahren Begebenheiten beruhen und die echten Unternehmenswerte reflektieren. So werden deine Botschaften als glaubwürdig empfunden und angenommen. Sie tragen zur Loyalität und Identifikation mit deiner Marke bei.

Die Entwicklung einer Brand Story ist ein Zyklus aus Erzählen, Zuhören und Anpassen. Mit jedem Kapitel, jeder Erfahrung, die deine Marke prägt, und mit jeder Interaktion, die deine Kunden mit deiner Marke haben, wird deine Story facettenreicher. Diese Geschichte muss an jedem Kontaktpunkt, auf deiner Webseite und beim Kundenservice, in den sozialen Medien oder als physisches Produkt, hörbar, sichtbar und fühlbar sein. Dafür solltest du die Brand Story in eine Art kreative Leitidee überführen, indem du sie durch eine Kombination aus Bild, Headline und Text erzählst.

Konsistenz ist dabei nicht nur eine Frage des Designs, sondern auch der Botschaft. Indem die Kernbotschaft über sämtliche Kommunikationswege gleich bleibt, formt sich im Kopf der Zielgruppe ein festes Markenbild. Frage dich: Ist die Brand Story deines Unternehmens in jeder Werbeanzeige, jedem Instagram-Post und jedem Kundengespräch deutlich erkennbar?

Während die Kernbotschaft gleich bleibt, kann die Darstellung je nach Medium variieren. Nutze die Nuancen eines jeden Mediums, um unterschiedliche Markenfacetten zu beleuchten, ohne die Konsistenz zu verlieren. Auf Instagram könntest du mit visuellen Narrativen und einer informellen Sprache spielen, während du in Broschüren mit einer formellen Sprache deine Unternehmensphilosophie darstellst.

Deine Mitarbeiter sind deine Markenbotschafter. Stelle sicher, dass sie die Brand Story kennen und in der Lage sind, sie zu vermitteln. Organisiere regelmäßige Schulungen und Workshops, um zu gewährleisten, dass sie die Geschichte mit persönlichen Erfahrungen und Überzeugungen verbinden können.

28. FEHLER:
MANGELNDE KOMMUNIKATIONSPLANUNG

Mit der Festlegung einer Unternehmensidentität, klaren Werten, einem Design und einer fesselnden Brand Story hast du den Grundstein für deine Marke gelegt. Aber selbst das stärkste Fundament kann Risse bekommen, wenn die Botschaften über verschiedene Kanäle hinweg inkonsistent sind. So wird deine Story nicht als zusammenhängendes Ganzes wahrgenommen, sondern als lose Sammlung von Fragmenten. Dies führt zu einer verwässerten Markenwahrnehmung, inkonsistenten Kundenerfahrungen sowie verfehlter Kommunikation. Die Konsequenzen? Eine Marke, die in der Beliebigkeit verschwindet, Vertrauensverlust und eine schwache Marktpräsenz.

Die **integrierte Marketingkommunikation** bietet hier einen rettenden Anker. Sie ist eine Strategie, die darauf abzielt, alle Kommunikationskanäle eines Unternehmens zu einem kohärenten System zu verschmelzen, das die maximale Wirkung bei minimalen Kosten erzielt. Diese Herangehensweise ist besonders wichtig, weil sie hilft, eine konsistente Botschaft über alle Markenberührungspunkte hinweg zu vermitteln. Sie erfordert eine sorgfältige Planung und Koordination, muss tief in der Unternehmenskultur verankert sein und benötigt eine klare Vision sowie Führungskompetenz, um die verschiedenen Abteilungen auf das gemeinsame Ziel auszurichten: eine starke, widerspruchsfreie und überzeugende Markenbotschaft. Ihre Grundprinzipien sind:

- **Konsistenz:** Sie führt zu einer Markenstärke, die auf Vertrauen basiert und durch die beständige Präsentation und Wiederholung der zentralen Markenwerte bei jeder Interaktion gefestigt wird.

- **Kundenorientierung:** Zentral ist ein tiefes Kundenverständnis, das nicht nur auf demografischen Daten, sondern auch psychografischen Einblicken basiert. Dieser Ansatz ermöglicht eine gezielte Kundenansprache und führt zu einer personalisierten Kundenbeziehung, die über generische Botschaften hinausgeht.

- **Strategische Nutzung verschiedener Kanäle**: Wähle gezielt Medien aus, die zur Kernbotschaft passen, diese verstärken und die Gesamtstrategie ergänzen. So spielen soziale Medien bei der Interaktion eine Rolle, während ein Fachblog Glaubwürdigkeit und Expertise vermittelt. Jeder Kanal hat spezifische Eigenschaften und erreicht verschiedene Segmente deiner Zielgruppe.

- **Synergie**: Indem du verschiedene Kommunikationskanäle strategisch miteinander verknüpfst und Online- sowie Offlinemedien clever nach einem ausgeklügelten Zeitplan vernetzt, öffnest du die Tür zu einer exponentiellen Werbewirkung. Stell dir einen Schneeball vor, der einen Hang hinunterrollt. Anfänglich ist er klein und sammelt mit jeder Umdrehung mehr Volumen. Ähnlich verhält es sich mit einer Marke: Durch stimmige und aufeinander aufbauende Botschaften über verschiedene Kanäle wächst die Werbewirkung exponentiell. Jede Interaktion verstärkt die nächste, wodurch sich die Präsenz deiner Marke immer weiter im Bewusstsein deiner Zielgruppe festigt.

- **Messbarkeit und Anpassungsfähigkeit**: Die Kampagneneffektivität muss ständig bewertet und angepasst werden. Diese Performanceanalyse hilft dir, die erfolgreichsten Botschaften und Kanäle zu identifizieren, die Strategie laufend zu optimieren und deine Marketingziele zu erreichen.

Mit diesem Wegweiser kannst du deine Kommunikation planen:

1. **Zielsetzung**: Die Definition spezifischer, messbarer, ambitionierter, realistischer und terminierter Ziele ist der Eckstein für eine gelungene Kommunikationsplanung. Sie sollten mit den übergeordneten Geschäftszielen deines Unternehmens zusammenpassen und flexibel genug sein, um sich an sich verändernde Marktbedingungen anzupassen.

2. Eine **funktionierende Markenbotschaft** zieht die Aufmerksamkeit an und hält sie fest. Diese sogenannte »Hook« dient als emotionales Sprungbrett, das auch das Wesen deiner Marke zum Ausdruck bringt. Deutlich, prägnant und emotional vermittelt sie die Grundwerte deines Angebots, etabliert eine tiefere Markenbindung und fördert das Engagement.

3. **Die richtigen Kanäle auswählen**: Eine Marke, die überall ein wenig zu sehen ist, aber nirgends wirklich Eindruck hinterlässt, läuft Gefahr, im Konsumentengedächtnis nicht haften zu bleiben. Anstatt deine Ressourcen zu zersplittern, konzentriere dich darauf, dort Exzellenz zu erreichen, wo deine Zielgruppe am aktivsten ist. Indem du maßgeschneiderte Inhalte mit Mehrwert bietest, baust du eine starke Marke auf. Überlege also genau, welche Interaktionspunkte für deine Kunden am bedeutendsten sind und wie du dort mit relevanten Inhalten überzeugen kannst.

4. **Kanäle im Wirkungszusammenhang sehen**: Anstatt jeden Kommunikationskanal isoliert zu betrachten, ist eine ganzheitliche Strategie zielführender, bei der alle Kanäle harmonisieren. Jedes Medium bietet einzigartige

Stärken, die deine Marke von verschiedenen Seiten beleuchten können. So wird Social Media zum interaktiven Marktplatz, auf dem du direkt mit deiner Community in Kontakt treten und eine lebendige Markenpersönlichkeit zum Ausdruck bringen kannst. Deine Website hingegen agiert als Schaufenster deiner Expertise. Indem du diese Plattformen so nutzt, dass sie sich ergänzen, entsteht ein vielschichtiges, aber einheitliches Markenbild. Überlege, wie du die Stärken eines jeden Kanals nutzen kannst, und vermeide Widersprüche.

5. **Kanalübergreifendes Team**: Etabliere Teams, die Experten aus verschiedenen Bereichen wie Social Media, Content-Erstellung, Datenanalyse u. v. m. umfassen. Diese sollten regelmäßig für den Ideenaustausch und die Kampagnenkoordination zusammenkommen. Dieser integrative Ansatz fördert Kreativität, verhindert Informationsinseln und stärkt die kohärente Präsentation deiner Marke.

6. **Timeline und Contentplan**: Ein Redaktionsplan dient dabei als strategischer Fahrplan, der dir vorgibt, wann und wie Inhalte veröffentlicht werden. So können Themen vorbereitet, die Veröffentlichungen koordiniert werden. Du kannst sicherstellen, dass alle Inhalte die Markenwerte widerspiegeln und die Kernbotschaften unterstützen. Berücksichtige dabei saisonale Ereignisse, Branchentrends und das Nutzerverhalten deiner Zielgruppe.

7. Das **Feedbacksystem** erlaubt das Sammeln und Auswerten von Kundenmeinungen. Nutze sowohl qualitative als auch quantitative Methoden, um ein vollständiges Bild zu erhalten: Online-Umfragen, Kundeninterviews, Feedbackformulare auf deiner Website und Social-Media-Analysen. Konzipiere dein System so, dass es regelmäßig Feedback einholt. Die daraus gewonnenen Erkenntnisse kannst du für Optimierungen nutzen.

8. Durch **Monitoring und Anpassung** deiner Marketingkampagnen kannst du flexibel auf Marktveränderungen eingehen und das Optimum aus deiner

Strategie herausholen. Die genaue Beobachtung von Performance-Indikatoren ermöglicht es, Trends und Muster zu erkennen, damit deine Marke relevant und wettbewerbsfähig bleibt.

29. FEHLER:
ZU WENIG CORPORATE SOCIAL RESPONSIBILITY (CSR)

Durch den gesellschaftlichen und politischen Wandel gewinnen Themen wie Nachhaltigkeit an Bedeutung. Die **Corporate Social Responsibility (CSR)**, die gesellschaftliche Verantwortung eines Unternehmens gegenüber Markt, Umwelt und Stakeholdern, wird allerdings noch immer häufig unterschätzt. Dabei sollte der Unternehmenserfolg nicht nur in finanziellen Kennzahlen gemessen werden, sondern auch im positiven Einfluss, den es auf seine Umwelt ausübt.

Genau wie die Umwelt dein Unternehmen beeinflusst, hat umgekehrt auch das Unternehmen Einfluss auf seine Umwelt. Dabei entwickelt es in Wechselwirkung mit seinem Umfeld eigene Werte, die dabei helfen, Entscheidungen zu treffen. Als Menschen wissen wir, dass unser Handeln immer Konsequenzen hat. So ist es auch bei dir als Unternehmer: Du musst ein Bewusstsein für die sozialen und ökologischen Folgen der eigenen Tätigkeiten entwickeln und dafür Verantwortung übernehmen.

Das Konzept der CSR prägt nicht nur die Markenwahrnehmung als Arbeitgeber oder Umweltakteur: Es ist das unverzichtbare Fundament ethischen Unternehmertums, das auf den Prinzipien von Fairness, Nachhaltigkeit und sozialer Gerechtigkeit beruht. Unternehmen sind keine isolierten Inseln, sondern Knotenpunkte im sozialen Netzwerk, in dem wir alle miteinander verbunden sind. Als solche tragen sie eine moralische Verantwortung, die über die bloße Gewinnmaximierung hinausgeht.

Doch CSR ist nicht nur eine Frage der Moral, sondern auch des Geschäfts. Dein Unternehmen hat einen hohen Einfluss auf deine Zielgruppe. Immer mehr Konsumenten achten auf die Unternehmenshaltung gegenüber Menschen und Umwelt. Sie muss klar sein, um wettbewerbsfähig zu bleiben.

Ein Leitprinzip ist das **Drei-Säulen-Modell**. Dieses besteht aus den Bereichen Ökologie, Soziales und Ökonomie.

Die ökologische Dimension bezieht sich auf einen schonenden Umgang mit der Umwelt. Unternehmen setzen sich damit auseinander, wie sie Ressourcen beispielsweise durch Recycling nachhaltig einsetzen können. Dabei wird sogar einiges an Kosten gespart.

Im sozialen Bereich stehen Mensch und Gesellschaft im Zentrum. Dabei geht es vor allem um Menschenwürde und Gleichberechtigung, um Themen wie faire Löhne, Sicherheit am Arbeitsplatz und berufliche Förderung.

Nachhaltigkeit und Profitsteigerung schließen sich nicht gegenseitig aus, sondern können Hand in Hand gehen. Dazu gehören langfristiges Planen und faire Produktion. Mit wachsendem Profit können wiederum die Qualität und der Unternehmenswert steigen.

Das Modell lässt sich um weitere Aspekte, wie den politischen Aspekt, erweitern. Grundsätzlich sind im Idealfall alle Säulen gleichwertig. Sie beeinflussen sich gegenseitig.

Die Haltung und Werte, die dein Unternehmen annimmt, müssen auch gelebt und klar nach außen kommuniziert werden. Eine authentische Umsetzung der CSR-Prinzipien erfordert konkrete Handlungen: Versprechen und Verpflichtungen gegenüber Mitarbeitern, Kunden, Lieferanten und der Gesellschaft müssen eingehalten werden.

Intern sollte dein Unternehmen eine Kultur der Verantwortung und Transparenz fördern, in der deine Mitarbeiter sich aktiv an CSR-Initiativen beteiligen. Extern ist es wichtig, dass dein Unternehmen seine CSR-Praktiken offenlegt und klar kommuniziert, um das Vertrauen der Öffentlichkeit zu gewinnen. Dies kann durch CSR-Berichte oder durch die Teilnahme an Branchenveranstaltungen und die Zusammenarbeit mit relevanten Interessengruppen geschehen.

Nutze CSR-Initiativen als Teil der Markenidentität und Positionierung, damit sich dein Unternehmen von der Konkurrenz abhebt und eine positive öffentliche Wahrnehmung erzielt.

30. FEHLER:
SCHLECHTE BEWERTUNGEN

Hast du dir jemals jedes Kundenfeedback, das online über dein Unternehmen abgegeben wird, als ein Gemälde vorgestellt, das in einer endlosen Galerie hängt? Jedes Stück dieser imaginären Ausstellung spiegelt die Wahrnehmung deiner Marke wider, wie effektiv du kommunizierst und wie du auf Kundenfeedback reagierst. Dieses Bild wird nicht nur von Kunden betrachtet, sondern auch von potenziellen Geschäftspartnern, Investoren und neuen Talenten. Eine starke, positive Online-Reputation kann ein mächtiges Werkzeug sein, schlechte Bewertungen dagegen können das Fundament deines Geschäfts untergraben. Stell dir vor, du stehst vor zwei Restaurants: Eines hat zahlreiche positive Bewertungen, das andere keine. Das mit den vielen guten Bewertungen scheint voller Leben zu sein, es verspricht köstliche Mahlzeiten und glückliche Erinnerungen. Diese Bewertungen sind wie der süße Duft, der aus der Küche strömt und Passanten hereinlockt. Sie sind eine visuelle Darstellung der Zufriedenheit anderer Gäste, eine sofortige Bestätigung der Qualität, die in diesem Restaurant geboten wird. Dieses Restaurant zieht nicht nur mehr Kunden an, sondern baut auch ein dauerhaftes Vertrauen auf, das auf den überzeugenden Geschichten der Gäste beruht.

Das Restaurant ohne Bewertungen ist ein Ort, der in Stille gehüllt ist. Es fehlt ihm an der Resonanz der Kundschaft, und so bleiben die Stühle leer, das Potenzial unerkannt. Das Fehlen des sozialen Beweises kann die Differenz zwischen einem vollen und einem leeren Geschäft bedeuten.

Der Begriff des »sozialen Beweises« (auch bekannt als »Social Proof«) stammt aus der Psychologie und beschreibt, dass Menschen in Situationen, in denen sie unsicher sind, das Verhalten anderer beobachten und dieses als Leitfaden für ihr eigenes Handeln nehmen.[21] Es ist eine Art von informellem sozialem Einfluss, der oft unbewusst wirkt und unsere Entscheidungen in vielen Lebensbereichen prägt, von den kleinen, z. B. welche Kleidung wir tragen, bis hin zu größeren Lebensentscheidungen, etwa welcher Karriereweg eingeschlagen wird. Dieser »soziale Beweis« entsteht aus unserem Bedürfnis nach sozialer Zugehörigkeit und dem Glauben, dass die Masse weiß, was in einer bestimmten Situation angemessen ist.

Indem du positives Feedback förderst und auf negatives Feedback adäquat reagierst, nutzt du die Kraft des sozialen Beweises, um Vertrauen und Kundenloyalität aufzubauen. Diese sozialen Signale zu beachten, bedeutet, das volle Potenzial der menschlichen Psyche in dein Marketing zu integrieren.

Onlinebewertungen sind das digitale Pendant zu persönlichen Empfehlungen. Sie zeigen öffentlich das Vertrauen anderer Kunden und beeinflussen die Kaufentscheidungen der Menschen. Sie bauen Unsicherheit ab und leiten zum Handeln an, indem sie das Vertrauen in ein Produkt stärken.

Jede einzelne positive Bewertung zahlt sich aus. Sie zeigt potenziellen Kunden, dass Menschen, die keine Verbindung zu deinem Unternehmen haben, deine Angebote wertschätzen. Im endlosen Online-Markt kann dieses Zeugnis das entscheidende Detail sein, das Kunden zu deiner Marke zieht. Authentische Kundenbewertungen erzeugen mehr Vertrauen als jede Werbekampagne. Sie sind real, greifbar und kommunizieren die Qualität deines Angebots, wie es keine gestaltete Werbung kann. So werden Bewertungen zum Botschafter deiner Glaubwürdigkeit.

Das **Reputationsmanagement** ist die logische Fortführung des Gedankens, dass jedes Kundenfeedback nicht nur eine isolierte Meinung ist, sondern Teil eines größeren Bildes, das deine Marke auf dem Markt zeichnet. Es ist der Prozess des Monitorings, mit dem du den Ruf deiner Marke oder deines Unternehmens in der realen und in der virtuellen Welt schützt und verbesserst. Dazu gehört das Sammeln von Kundenfeedback, das Überwachen von Bewertungen und Diskussionen, die Reaktion darauf, das Verwalten von Inhalten, die die Marke betreffen, und das proaktive Veröffentlichen von Material, das ein positives Image pflegt. Das Reputationsmanagement hat folgende Vorteile:

- **Gesteigertes Vertrauen**: Menschen vertrauen einer Marke mit einer soliden Reputation. Kundenbeziehungen werden vertieft und neue Kunden gewonnen.

- **Mehr Sichtbarkeit**: Aktives Reputationsmanagement verbessert die Präsenz deiner Marke vor allem im Netz. SEO-optimierte Inhalte verbessern das Ranking in Suchmaschinen. Dein Unternehmen ist leichter zu finden.

- **Wirtschaftlicher Erfolg**: Ein guter Ruf führt zu Kundenzuwachs und -erhalt. Zufriedene Kunden werden wieder kaufen und ihre positiven Erfahrungen teilen. Umsatz und Profit steigern sich.

- **Attraktivität für Talente**: Ein positives Unternehmensimage zieht Top-Talente an. Das Reputationsmanagement beeinflusst die Wahrnehmung von Jobinteressenten und verbessert die Qualität der Bewerber, die sich bei deinem Unternehmen melden.

- **Krisenmanagement**: Kein Unternehmen ist immun gegen negative Bewertungen. Durch gutes Reputationsmanagement reagierst du schnell auf potenzielle Krisen und minimierst den Schaden.

- **Wettbewerbsvorteil**: Eine starke Reputation sichert dir einen Vorsprung im Wettbewerb. Kunden stützen ihre Kaufentscheidungen zunehmend auf Bewertungen und Empfehlungen.

Gutes Reputationsmanagement ist mehr als das Beantworten von Onlinebewertungen. Es ist ein strategischer Ansatz, um die Art, wie dein Unternehmen wahrgenommen wird, positiv zu beeinflussen. Dabei ist ein systematisches Vorgehen wichtig, das nicht nur reaktiv, sondern proaktiv deinen Ruf pflegt und stärkt.

Während Reputationsmanagement die Grundlage für ein starkes Markenimage legt, münzt der kluge **Einsatz von Bewertungsplattformen** dieses Fundament in greifbare Erfolge um. Sie sind die Bühnen, auf denen die öffentliche Wahrnehmung deiner Marke lebendig wird. Hier ein Überblick über drei prominente Bewertungsplattformen und wie du sie strategisch nutzen kannst.

Google My Business ist das Schaufenster deines Unternehmens und oft der erste Berührungspunkt für Kunden, die dein Unternehmen suchen. Bewertungen beeinflussen hier nicht nur dein Ranking in den Suchergebnissen, sondern auch die Entscheidungsfindung der Kunden.

- **Optimiere dein Profil**: Stelle sicher, dass alle Informationen aktuell sind und deine Marke professionell präsentiert wird.

- **Sammle aktiv Feedback**: Ermutige Kunden, positive Erfahrungen auf Google zu teilen.

- **Reagiere auf alle Bewertungen**: Dies zeigt engagierte Kundenorientierung und kann dein Ranking verbessern.

Kununu ist der Spiegel der Arbeitgebermarke, der einen Einblick in Unternehmenskultur und Arbeitsbedingungen bietet. Diese Plattform beeinflusst die Wahrnehmung potenzieller Bewerber maßgeblich.

- **Fördere Mitarbeiterbewertungen**: Ermutige Teammitglieder zu ehrlichem Feedback, um ein realistisches Bild deines Arbeitsumfelds zu zeichnen.

- **Pflege dein Arbeitgeberprofil**: Halte Informationen aktuell und repräsentiere deine Unternehmenswerte.

Proven Experts ermöglicht es dir, deine Expertise durch Kundenfeedback zu demonstrieren. Bewertungen untermauern hier deine Glaubwürdigkeit.

- **Integriere Widgets auf deiner Webseite**: Zeige Bewertungen prominent, um Vertrauen bei Website-Besuchern aufzubauen.

- **Nutze Auszeichnungen**: Siegel und Zertifikate von Proven Experts heben deine Kompetenz hervor.

In der digitalen Welt trägt das Echo deiner Kunden entscheidend zur Reputation deines Unternehmens bei. Google My Business, Kununu und Proven Experts ermöglichen dir, dieses aktiv zu gestalten. Wenn du diese Plattformen konsequent pflegst, zeichnest du ein vertrauenerweckendes Bild deiner Marke. Es gibt noch zahlreiche weitere Möglichkeiten wie die Bewertung in den sozialen Medien oder bestimmte branchenspezifische Bewertungsplattformen. Je öfter positiv über dich gesprochen wird, desto besser.

Beim Reputationsmanagement kannst du diesem Leitfaden folgen:

1. **Analysiere die Ist-Situation**, um deine aktuelle Position zu verstehen. Untersuche alle Bewertungsplattformen, auf denen dein Unternehmen prä-

sent ist, und notiere, was Kunden über dich sagen – das Gute, das Schlechte und das Verbesserungswürdige. Erkenne die Bereiche, die deine Aufmerksamkeit erfordern.

2. **Lege klare Reputationsziele fest**: Was genau willst du erreichen? Möchtest du die Anzahl positiver Bewertungen steigern, um dein Ranking zu verbessern? Willst du negative Kommentare minimieren, indem du die Kundenzufriedenheit steigerst? Vielleicht möchtest du deine Markenpräsenz online ausbauen. Ziele sind quantitativ oder qualitativ, etwa eine bestimmte Anzahl positiver Bewertungen pro Monat zu erreichen oder die Kundenwahrnehmung in einem bestimmten Bereich zu verbessern. Definiere klare, messbare Ziele. Sie dienen als Leitsterne für weitere Maßnahmen und helfen dir, Fortschritte zu messen und Strategien anzupassen.

3. **Entwickle eine Kommunikationsstrategie**: Online zählt jede Antwort. Positives Feedback verdient ein wertschätzendes Dankeschön, das die Kundenbindung stärkt. Bei negativen Bewertungen zeige Verständnis und Verbesserungsbereitschaft. Deine Antworten sollten wohlüberlegt sein. Vermeide automatisierte Reaktionen und gehe stattdessen auf individuelle Anliegen ein.

4. **Schule die Mitarbeiter**: Dein Team spielt eine zentrale Rolle für eine starke Online-Reputation. Regelmäßige Schulungen in Sachen Kundenkommunikation und Servicequalität sichern positive Kundenerfahrungen und gute Bewertungen. Trainiere deine Mitarbeiter in Kommunikationstechniken, damit sie angemessen auf Kundenanfragen reagieren.

5. **Erstelle Reaktionspläne für Krisen**: In der digitalen Welt kann ein einziger negativer Vorfall rasend schnell eskalieren. Sei mit klaren vordefinierten Richtlinien darauf vorbereitet. Tauchen ungerechtfertigte Vorwürfe auf, reagiere ruhig und professionell, um die Lage zu entschärfen. Hat dein Unter-

nehmen einen Fehler gemacht, solltest du Verantwortung übernehmen und offen kommunizieren, wie du das Problem angehst.

6. **Nimm aktiv Einfluss**: Zufriedene Kunden sind oft bereit, positive Erfahrungen zu teilen, sie müssen nur daran erinnert werden. Integriere das Einholen von Bewertungen in den Kaufprozess. Eine freundliche E-Mail nach dem Kauf oder eine höfliche Bitte am Ende eines erfolgreichen Kundendienstgesprächs können Wunder bewirken. Über Social Media kannst du deine Community dazu anregen, ihre Erlebnisse mit deiner Marke zu teilen. Mache diesen Prozess so einfach wie möglich, zum Beispiel durch direkte Links zu Bewertungsplattformen.

7. **Betreibe regelmäßiges Monitoring**: Bleibe informiert über das, was online über dein Unternehmen gesagt wird. Monitoring-Tools wie Google Alerts ermöglichen dir, auf neue Bewertungen zu reagieren. So kannst du zeitnah auf positives Feedback aufbauen und bei Bedarf korrigierend eingreifen.

8. **Evaluiere und passe an**: Online-Reputationsmanagement ist dynamisch. Was heute funktioniert, ist morgen vielleicht überholt. Überprüfe regelmäßig deine Maßnahmen. Nutze analytische Daten, um Erfolge zu messen und Schwachstellen zu identifizieren. Passe deine Taktiken entsprechend den Ergebnissen an und teste innovative Ansätze, um die positiven Effekte deines Reputationsmanagements zu optimieren.

Eine starke Online-Reputation ist kein Sprint, sondern ein Marathon. Es geht darum, kontinuierlich an einem positiven Image zu arbeiten und dies in der täglichen Praxis zu verankern. Sieh jedes Feedback als eine Chance, zu lernen und zu wachsen. Mit Geduld, Ausdauer und der richtigen Strategie wird sich dein Unternehmen online und auch offline einen Namen machen.

Negative Bewertungen sind eine Herausforderung, die jeder Unternehmer früher oder später meistern muss. Nicht jede Rückmeldung fällt positiv aus, doch gerade bei kritischem Feedback kannst du brillieren. Denn negative Bewertungen sind nicht nur unangenehme Kommentare, die du schnell vergessen solltest. Sie bieten wertvolles Feedback, das zur Unternehmensverbesserung dient. Vermeide defensives Verhalten, agiere offen und lösungsorientiert. Vermeide emotionale Ausbrüche, die dein Unternehmen in ein schlechtes Licht rücken. Formuliere stattdessen eine Antwort, die Verständnis für die Kundenfrustration zeigt. Zeige dich dankbar für das Feedback, egal wie kritisch es ist. Das zeigt, dass du das Engagement und die Zeit, die der Kunde sich für die Bewertung genommen hat, ernst nimmst.

Biete Lösungen, Wiedergutmachungen oder Verbesserungen an, die zeigen, dass du daran arbeitest, das Problem zu beheben. Dies können z. B. Rabatte, Produktersatz oder Dienstleistungen sein. So führt Feedback zu realen Veränderungen.

Vermeide ähnliche Vorfälle in der Zukunft und informiere deine Kunden darüber, wie ihr Feedback dein Angebot verbessert hat. Dies zeigt, dass du ihre Meinung ernst nimmst und besser werden willst. Bedenke immer, dass deine Antworten auf Bewertungen für alle sichtbar sind und die Markenwahrnehmung beeinflussen. Betone also deine Unternehmenswerte und demonstriere öffentlich, wie ernst du Kundenfeedback nimmst.

Wie gehst du mit unberechtigter Kritik um?

1. **Aktive Klärungsversuche**: Die Quelle ungerechter Kritik sind oft Missverständnisse. Versuche, sie mit Fakten und Höflichkeit zu klären. Die Bereitschaft, die Perspektive des Kunden zu verstehen, hilft, die Wogen zu glätten.

2. **Effektives Beschwerdemanagement**: Es kommt vor, dass eine Online-Diskussion nicht zielführend ist. In solchen Fällen verlagere das Gespräch in

einen privaten Raum, durch ein persönliches Gespräch, einen Anruf oder eine private Nachricht. Dort können beide Parteien offen sprechen und gemeinsam eine Lösung finden – ohne die Öffentlichkeit.

3. **Juristische Schritte**: Bei Verleumdungen oder falschen Anschuldigungen steht dir der rechtliche Weg offen. Konsultiere einen Rechtsberater, um mögliche Folgen abzuwägen. Bedenke jedoch, dass dies das letzte Mittel ist, welches auch die öffentliche Meinung beeinflusst.

Negative Bewertungen sind nicht das Ende der Welt. Deine Reaktion auf solche Bewertungen kann mehr über dein Unternehmen aussagen als jede Marktforschung.

31. FEHLER:
SCHLECHTE MEDIALE SICHTBARKEIT

Wo ist der beste Ort, um eine Leiche zu verstecken? Auf der zweiten Seite der Google Suchergebnisse. Diese Anekdote veranschaulicht humorvoll die Bedeutung von Online-Sichtbarkeit für den Unternehmenserfolg. Es spielt keine Rolle, wie ausgezeichnet dein Service ist, wie innovativ dein Produkt sein mag oder wie herausragend deine Kundenbewertungen sind – wenn du nicht sichtbar bist, wo sich deine Kunden aufhalten, verlierst du wertvolle Geschäftsgelegenheiten. Sichtbarkeit ist kein Luxus, sondern eine absolute Notwendigkeit. Sie bringt deinem Unternehmen:

- **Aufmerksamkeit**: Jeden Tag werden Millionen von Inhalten online geteilt und auch offline kommen wir tagtäglich mit Tausenden Markenbotschaften in Berührung. Die Aufmerksamkeit der Zielgruppe ist also ein knappes und hart umkämpftes Gut. Sichtbarkeit ist deine einzige Chance, einen bleibenden Eindruck zu hinterlassen.

- **Die erste Verbindung zum Kunden**: Ob durch eine gut platzierte Werbeanzeige, eine Empfehlung in sozialen Medien oder durch dein Logo auf einem Firmenwagen – jeder Kontaktpunkt zählt. Hierbei geht es nicht nur um die reine Präsenz, sondern auch darum, wie du durch kreative und ansprechende Inszenierungen die Köpfe deiner Zielgruppe erobern kannst.

- **Vertrauensaufbau durch Konsistenz**: Sichtbarkeit fördert Vertrauen. Durch konstante Präsenz an den richtigen Orten und konsistente Botschaften baust du eine dauerhafte Kundenbeziehung auf. Du schaffst eine vertraute Umgebung für deine Kunden. Vertrauen ist die Währung im modernen Geschäft, ohne die nachhaltige Kundenbeziehungen kaum möglich sind.

- **Einfluss auf die Kaufentscheidung**: Bei der Kaufentscheidung wird oft das gewählt, was mental präsent ist. Eine starke, positive Sichtbarkeit sorgt dafür, dass dein Produkt in diesem entscheidenden Moment als erste Wahl erscheint. Die Häufigkeit der Sichtbarkeit und die Qualität der präsentierten Inhalte spielen hier eine entscheidende Rolle. Ziel muss es sein, deiner Marke eine Monopolstellung in der Psyche der Verbraucher zu verschaffen.

- **Differenzierung vom Wettbewerb**: Zeige auf, was dich besonders macht und warum deine Produkte die bessere Wahl sind. Tue dies laut und klar kund, durch jeden verfügbaren relevanten Kanal.

Durch Sichtbarkeit setzt du den Grundstein für nachhaltiges Wachstum und Marktdominanz. Aber wie erreichst du den Zustand, in dem deine Marke nicht nur gesehen, sondern bewundert und bevorzugt wird? Indem du unvergessliche Erlebnisse schaffst, kannst du deine Marke aus der Masse hervorheben und eine tiefe emotionale Verbindung mit deinem Publikum aufbauen. Kreativität ist der einzige Schlüsselfaktor, der zu 100 % beeinflussbar ist, also solltest du diesen auch nutzen. Dazu zählt auch das sogenannte Guerilla-Marketing. Es ist eine innovative und kosteneffiziente Marketingstrategie, die auf Überraschung und unkonventionelle Interaktionen setzt, um maximale Aufmerksamkeit zu erzielen.[22] Guerilla-Marketing-Aktionen sind typischerweise kreativ, teilweise risikoreich und nutzen öffentliche Plätze oder ungewöhnliche Situationen, um sich von traditionellen Werbemethoden abzuheben. Die Idee ist, mit begrenztem Budget eine große Wirkung zu erzielen, indem man das Publikum dort anspricht, wo es am wenigsten eine Werbeaktion erwartet. Hier drei Beispiele:

IKEA verwandelte eine U-Bahn-Station in Tokio in ein voll ausgestattetes Wohnzimmer, indem es die Wände mit Tapeten, Bildern und Regalen dekorierte und echte Möbel aufstellte. Pendler konnten auf den Sofas sitzen und die Einrichtung aus nächster Nähe erleben. Diese Aktion bot nicht nur eine angenehme Abwechslung, sondern demonstrierte auch die Vielseitigkeit und Qualität der IKEA-Produkte.

T-Mobile (Telekom) nutzte Flashmobs zur Markenpromotion am Londoner Bahnhof Liverpool Street. Während der Hauptverkehrszeit führten Tänzer überraschend eine choreografierte Performance vor, die viral ging und so das Markenimage positiv verstärkte.

Das Deo-Start-up Fussy platzierte als Zeichen des Friedens nach einer öffentlichen Auseinandersetzung mit Unilever einen Olivenbaum vor dessen Firmensitz. Diese Aktion wurde auf LinkedIn geteilt, brachte der Marke Aufmerksamkeit und viele positive Resonanzen.

Stell dir vor, jeder Kontakt mit deiner Marke wäre so gestaltet, dass er nicht nur einen Eindruck hinterlässt, sondern eine Welle der Begeisterung auslöst. Es geht darum, die richtigen Berührungspunkte so zu bespielen, dass sie sich gegenseitig verstärken und eine exponentielle Werbewirkung entfalten. Das machst du so:

- **Identifiziere deine Schlüssel-Touchpoints**: Diese können digital (Website, Social Media etc.), physisch (Geschäftslokal, Produktverpackung etc.), direkt oder indirekt sein. Es ist entscheidend, dass du verstehst, wie sie von deiner Zielgruppe wahrgenommen und genutzt werden.

- **Gestalte jeden Touchpoint für maximalen Impact:** Das bedeutet, dass die Botschaften, das Design und die User Experience konsistent auf die Zielgruppenbedürfnisse und -erwartungen abgestimmt sein müssen. Eine Webseite, die visuell ansprechend ist, schnell lädt und auf der einfach navigiert werden kann, sorgt beispielsweise dafür, dass Besucher bleiben und interagieren.

- **Vernetze Touchpoints**: Jeder Touchpoint sollte Teil einer größeren, integrierten Strategie sein. Wenn jemand deine Werbung auf Facebook sieht, auf deine Webseite klickt und dort auf einen gut gestalteten Sales-Funnel stößt, der zum Hinterlassen seiner Daten einlädt, entsteht eine Kette positiver Eindrücke, die sich gegenseitig verstärken.

- **Nutze Daten, um deine Strategie zu optimieren:** Welche Touchpoints führen zu den meisten Konversionen? Wo verlierst du Interessenten? Moderne Marketing-Tools können dir helfen, diese Daten zu sammeln und zu interpretieren, um die Strategie zu optimieren.

- **Sei kreativ und innovativ**: Die besten Marketingstrategien stechen aus der Masse heraus. Überrasche deine Kunden mit unerwarteten Elementen oder exklusiven Angeboten.

Es gibt eine Reihe von bewährten Methoden, die deine Marke nicht nur bekannter machen, sondern so in Szene setzen, dass sie unvergesslich wird.

Social Media Ads sind eine unschlagbare Gelegenheit, direkt in die Lebenswelten deiner Zielgruppe einzudringen. Plattformen wie Facebook, Instagram,

LinkedIn, X (früher Twitter), TikTok und Pinterest ermöglichen dir nicht nur, sichtbar zu sein, sondern gezielt und effektiv mit potenziellen Kunden zu interagieren und gleichzeitig wertvolle Einblicke in deren Präferenzen und Verhalten zu gewinnen durch:

- **Präzise Zielgruppenansprache**: Die Social-Media-Plattformen bieten fortschrittliche Targeting-Optionen, um deine Werbung genau auf die Bedürfnisse und Interessen spezifischer Nutzergruppen abzustimmen. Du kannst Zielgruppen nach demografischen Merkmalen, Interessen, Verhaltensweisen und sogar nach Standort segmentieren. Dies sorgt für eine hohe Relevanz der Ads und steigert die Effektivität jeder Kampagne.

- **Kreative und ansprechende Inhalte**: Nutze ansprechende Grafiken, fesselnde Videos und durchdachte Texte, die deine Botschaft klar und attraktiv vermitteln. Experimentiere mit verschiedenen Formaten wie Story Ads, Carousel Ads oder Video Ads, um zu sehen, was bei deinem Publikum am besten ankommt.

- **Messung und Optimierung:** Der Vorteil von Social Media Ads ist, die Kampagnenleistung in Echtzeit überwachen und anpassen zu können. Plattformen wie Facebook und Instagram bieten detaillierte Analysen, die Aufschluss über Reichweite, Engagement, Klickzahlen und Konversionen geben. Nutze diese Daten für kontinuierliche Optimierung und um den ROAS (Return on Ad Spend) zu maximieren.

Content-Marketing ist nicht nur das Erzählen von Geschichten: Es geht darum, Inhalte zu schaffen, die nicht nur informieren, sondern auch zum Kauf überzeugen.

- **Erstelle Inhalte, die verbinden**. Was bewegt deine Zielgruppe? Welche Probleme können deine Produkte für sie lösen? Sobald du dies weißt, kannst du

Inhalte erstellen, die direkt auf diese Bedürfnisse eingehen. Erfolgsfaktor ist hier das Generieren der notwendigen Zielgruppendaten.

- **Optimiere die Sichtbarkeit**. Nutze SEO-Techniken, damit deine Artikel und Videos bei Suchmaschinen hoch ranken. Nutze ansprechende Titel, hochwertige Bilder und interaktive Elemente, um die Nutzerbindung zu erhöhen. Teile deine Inhalte über soziale Medien, um die Reichweite zu erhöhen.

- **Messe den Erfolg deiner Content-Strategie**. Nutze Analyse-Tools, um zu sehen, welche Inhalte die meisten Besuche, das längste Engagement und die höchste Konversionsrate erzielen. Diese Daten helfen dir, zukünftige Inhalte noch besser auf deine Zielgruppe abzustimmen.

Durch strategische Planung stellst du sicher, dass deine Marke nicht nur sichtbar, sondern auch relevant und ansprechend bleibt. Erzeuge mit jedem geteilten Artikel, jedem Video und jedem Post einen Wert, der dein Publikum begeistert und bindet.

Die Mehrheit der Online-Erlebnisse beginnt mit einer Suchanfrage. **SEO (Suchmaschinenoptimierung)** ist deshalb für dich unerlässlich. Es ist die Wissenschaft, deine Online-Präsenz so zu optimieren, dass sie von Suchmaschinen bevorzugt wird.

- **Keyword-Optimierung**: Welche Begriffe verwendet deine Zielgruppe, wenn sie nach deinen Produkten sucht? Die Verwendung dieser Keywords auf deiner Website hilft Suchmaschinen zu verstehen, worum es auf deiner Seite geht, und verbessert deine Chancen, höher gerankt zu werden. Tools wie Google Keyword Planner oder SEMrush bieten Informationen zu den Suchvolumina und dem Wettbewerbsniveau der Keywords.

- **On-Page-Optimierung**: Stelle sicher, dass jede Seite optimierte Titel-Tags, Meta-Beschreibungen und die richtige Überschriftenstruktur hat. Integriere Keywords in deinen Content, ohne zu überoptimieren. Achte auch auf eine schnelle Ladezeit und eine mobilfreundliche Gestaltung, da diese Faktoren neben etwa 300 Kriterien in das Ranking einfließen.

SEO und Content-Marketing bedingen sich gegenseitig. Hochwertiger Content ist der Kern einer jeden erfolgreichen SEO-Strategie. Erstelle informative, ansprechende und relevante Inhalte, die deine Zielgruppe nicht nur informieren, sondern auch zum Teilen und Verweilen einladen. Aktualität und Aktualisierungsfrequenz der Inhalte sind ebenfalls entscheidend. SEO ist dabei ein fortlaufender Prozess. Durch ständige Optimierung, Anpassung an die sich ändernden Suchmaschinenalgorithmen und das kontinuierliche Erstellen von wertvollem Content kann deine Website eine führende Suchergebnisposition erreichen und halten.

Durch geschickt platzierte Anzeigen in Suchmaschinen wie Google kannst du sofortige Sichtbarkeit und direkten Traffic generieren. **SEA (Suchmaschinenwerbung)** ist damit ein kraftvolles Tool, um schnell Ergebnisse zu erzielen.

Anzeigentexte sollten klar, überzeugend und handlungsorientiert sein. Integriere starke Calls-to-Action, die den Nutzer dazu anregen, mehr zu erfahren oder direkt zu konvertieren. A/B-Tests verschiedener Anzeigenvarianten helfen dir, die Formulierungen zu finden, die die beste Performance erzielen.

Die Keywords sollten nicht nur relevant für dein Angebot sein, sondern auch das Suchverhalten deiner Zielgruppe widerspiegeln. Tools wie Google Ads bieten umfangreiche Daten zu Suchvolumen und Kosten pro Klick, die dir helfen, die effektivsten Keywords auszuwählen.

Nach dem Klick auf die Anzeige ist es entscheidend, dass die zugehörige Landingpage die Erwartungen erfüllt und zur Handlung anleitet. Landingpages sollten inhaltlich und visuell direkt an die Anzeige anknüpfen und eine klare, einfache Nutzerführung bieten. Elemente wie Testimonials, Vorteilsaufzählungen und Sicherheitssiegel können das Vertrauen stärken und die Konversionsrate erhöhen. Eine spezielle, für Adwords gestaltete Landingpage ist nicht unbedingt deine normale Internetseite.

Durch Targeting und die Möglichkeit, sofortige Ergebnisse zu sehen, bietet SEA eine hervorragende Ergänzung zu deinen langfristigen SEO-Bemühungen. Nutze es, um deine Marke in den Fokus zu rücken und deinen Verkaufserfolg aktiv zu steuern.

In einer Welt, in der traditionelle Werbung oft übersehen wird, bietet das **Influencer-Marketing** eine frische und authentische Methode, um deine Zielgruppe zu erreichen. Die Wirkung einer Influencer-Kampagne kann beeindruckend sein. Dabei ist die Zielgruppenanalyse entscheidend für die Influencer-Auswahl. Der Influencer sollte nicht nur eine große Reichweite haben, sondern auch eine hohe Glaubwürdigkeit und Autorität in dem Bereich, der für deine Marke relevant ist (Brandfit). Die Authentizität der Influencer-Persönlichkeit in Verbindung mit ihrer Zielgruppe macht die Kampagne glaubwürdig.

Arbeite eng mit dem Influencer zusammen, um sowohl deine Marke als auch die Persönlichkeit des Influencers widerzuspiegeln. Denke daran, dass der Influencer seine Community am besten kennt. Nutze dieses Wissen, um Kampagnen zu entwickeln, die wirklich resonieren.

Die Messung des Kampagnenerfolgs ist entscheidend, um den ROI zu verstehen und zukünftige Kampagnen zu optimieren. Setze messbare Ziele, wie Steigerung der Markenbekanntheit, der Verkaufszahlen oder der Followerzahlen. Nutze Analyse-Tools, um die generierten Engagement-Raten, Traffic und Konversionen zu tracken.

Influencer-Marketing ist mehr als nur eine Werbemöglichkeit. Es ist eine Chance, deine Marke durch die Stimmen vertrauenswürdiger Persönlichkeiten authentisch und wirkungsvoll zu präsentieren. Wenn du diese Strategie klug einsetzt, kannst du nicht nur deine Sichtbarkeit erhöhen, sondern auch eine tiefere Verbindung zu deiner Zielgruppe aufbauen und das Markenvertrauen stärken.

Dein persönliches Image und deine professionelle Ausstrahlung, dein **Personal-Branding**, können die Sichtbarkeit und das Ansehen deiner Firma enorm beeinflussen. Denke an Figuren wie Steve Jobs oder Elon Musk, deren persönliche Marken untrennbar mit ihren Unternehmen verbunden sind.

Um deine persönliche Marke zu definieren, stelle dir zunächst folgende Fragen: Was sind deine Kernwerte? Wie möchtest du von anderen wahrgenommen werden? Diese Aspekte sollten nicht nur deine Persönlichkeit widerspiegeln, sondern auch mit den Zielen und Werten deines Unternehmens übereinstimmen. Achte des Weiteren auf:

- **Konsistente Kommunikation über alle Kanäle**: Stelle sicher, dass deine persönliche Marke auf allen Plattformen, von LinkedIn bis hin zu öffentlichen Auftritten, konsistent präsentiert wird.

- **Nutzung von Netzwerken zur Marktförderung**: Durch aktives Netzwerken und Teilnahme an Branchenevents oder Panel-Diskussionen kannst du sowohl deine persönliche Marke als auch die deines Unternehmens promoten. Jede Interaktion bietet die Chance, die Sichtbarkeit deiner Firma zu erhöhen und Geschäftsbeziehungen zu knüpfen.

- **Führungsrolle durch Thought-Leadership**: Indem du regelmäßig Inhalte veröffentlichst, z. B. Artikel, Blogposts oder Vorträge, die innovative Ideen oder tiefgreifende Einblicke in deine Branche bieten und deine Expertise und Vision zeigen, ziehst du Aufmerksamkeit auf deine Person und damit auch auf dein Unternehmen.

In unserer digitalen Ära bleibt der persönliche Kontakt durch Netzwerken und die Teilnahme an Veranstaltungen ein mächtiges Werkzeug, um nachhaltige

Beziehungen zu knüpfen und deine Marke greifbar zu machen. Hier kannst du Menschen emotional gewinnen.

Branchenveranstaltungen bieten dir eine ausgezeichnete Gelegenheit, deine Marke einem relevanten Publikum zu präsentieren und gleichzeitig wichtige Geschäftsbeziehungen zu knüpfen. Das Feedback, das du von Kunden und Branchenkollegen erhältst, informiert dich über die Bedürfnisse und Wünsche deiner Zielgruppe.

Wenn du eigene Veranstaltungen ausrichtest, demonstrierst du deine Expertise und stärkst das Markenvertrauen sowie die Loyalität durch eine direkte Verbindung zum Publikum. Dabei behältst du die Kontrolle über die präsentierte Botschaft und stellst sicher, dass deine Marke so erlebt wird, wie du es dir wünschst.

Nach jeder Veranstaltung solltest du eine Nachbetreuung durchführen, durch persönliche Dankes-E-Mails, spezielle Angebote oder Einladungen zu zukünftigen Events. Sie hilft, die Beziehungen zu festigen und die Früchte deiner Networking-Bemühungen zu ernten.

32. FEHLER:
MANGELNDE PERFORMANCE IM VERTRIEB

In der hektischen Vertriebswelt kann eine schlechte Struktur genauso verheerend sein wie ein Motor ohne Öl – die Maschine stottert, und schließlich kommt sie zum Stillstand. Der systematische Aufbau eines Sales-Funnels, der von der Lead-Generierung über die Lead-Qualifizierung bis zum Closing reicht, ist entscheidend, um deine Konkurrenz nicht nur einzuholen, sondern zu übertreffen. Dein Vertriebsteam braucht eine durchdachte Führung, um effektiv zu arbeiten und sich nicht in ineffizienten Abläufen zu verlieren. Eine systematisierte Vertriebsstrategie bietet einige Vorteile:

Die **Vorhersehbarkeit** ermöglicht es dir, Umsätze nicht nur zu erhoffen, sondern sie mit einer gewissen Zuversicht zu planen. Eine solide Prognosefähigkeit kann zu besserer Lagerhaltung, Personalplanung und Budgetierung führen, deine Ressourcen schonen und den Weg für kontinuierliches Wachstum ebnen.

Ein verlässliches Vertriebssystem erlaubt Unternehmenswachstum, also **Skalierbarkeit**, ohne das Fundament neu legen zu müssen. Neue Teammitglieder können durch standardisierte Schulungsprozesse und klare Arbeitsabläufe effizient integriert werden. So kannst du bei steigender Nachfrage expandieren, ohne Qualitätsverluste oder inkonsistenten Kundenservice zu riskieren.

Konsistenz im Vertriebsprozess garantiert, dass jeder Kunde dieselbe hochwertige Erfahrung macht. Es reduziert das Risiko menschlicher Fehler und sorgt dafür, dass Best Practices befolgt und verlässliche, vorhersagbare Ergebnisse erzielt werden.

Klare Abläufe und festgelegte Verantwortlichkeiten verhindern Unklarheiten und schaffen ein Umfeld, in dem sich Mitarbeiter sicher fühlen. Wertschätzung steigert die **Motivation** und führt zu höherer Produktivität. Wenn Mitarbeiter ihren Beitrag zum Unternehmenserfolg sehen, verbessert dies zudem die **Mitarbeiterbindung**.

Eine strukturierte Vertriebsstrategie ist nicht nur eine Checkliste von Aufgaben. Sie beginnt mit einer klaren Definition der Verkaufsphasen und der Festlegung von Zielen für jedes Stadium des Verkaufszyklus: Bei der Lead-Generierung geht es um die Identifizierung von Interessenten, die zu potenziellen Kunden werden könnten. Qualifizierung umfasst die Bewertung der Leads anhand bestimmter Kriterien, um Zeitverschwendung zu vermeiden. In der Abschlussphase ist es entscheidend, dass klare Absprachen über die nächsten Schritte bestehen und dass alle nötigen Informationen für die Entscheidungsfindung des Kunden bereitstehen.

Die Aufgaben- und Rollenverteilung innerhalb deines Vertriebsteams ist entscheidend für die Steigerung der Effizienz und lässt sich ideal in einem Sales-Funnel abbilden. Dieser dient als perfektes Instrument, einzelne Vertriebsschritte systematisch mit klaren Spezialisierungen zu strukturieren. Das Setter-Closer-Prinzip kann in den Sales-Funnel integriert werden.

Die Etablierung von Key Performance Indicators (KPIs) ist unerlässlich, um Leistung und Fortschritt zu verfolgen. KPIs sollten sorgfältig ausgewählt werden, um ein genaues Bild der Vertriebseffizienz zu vermitteln. Wichtige Metriken könnten die Konversionsrate von Leads zu Verkaufschancen, die durchschnittliche Deal-Größe oder die Zykluszeit bis zum Abschluss umfassen. So erkennst du Muster, kannst Erfolge replizieren und Prozesse stetig verfeinern. Regelmäßiges Feedback und Überprüfen helfen, Verbesserungen umzusetzen.

Der Sales-Funnel bildet das Rückgrat jeder systematisierten Vertriebsstrategie. Dieses Modell gliedert den Verkaufsprozess in klar definierte Phasen, Lead-Generierung, Lead-Qualifizierung und Konversion, und maximiert somit die Effizienz jeder Phase.

Der Prozess der **Lead-Generierung** umfasst die Ansprache potenzieller Kunden, um so viele Leads wie möglich zu generieren. Um ihn zu strukturieren, brauchst du ein Customer-Relationship-Management-System (CRM).

Die Auswahl eines CRM-Systems ist vergleichbar mit der Wahl eines Kommandozentrums für dein Vertriebsteam. Es muss mehr sein als eine Datenbank für Kundenkontakte. Ein effektives CRM wie Salesforce, HubSpot, Pipedrive oder Zoho agiert als dynamische Schnittstelle, die sämtliche Kundeninteraktionen erfasst, analysiert und verwaltet. Es muss nicht nur die gegenwärtigen Anforderungen erfüllen, sondern auch Möglichkeiten für Unternehmenswachstum bieten. Es sollte sich nahtlos in bestehende Prozesse integrieren lassen und Funktionen wie automatisierte Workflows, umfassendes Reporting und personalisierbare Benutzeroberflächen bieten.

Die bereits vorgestellten Strategien wie Content-Marketing, SEM, Partnerschaften und Personal-Branding sind grundlegend, um deine Marke in den

Fokus potenzieller Kunden zu rücken. Diese Maßnahmen allein können bereits zur Generierung von Leads führen, indem sie das Interesse und die Aufmerksamkeit deiner Zielgruppe wecken. Auf dieser Basis können wir allerdings noch einen Schritt weitergehen. Denn durch die Integration dieser Taktiken mit den in diesem Kapitel beschriebenen Leadgenerierungsstrategien erzeugst du eine synergetische Wirkung, die nicht nur deine Reichweite, sondern auch die Effektivität deiner Vertriebsaktivitäten signifikant steigert. Ein besonders effektives Instrument zur systematischen Lead-Generierung sind Lead-Magneten. Sie bieten potenziellen Kunden etwas Wertvolles im Austausch für ihre Kontaktinformationen. Hier einige praxiserprobte Ideen:

- **Free-plus-shipping-Angebote**: Biete deinen potenziellen Kunden Produkte kostenlos an, sie übernehmen lediglich die Versandkosten.

- **Download von Whitepapers**: Biete umfangreiche und informative Whitepapers, die auf spezifische Bedürfnisse deiner Zielgruppe eingehen.

- **Kostenlose Webinare**: Organisiere lehrreiche Sessions, die sich direkt mit Problemen und Fragen deiner Zielgruppe beschäftigen.

Gezielte Werbeanzeigen auf Plattformen wie Facebook, Google Ads oder LinkedIn sind essenziell, um die richtigen Personen mit deinen Lead-Magneten zu erreichen. So holst du das Beste aus deinen Werbeanzeigen heraus:

- **A/B-Tests:** Durch das Testen verschiedener Anzeigenvarianten kannst du herausfinden, welche Botschaften und Designs die höchste Engagement-Rate erzielen.

- **Retargeting-Kampagnen**: Spreche Nutzer an, die bereits mit deinem Content interagiert, aber noch nicht den nächsten Schritt gemacht haben. So bleibt dein Angebot im Bewusstsein und erhöht die Chancen auf Konversion.

Automatisierte Workflows erleichtern die Erfassung, Segmentierung und Bearbeitung von Leads: Sobald jemand einen Lead-Magnet herunterlädt oder sich für ein Webinar anmeldet, sollte eine automatisierte E-Mail-Serie starten. Diese E-Mails können dazu dienen, weitere Informationen zu liefern, Vertrauen aufzubauen und den Lead durch den Funnel zu führen.

Und was ist mit klassischer Kaltakquise via E-Mail, Telefon und Co.? Kaltakquise bezeichnet den Versuch, Verkaufskontakte herzustellen, indem Personen angesprochen werden, die zuvor noch keinen Kontakt zum Unternehmen hatten und denen dein Angebot gänzlich unbekannt ist. Dies mag auf den ersten Blick verlockend erscheinen, doch Vorsicht: In der Europäischen Union und vielen anderen Regionen ist es gesetzlich verboten, ohne vorherige Zustimmung der betroffenen Personen zu Werbezwecken Kontakt aufzunehmen. Dies umfasst Telefonanrufe, E-Mails, SMS und andere Formen der Direktansprache ohne explizites Einverständnis. Diese Gesetze schützen die Verbraucherprivatsphäre. Ein Verstoß kann nicht nur zu erheblichen Geldstrafen führen, sondern auch das Unternehmensimage nachhaltig schädigen. Deshalb würde ich dir dringend davon abraten.

KI in der Lead-Generierung ermöglicht es, potenzielle Kunden präzise und effizient zu identifizieren und anzusprechen. Durch den Einsatz von KI kannst du nicht nur deine Zielgruppe besser verstehen, sondern auch die Interaktionen mit ihr automatisieren und optimieren:

- **Prognostische Analytik**: KI-Systeme nutzen maschinelles Lernen, um aus historischen Daten Muster zu erkennen und vorherzusagen, welche Leads die höchste Konversionswahrscheinlichkeit haben. Tools wie **Salesforce Einstein** bieten fortschrittliche prädiktive Analytik, die deine Sales-Funnel-Effizienz steigern kann, indem sie priorisiert, welche Leads dein Vertriebsteam zuerst kontaktieren sollte.

- **Bessere Segmentierung und Personalisierung**: KI kann bei der präzisen Zielgruppensegmentierung helfen, basierend auf deren Verhalten und deren Präferenzen. Dies ermöglicht die Erstellung hochpersonalisierter Marketingkampagnen. **HubSpot** bietet hierbei leistungsstarke Tools zur Segmentierung und Automatisierung von E-Mail-Kampagnen.

- **Chatbots und virtuelle Assistenten** können rund um die Uhr Anfragen bearbeiten, grundlegende Fragen beantworten und sogar einfache Probleme lösen. Tools wie **Drift** und **Intercom** bieten fortschrittliche Chatbot-Funktionen, die die Benutzerinteraktion verbessern und wertvolle Daten für die Lead-Generierung sammeln.

- **Inhaltsanalyse und Content-Empfehlungen** helfen dir, ein effektiveres Content-Marketing zu betreiben, das genau auf die Interessen deiner Zielgruppe abgestimmt ist. **MarketMuse** und **Crayon** sind Beispiele für Tools, die KI nutzen, um Content-Strategien zu optimieren.

Die erfolgreiche Lead-Generierung ist ein Zusammenspiel aus bewährten Methoden, innovativen Technologien und einer kontinuierlichen Optimierung deines Vertriebsprozesses.

Die **Lead-Qualifizierung** stellt sicher, dass dein Vertriebsteam Ressourcen effizient einsetzt und sich auf die vielversprechendsten Geschäftsmöglichkeiten konzentriert. »Setter« haben dabei die Hauptaufgabe, potenzielle Kunden zu bewerten und zu qualifizieren, damit nur vielversprechende Leads weiterverfolgt werden. Schlüsselqualitäten eines erfolgreichen Setters sind:

- **Kommunikationsfähigkeit**: Sie ist unerlässlich, um notwendige Informationen zu erfassen und Beziehungen aufzubauen. Setter können komplexe Ideen einfach vermitteln, um Einwände zu überwinden und das Interesse zu wecken. Sie sind geschickt darin, durch gezielte Fragen Antworten zu erhalten, die für die Qualifizierung entscheidend sind.

- **Eine schnelle Auffassungsgabe**: Sie ermöglicht, komplexe Situationen schnell zu erfassen und angemessen darauf zu reagieren. Dies ist besonders wichtig in Gesprächen, in denen Setter oft nur wenige Momente haben, um die Bedürfnisse und Interessen der Leads zu verstehen und ihre Ansprache entsprechend anzupassen, was die Wahrscheinlichkeit der Qualifizierung und Weiterleitung erhöht.

- **Anpassungsfähigkeit**: Ein erfolgreicher Setter muss seine Strategie flexibel anpassen können, je nachdem, wie sich das Gespräch entwickelt oder wie sich die Bedürfnisse des Leads ändern.

- **Empathie**: Durch diese können sich Setter in die Lage der Leads versetzen, um deren Bedürfnisse wirklich zu verstehen. Dies ist entscheidend für den Vertrauensaufbau und eine starke Beziehung. Ein empathischer Setter kann besser einschätzen, welche Angebote oder Informationen für den Lead von Wert sind und wie er diese Informationen dann am besten für den »Closer« aufbereiten kann.

Neben diesen Schlüsseleigenschaften gibt es aber auch bewährte Methoden, die deinem Setter dabei helfen können, die Leads zu qualifizieren. Zwei dieser Methoden sind folgende:

BANT steht für Budget, Authority, Need, Timeframe. Diese Methode hilft zu beurteilen, ob der potenzielle Kunde über das erforderliche Budget verfügt (Budget), ob er die Entscheidungsbefugnis hat (Authority), ob ein tatsächlicher Bedarf an deinem Produkt besteht (Need) und ob der Zeitrahmen für die Kaufentscheidung mit deinem Verkaufszyklus übereinstimmt (Timeframe).

CHAMP hingegen fokussiert auf die Herausforderungen des Kunden (Challenges), klärt die Entscheidungsbefugnis (Authority), stellt sicher, dass das Budget vorhanden ist (Money), und priorisiert die Leads basierend auf diesen Faktoren (Prioritization).

Nach der Qualifizierung folgt die **Priorisierung**. Nicht alle qualifizierten Leads sind gleich. Einige sind kaufbereit, während andere vielleicht noch in der Entdeckungsphase stecken. Hier kommen Lead-Scoring-Modelle ins Spiel, die dem Lead auf der Basis verschiedener Kriterien wie demografischer Informationen, Engagement und Verhalten eine Punktzahl zuweisen, um zu bestimmen, welche Leads am dringlichsten bzw. am umsatzstärksten sind.

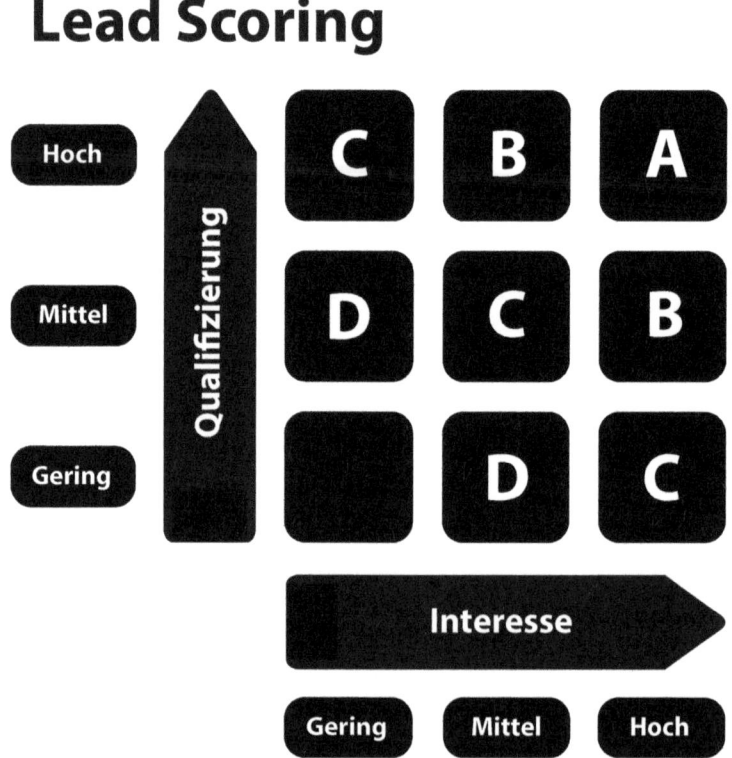

Diese Fähigkeiten und Prozesse können durch gezielte Ressourcen und Strategien erweitert werden, um die Lead-Qualifizierung noch effizienter zu gestalten.

CRM-Systeme ermöglichen eine strukturierte Verwaltung und Analyse der Lead-Daten. Setter wie auch Closer können auf die vollständige Historie der Interaktionen zugreifen, was eine zielgerichtete und relevante Kommunikation erheblich erleichtert.

Regelmäßige Trainingsprogramme zu Produkten, Markttrends und Verkaufstechniken sind unerlässlich, um wettbewerbsfähig zu bleiben. Sie helfen Settern, auf dem neuesten Stand zu bleiben und ihre Fähigkeiten zu schärfen.

Auch Feedback-Schleifen sind entscheidend für die stetige Prozessverbesserung, Schwächen in der Lead-Qualifizierung können identifiziert werden.

Der Einsatz von KI in der Lead-Qualifizierung automatisiert, beschleunigt und verbessert den Prozess. KI-Tools können große Datenmengen analysieren, um Muster und Trends zu identifizieren, die menschliche Augen möglicherweise übersehen würden. Dadurch können Setter effizienter arbeiten und sich auf die Interaktion mit den vielversprechendsten Leads konzentrieren. Beispiele für KI-Tools sind Leadfeeder, Conversica oder Clearbit. Diese bieten präzise und skalierbare Lösungen, um Vertriebsaktivitäten zu optimieren.

Die Lead-Conversion bildet den Höhepunkt des Sales-Funnels, wo ein qualifizierter Lead schließlich durch die Closer zum zahlenden Kunden wird. Ein perfekter Pitch ist hierbei entscheidend: Er muss nicht nur Fakten präsentieren, sondern auch Emotionen ansprechen und das Vertrauen des Kunden gewinnen. Dies erfordert daher eine Vielzahl von Hard und Soft Skills. Auf den folgenden Seiten habe ich für dich einen detaillierten Pitch-Leitfaden.

Nachdem ein Verkauf abgeschlossen ist, ist die Reise noch lange nicht vorbei. Es ist jetzt an der Zeit, Cross-Selling- und Up-Selling-Strategien zu nutzen, um deinen Umsatz weiter zu steigern und die Kundenbindung zu stärken. Indem du zusätzliche Produkte oder Upgrades anbietest, kannst du nicht nur den Wert einer jeden Transaktion erhöhen, sondern auch das Vertrauen und die Loyalität deiner Kunden festigen.

Doch was ist mit den Leads, die noch nicht bereit für einen Kauf sind? Hier kommt das Follow-up ins Spiel. Eine regelmäßige, aber nicht aufdringliche Nachverfolgung kann das Interesse an deinem Unternehmen aufrechterhalten und eine langfristige Beziehung aufbauen. Durch gezielte E-Mails und hochwertigen Content kannst du dein Unternehmen im Bewusstsein der Leads weiterhin präsent halten. Dabei geht es nicht nur darum, Produkte zu bewerben, sondern auch darum, Mehrwert zu bieten und Vertrauen aufzubauen. Denn wenn der richtige Zeitpunkt gekommen und der Lead bereit ist, einen Kauf zu tätigen, möchtest du die erste Wahl sein.

33. FEHLER:
MANGELNDE PITCH- UND PRÄSENTATIONSKOMPETENZ

In der heutigen Geschäftswelt, wo jeder Eindruck zählt, wiegt die Fähigkeit, wirkungsvoll zu pitchen und zu präsentieren, schwer. Es geht darum, eine Geschichte zu erzählen, eine Vision zu teilen, die begeistert, und eine Gelegenheit zu schaffen, die überzeugt. Diese Kunst zu beherrschen bedeutet, feine Fasern zwischen Daten und menschliche Erfahrung zu weben, kühlen Geschäftszahlen Leben einzuhauchen und technische Aspekte mit Wünschen und Träumen zu verbinden. Denn nicht Zahlen, Diagramme oder Bulletpoints entscheiden über den Erfolg – wir wollen die Köpfe der Menschen erreichen.

Ein guter Pitch erzählt deine Geschichte. Dabei geht es nicht nur um Daten und Fakten. Es geht darum, eine Verbindung herzustellen. Verpacke deine Botschaft in eine Geschichte, die dein Publikum emotional berührt und von deiner Vision überzeugt.

Niemand hat Zeit für lange und umständliche Erklärungen. Bringe deine Hauptinhalte auf den Punkt und achte auf einen logischen Argumentationsaufbau, der dein Publikum bis zum Ende fesselt. Nutze Diagramme, Bilder oder kurze Videos, die deine Worte untermalen und die Aufmerksamkeit aufrechterhalten. Achte darauf, dass deine visuellen Hilfsmittel zu deiner Botschaft passen.

Stelle Fragen, beziehe deine Zuhörer mit ein und ermutige zum Dialog. Dadurch wird deine Präsentation dynamisch und lässt dein Publikum Teil deines Pitches werden.

Glaube fest an das, was du sagst, und stehe mit Leidenschaft hinter deiner Idee. Dein Publikum wird spüren, ob du authentisch bist oder nicht.

Ein erfolgreicher Pitch nutzt auch eine Reihe von psychologischen Prinzipien, um überzeugende Botschaften zu übermitteln:

Wenn du deinem Publikum etwas Wertvolles anbietest, ohne eine unmittelbare Gegenleistung zu erwarten, z. B. Insiderwissen oder eine professionelle Beratung, weckst du das Bedürfnis, dir etwas zurückzugeben, ein Gefühl von Gegenseitigkeit, das dein Angebot auf fruchtbareren Boden fallen lässt.

Dinge, die schwer zu bekommen sind, werten wir höher. Nutze diesen Effekt, indem du die Knappheit deines Angebots betonst. Zeige, dass dein Produkt sich durch seltene Merkmale auszeichnet oder dass ein spezielles Angebot nur eine begrenzte Zeit gültig ist. Diese Strategie erzeugt ein Gefühl der Dringlichkeit, das die Entscheidungsfindung beschleunigt und die Wahrscheinlichkeit eines Abschlusses steigert.

Menschen neigen dazu, Personen oder Organisationen, die auf ihrem Gebiet als führend und sachkundig gelten, größeres Gewicht beizumessen. Stärke deine Autorität, indem du relevante Qualifikationen, Erfahrungen, Erfolge oder Auszeichnungen präsentierst. Biete Belege und Testimonials, die deine Expertise untermauern.

Baue außerdem Brücken von kleinen zu großen Verpflichtungen, die in einem erfolgreichen Geschäftsabschluss resultieren können. Beginne mit einer kleinen, unverbindlichen Zustimmung, die leicht zu erlangen ist, beispielsweise durch Kopfnicken zu einem grundlegenden Punkt. Sobald sich jemand zu einem ersten kleinen Schritt verpflichtet hat, ist es psychologisch kohärenter für ihn, weiter in Übereinstimmung mit ihr zu handeln. Stelle also Fragen, die voraussichtlich Zustimmung erhalten, um darauf aufbauend ein größeres Engagement anzusteuern.

Menschen neigen dazu, Personen zu unterstützen, für die sie Sympathie empfinden. Finde Gemeinsamkeiten und hebe sie hervor: ein geteiltes Interesse, ein gemeinsamer Hintergrund oder ähnliche Werte. Komplimente sind ebenfalls wirkungsvoll, solange sie aufrichtig und spezifisch sind. Positive Interaktionen, die Wärme und Aufmerksamkeit signalisieren, schaffen eine günstige Atmosphäre.

Kundenreferenzen, Testimonials und Fallstudien vermitteln Sicherheit, sind ein sozialer Beweis, der die Angst vor einer neuen Verpflichtung reduziert. Wenn deine Zielgruppe sieht, dass andere Kunden positive Erfahrungen gemacht haben, verstärkt dies die Vorstellung, dass sie mit deinem Produkt eine kluge Entscheidung treffen.

Nicht nur das, was wir sagen, ist entscheidend, sondern auch, wie wir es sagen. Nutze die verschiedenen Ebenen menschlicher Kommunikation, um deine Pitch- und Präsentationsfähigkeiten zu verbessern.

Deine Körpersprache sendet starke Signale aus, die deine Worte entweder verstärken oder untergraben. Eine zugewandte Körperhaltung signalisiert Bereitschaft und Offenheit, fördert die Verbindung zum Publikum und baut Vertrauen auf. Achte darauf, dass deine Gesten deine Aussagen unterstützen und nicht von ihnen ablenken.

Einige Beispiele:

- **Augenkontakt halten** festigt die Verbindung zu deinem Publikum und zeigt, dass du sicher und aufrichtig bist.

- **Gezielt eingesetzte Gesten** können wichtige Punkte unterstreichen und die Aufmerksamkeit auf das lenken, was du sagst.

- **Bewahre eine ruhige Haltung** und vermeide nervöse Bewegungen, die Unsicherheit signalisieren könnten.

Deine **Stimme** ist ein mächtiges Werkzeug, um deine Botschaft zu verstärken. Ein dynamischer Stimmgebrauch hält die Aufmerksamkeit des Publikums aufrecht und verbessert das Verständnis. Hier sind einige Tipps:

- **Variiere deine Tonlage**: Eine monotone Stimme kann langweilig wirken. Durch eine variable Tonhöhe und -stärke wirkst du engagierter und interessanter.

- Eine **klare und deutliche Aussprache** hilft, Missverständnisse zu vermeiden und zeigt Professionalität.

- Strategisch platzierte **Pausen** können die Aufmerksamkeit steigern und geben deinem Publikum Zeit, wichtige Punkte zu verdauen.

Visuelle Hilfsmittel können komplexe Informationen auf einen Blick verständlich machen und eine emotionale Verbindung schaffen. Sie sollten jedoch sorgfältig ausgewählt und eingesetzt werden, um die Botschaft zu unterstützen und nicht zu überladen. Jede Folie, jede Grafik oder jedes Video sollte einen klaren Bezug zum Thema haben. Überladene Folien können verwirren und ablenken. Halte sie sauber und auf den Punkt, nutze sie, um eine Geschichte zu erzählen.

Durch den bewussten Einsatz dieser nonverbalen Elemente kannst du eine tiefere und wirkungsvollere Verbindung zu deinem Publikum herstellen. Einen unwiderstehlichen Verkaufspitch kannst du so entwickeln:

Schritt 1: **Deine Zielgruppe verstehen:** Finde heraus, wen du erreichen möchtest.

Schritt 2: **Ein klares Wertversprechen formulieren:** Es definiert, warum ein Kunde gerade dein Produkt wählen sollte. Dieses Versprechen sollte präzise und leicht verständlich sein.

Schritt 3: **Eine packende Einleitung finden**: Das könnte eine überraschende Statistik, eine provokative Frage oder eine kurze Geschichte sein, die dein Publikum neugierig macht und den Zuhörer emotional einbindet.

Schritt 4: **Argumente mit Beweisen untermauern**: Durch konkrete Daten, Fakten oder Kundenbeispiele zeigst du, dass deine Angebote glaubwürdig sind.

Schritt 5: **Zum Handeln auffordern**: Ob es sich um eine Anmeldung für eine Demo, einen Anruf zur weiteren Diskussion oder das Ausfüllen eines Kontaktformulars handelt – dein CTA (Call to Action) muss klar und unmissverständlich sein.

Schritt 6: **Üben, üben, üben**: Probiere deinen Pitch in verschiedenen Szenarien aus, sammle Feedback und passe ihn entsprechend an. Je öfter du deinen Pitch übst, desto selbstbewusster und natürlicher wird er klingen.

KAPITEL 04

Kundenbeziehung und Service

Das Herzstück

In einer Stadt gab es das Café »Herzstück«. Es war nicht das größte in der Stadt, doch es hatte etwas Besonderes: seine treuen Gäste.

Als Emma das Café übernommen hatte, musste sie sich gegen die zahlreichen anderen Cafés behaupten. Sie musste nicht nur guten Kaffee und leckere Kuchen bieten, sondern auch eine Beziehung zu ihren Kunden aufbauen und ihnen das Gefühl geben, dass sie mehr als Gäste waren.

Emma unterhielt sich intensiv mit ihren Kunden. Sie lernte ihre Namen, ihre Vorlieben kennen und sogar ein wenig über ihre Leben. Jeder Besuch im »Herzstück« wurde zu einem persönlichen Erlebnis.

Einmal kam ein Stammgast ins Café und erzählte von seinem bevorstehenden Geburtstag. Emma beschloss, eine Überraschungsparty im Café zu organisieren und backte einen Geburtstagskuchen für ihn. Der Stammgast war gerührt und erzählte allen seinen Freunden davon. Bald darauf kamen viele neue Gäste.

Emma informierte ihre Gäste stets über neue Angebote und Veränderungen im Café. Wenn es einmal ein Problem gab, erklärte sie dies offen und ehrlich. Sie legte auch großen Wert darauf, nur die besten Zutaten zu verwenden und ihre Speisen sorgfältig zuzubereiten.

Mit der Zeit wurde das »Herzstück« zu einem beliebten Treffpunkt in der Stadt.

Diese Geschichte zeigt, wie wichtig es ist, enge und vertrauensvolle Beziehungen zu den Kunden aufzubauen und ihnen einen herausragenden Service zu bieten.

34. FEHLER:
INTRANSPARENTE ANGEBOTE

Unternehmen wenden häufig verschiedene Strategien an, um Informationen vor ihren Kunden zu verbergen oder zu verschleiern. Das kann sich jedoch negativ auf den Verbraucher und somit auch auf dein Business auswirken.

Unternehmen nutzen diese Taktiken unter anderem, damit Kunden mehr zahlen, als andere Anbieter im Vergleich dazu verlangen würden. Sie erhoffen sich höhere Gewinne oder nutzen komplexe Angebote, um Informationen zu verbergen, welche die Kaufentscheidung von Kunden negativ beeinflussen könnten, z. B. versteckte Gebühren oder Klauseln.

Durch das Zurückhalten von Informationen können sie sich Wettbewerbsvorteile verschaffen und Unternehmen, die sich transparent verhalten, benachteiligen oder sogar ganz vom Markt drängen.

In manchen Fällen ermöglichen unzureichende Gesetze intransparente Angebote, ohne dass Unternehmen rechtliche Konsequenzen befürchten müssen.

Erwartest du nicht auch, dass dir transparente Angebote vorgelegt werden, ohne versteckte Kosten oder Bedingungen? Natürlich – denn wie jeder andere auch magst du keine bösen Überraschungen. Eine negative Erfahrung würde deine zukünftigen Kaufentscheidungen stark beeinflussen und du würdest dich in Zukunft für einen anderen Anbieter entscheiden.

Häufig fühlen sich die Kunden getäuscht, wenn sie erst nach Vertragsabschluss mit versteckten Kosten konfrontiert werden.

Intransparente Angebote führen ebenfalls oft dazu, dass ein potenzieller Kunde gar keine Entscheidung trifft. Zumindest keine für dein Unternehmen. Denn wenn Informationen schwer zugänglich sind oder bewusst vorenthalten werden, kann der Kunde keine Entscheidung treffen, die seinen persönlichen Bedürfnissen entspricht.

Zur Stärkung der Verbraucherrechte ist am 28. Mai 2022 die Umsetzung der Richtlinie 2019/2161 (auch Omnibus-Richtlinie genannt) zur besseren Durchsetzung und Modernisierung der Verbraucherschutzvorschriften in Kraft getreten. Diese soll unter anderem mehr Transparenz, besonders im Onlinehandel, schaffen und Kunden vor irreführenden Rabatten schützen.

Hier die wichtigsten Neuerungen auf einen Blick:

> **Hinweis:** Ich bin kein Rechtsanwalt und darf keine Rechtsberatung anbieten. Die folgenden Angaben dienen ausschließlich zu Informationszwecken und sollten deshalb nicht als Ersatz für eine professionelle Rechtsberatung angesehen werden. In rechtlichen Fragen sollte immer ein Rechtsanwalt oder ein qualifizierter Rechtsberater konsultiert werden.

Bei Rabattaktionen ist der niedrigste Preis anzugeben, der mindestens 30 Tage vor der Rabattaktion galt.

Außerdem ist der Anbieter dazu verpflichtet, bei Produktrezensionen und -bewertungen anzugeben, ob diese auf ihre Echtheit überprüft werden. Wenn eine Überprüfung stattfindet, muss darüber informiert werden, auf welche Art dies geschieht.

Verbraucher sind bei bestimmten Wettbewerbsverstößen dazu berechtigt, Anspruch auf Schadenersatz zu erheben. Solche Ansprüche können entstehen, wenn die Notlage von Kunden ausgenutzt oder Waren mit Rabatten beworben werden, obwohl sie tatsächlich nicht in ausreichender Menge vorhanden sind und daher die erwartete Nachfrage nicht befriedigen können.

Auf Online-Marktplätzen muss angegeben werden, ob das Produkt von einem privaten oder einem gewerblichen Anbieter angeboten wird.

Außerdem müssen sich Online-Märkte über den Einfluss der wichtigsten Parameter und ihrer relativen Gewichtung auf die Rangordnung der Suchergebnisse im Klaren sein.

Unternehmen und Anbieter, deren Angebote undurchsichtig sind und die um ihre Preisgestaltung ein großes Geheimnis machen, wirken unauthentisch und somit weniger glaubhaft. Im Folgenden möchte ich dir fünf Maßnahmen für eine transparente Angebotsgestaltung mitgeben:

- **Klare Preisgestaltung**: Gerade im digitalen Zeitalter ist es oft ein Leichtes, Preise und Angebote miteinander zu vergleichen. Stelle sicher, dass die Preisgestaltung in deinen Angeboten nachvollziehbar ist, und vermeide versteckte Kosten. Erkläre, wie genau sich die Kosten und Aufwände zusammensetzen.

- **Detaillierte Produktbeschreibungen**: Biete klare und umfassende Informationen zu deinen Produkten, beispielsweise zu Funktionen, Größe, Farbe oder Verfügbarkeit. Vermittle deinen Kunden eine konkrete Vorstellung von deinem Angebot.

- **Nutzungsbedingungen, Verträge und Garantien**: Verträge müssen in klarer und verständlicher Sprache verfasst sein. Erkläre wichtige Klauseln und Bedingungen, wie Kündigungsansprüche, Garantien und Haftungsbeschränkungen. Informiere über die Rückgaberegelungen. Dies schließt auch die Dauer und Bedingungen für Rückerstattungen oder Ersatzprodukte ein.

- **Referenzen und Bewertungen**: Ehrliche Kundenbewertungen und Referenzen bieten Einblicke in die Erfahrungen mit deinem Angebot. Bitte Kunden aktiv um Feedback und verbessere dein Angebot und die Transparenz, indem du deren Anregungen umsetzt.

- **Offenheit bei Problemen**: Entschuldige dich ehrlich für Fehler und biete Lösungen an, um deine Kunden zu besänftigen.

Wie du siehst, ist Angebotstransparenz ein wertvolles Mittel, um zu erreichen, dass die Kunden sich für deine Produkte entscheiden.

35. FEHLER:
MIT RABATTEN UM SICH WERFEN

Schnäppchenjäger sind immer auf der Suche nach dem besten Deal. Rabattaktionen können zwar kurzfristig die Umsätze steigern, bergen aber auch Risiken und langfristige Folgen für dein Unternehmen.

Die erste bekannte Rabattaktion weltweit wurde bereits im Jahr 1887 von dem US-amerikanischen Unternehmer Asa Candler für seine Firma Coca-Cola gestartet.[23] Candler verteilte Coupons für eine kostenlose Getränkeprobe – ein wichtiger Meilenstein in der Marketinggeschichte und ein wesentlicher Schritt, um Coca-Cola als beliebte Marke zu etablieren. Rabattaktionen sind seitdem zu einem verbreiteten Marketinginstrument geworden.

Rabatte können sowohl zur Neukundengewinnung als auch zur Förderung des Kaufverhaltens deiner Bestandskunden eingesetzt werden. Im Idealfall gelingt dir beides. Die Kaufkraft deiner Kunden wird allgemein gesteigert, da diese durch die niedrigeren Preise eine Kaufentscheidung schneller treffen können. Außerdem kannst du dir mit Rabattaktionen einen Wettbewerbsvorteil verschaffen oder überschüssige Lagerbestände loswerden. Doch sie bringen auch Nachteile mit sich, besonders wenn du sie oft einsetzt.

Deine Rabattangebote werden nicht nur Bestandskunden, sondern auch Neukunden erreichen. Bevor du Rabatte anbietest, solltest du also sorgfältig überlegen, welche zusätzlichen Zielgruppen du ansprechen wirst.

Mit häufigen Rabattaktionen läufst du Gefahr, schwierige Kunden anzulocken, die ständig um Geld feilschen. Überlege dir genau, ob du diese langfristig an dich binden möchtest.

Außerdem besteht die Gefahr, nur einmalige Schnäppchenjäger anzuziehen, die deinem Unternehmen auf lange Sicht eher schaden, als dass du Gewinn aus ihrer Kaufkraft ziehen kannst. Es verbindet sie nichts mit deinem Unternehmen und sie fühlen sich auch nicht verpflichtet, dir treu zu bleiben und regelmäßig zu kaufen. Sie bieten dir daher keinen längerfristigen Mehrwert.

Vor allem Neukundenrabatte locken häufig Kunden an, die durch den Rabatt eine gewisse Erwartungshaltung an dein Unternehmen entwickeln. Gewährst du übermäßig viele Rabatte, läufst du Gefahr, dass diese immer wieder gefordert werden. Deine Kunden könnten außerdem dazu verleitet werden, nur zu kaufen, wenn die Produkte rabattiert sind. Dann kannst du deine Produkte nicht mehr dauerhaft zu deinen regulären Preisen verkaufen und es kommt zu einem Umsatzrückgang außerhalb der Rabattzeiten.

Auch das Image und der wahrgenommene Markenwert können unter einem übermäßigen Rabattangebot leiden. Premiumkunden werden bei Rabatten skeptisch, weil sie typischerweise keine einmaligen Schnäppchenjäger sind. Sie setzen hohe Preise mit einer entsprechend hohen Qualität gleich. Ein Rabatt wirkt wie ein Eingeständnis, dass dein Angebot nicht das von dir verlangte Geld wert ist. Sie werden davon ausgehen, dass die Produktnachfrage niedrig ist und du es nötig hast, deinen Kunden entgegenzukommen, um überhaupt zu verkaufen.

Biete grundsätzlich keine Rabatte an, wenn du deine Produkte im höherpreisigen Segment verkaufen möchtest. Denn Premiumkunden möchten keine Produkte, die sich jeder leisten kann. Die erworbenen Produkte sollen etwas Besonderes sein und sich so auch durch ihren Preis von der Konkurrenz unterscheiden.

Die falsche Rabattpolitik kann eine Abwärtsspirale zur Folge haben, aus der es kein Entkommen mehr gibt. Schnell kannst du dich mit anderen Unternehmen in einem **Preiskampf** befinden, in dem ihr euch immer weiter unterbieten müsst. Das kann die Rentabilität der ganzen Branche schädigen.

Durch niedrige Verkaufspreise schrumpft auch deine Gewinnspanne. Das wird problematisch, wenn die finanziellen Verluste nicht anderweitig wieder aufgefangen werden können. Großzügige Rabatte stellen also eine **finanzielle Belastung** dar, wenn sie nicht strategisch geplant und gesteuert werden. Sie erschweren außerdem die Preiskontrolle und beeinträchtigen die Konsistenz der Preisgestaltung.

Häufige Rabatte können von Kunden leicht **missbraucht** werden, wenn diese deine Rabatte überbeanspruchen oder Gutscheine miteinander kombinieren. Ebenso könnten andere Anbieter die zu einem reduzierten Preis erworbenen Artikel später zum Originalpreis weiterverkaufen, was deine Profitabilität beeinträchtigt.

Denke immer daran: Du hast deine Preise sachlich begründet kalkuliert – halte daran fest. Rabattaktionen sollten keinesfalls unbegründet oder in einem übertriebenen Maße organisiert werden. Biete sie nur an, wenn du wirklich einen Vorteil daraus ziehen kannst, sie deine langfristigen Ziele unterstützen und keine nachteiligen Auswirkungen auf die Rentabilität und das Unternehmensimage haben. Die Wahl der richtigen Rabattart hängt von den Unternehmenszielen ab. Hier sind einige der gängigsten Arten:

- **Mengenrabatte** sind Rabatte auf den Gesamtpreis, die ab einer bestimmten Stückzahl oder Menge angeboten werden.

- **Saisonale Rabatte** sind Ermäßigungen zu bestimmten Jahreszeiten oder Feiertagen.

- Für **Treuerabatte** sammeln Stammkunden Punkte oder Prämien, die sie später gegen Rabatte oder kostenlose Produkte eintauschen können. Langjährige Kunden können auch einen Treuebonus erhalten.

- **Sonderrabatte** sind Vergünstigungen, die Mitarbeitern, Neukunden oder bestimmten Personengruppen wie Vereinsmitgliedern, Studenten oder Schülern gewährt werden.

Rechtlicher Exkurs: Mit Rabatten locken

> **Hinweis:** Ich bin kein Rechtsanwalt und darf keine Rechtsberatung anbieten. Die folgenden Ausführungen dienen lediglich der Information. Sie sollten daher nicht als Ersatz für eine professionelle Rechtsberatung angesehen werden. In Rechtsfragen sollte immer ein Rechtsanwalt oder ein qualifizierter Rechtsberater konsultiert werden.

Der Schadenersatzanspruch der Omnibus-Richtlinie gilt auch für Rabattaktionen, da diese häufig als Lockmittel eingesetzt werden, um möglichst viele Kunden zu gewinnen. Allerdings kommt es vor, dass die erwartete hohe Nachfrage die tatsächlichen Lagerbestände übersteigt, sodass viele Interessenten leer ausgehen. Dies führt häufig zu Verärgerung bei den Kunden und gilt rechtlich als Irreführung. Aus diesem Grund kennzeichnen Unternehmen ihre Angebote häufig mit dem Hinweis »solange der Vorrat reicht«.

Aus rechtlicher Sicht reicht der Hinweis »solange der Vorrat reicht« nicht aus. Händler sind verpflichtet, einen ausreichenden Vorrat zum Angebot für einen bestimmten Zeitraum zu gewährleisten. Um Kunden nicht in die Irre zu führen, kannst du die Verfügbarkeit, die Menge oder die zeitliche Begrenzung des Angebots angeben. Generell gilt: Je klarer kommuniziert wird, desto größer ist die Rechtssicherheit für dein Unternehmen. Hier sind fünf Tipps für gelungene Rabattaktionen:

- **Exklusivität**: Rabatte sollten nicht für jeden zu jeder Zeit zugänglich sein, sonst verlieren sie schnell an Attraktivität. Biete sie beispielsweise nur registrierten Kunden für eine stärkere Kundenbindung und Zufriedenheit an. Ihre Wertschätzung gegenüber deinen Produkten steigt und sie empfehlen dich weiter.

- **Nur begründete Rabatte anbieten**: Verknüpfe Rabatte mit besonderen Ereignissen. So kannst du deine Kosten besser kontrollieren und sicherstellen, dass nur qualifizierte Kunden, die den Rabatt schätzen, von diesem profitieren.

- **Klare Kommunikation**: Teile deinen Kunden mit, welche deiner Angebote sie günstiger erwerben können, und grenze diese klar von deinen anderen Produkten ab. So beugst du Missverständnissen vor. Dadurch werden die Kunden deine Angebote besser verstehen.

- **Zeitliche Begrenzung des Rabattes**: Dadurch wird bei deinen Kunden ein Gefühl der Dringlichkeit erzeugt. Sie müssen dein Angebot jetzt in Anspruch nehmen und verpassen ansonsten eine einmalige Möglichkeit. Sie treffen schnellere Entscheidungen und du verschaffst dir einen Wettbewerbsvorteil.

- **Die Höhe des Rabattes genau kalkulieren**: Weiche keinesfalls zu weit vom Ursprungspreis deines Angebots ab. Ansonsten zweifeln die Kunden am Originalpreis und wundern sich darüber, dass du auf einmal für viel weniger Geld anbieten kannst. Setze den rabattierten Preis also unbedingt in ein begründetes Verhältnis zu dem Ursprungspreis, damit Kunden deine Integrität nicht infrage stellen. Außerdem hilft genaue Kalkulation bei der Planung von Verkaufsprognosen und bei der Kostenkontrolle.

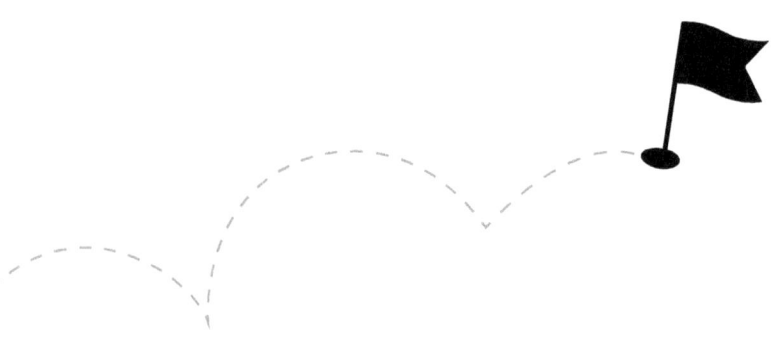

36. FEHLER:
DER BUZZWORD-OVERKILL

Proximity-Marketing. Gated Content. Blockchain. No-Brainer. Big Data. Du siehst den Wald vor lauter Bäumen nicht mehr? Buzzwords können in der Geschäftswelt ein nützliches Instrument der Unternehmenskommunikation sein; ihr übermäßiger Einsatz ist jedoch problematisch und hat oft eher negative Auswirkungen auf dein Unternehmen.

Buzzwords sind modische Schlagworte oder kurze Phrasen, die unter anderem in Gesprächen, im Marketing und in den Medien oft verwendet werden. Häufig sind es englische Wörter, Abkürzungen oder Neologismen, die zur Beschreibung eines neuen Konzepts oder einer neuen Technologie verwendet werden. Sie sollen in erster Linie Aufmerksamkeit erregen oder einen bleibenden Eindruck bei ihren Rezipienten hinterlassen. Buzzwords können in verschiedenen Bereichen auftauchen. Hier sind einige der häufigsten Quellen:

- **Branchentrends** (»Digitalisierung«, »E-Commerce«)

- **Technologische Entwicklungen** erfordern häufig spezielle Terminologien (»Blockchain«, »AI«).

- **Marketing**, um Produkte zu bewerben und Aufmerksamkeit zu erregen (»Conversion«, »Awareness«).

- **Management und Unternehmensberatung**, um Strategien und Unternehmensprozesse zu beschreiben (»Agilität«, »Disruption«).

- **Soziologie und Politik** (»Fake News«, »Gendern«)

- **Popkultur und Medien** bringen Begriffe, die unter anderem in Filmen, Sendungen, Büchern oder sozialen Medien verwendet werden, in den allgemeinen Sprachgebrauch (»Influencer«, »Boomer«).

Buzzwords können helfen, aktuelle Trends zu identifizieren und verständlich zu machen. Durch ihre übermäßige Anwendung geht die jeweilige Kernbotschaft jedoch schnell verloren, da die Flut an abstrakten Formulierungen die eigentliche Aussage zunehmend verkompliziert. Nicht selten werden Buzzwords außerdem aus anderen einflussreichen Ländern (Beispiel: USA) und von den Weltmärkten übernommen, ohne deren ursprünglichen Kontext zu hinterfragen. Viele Begrifflichkeiten lassen sich nur bedingt auf die deutsche Businesskommunikation anwenden.

Wer Buzzwords exzessiv verwendet, nutzt sie zudem häufig zur Selbstinszenierung. Dabei können sie sich schnell als leere Floskeln und in die Irre führende Schlagworte entpuppen. Du solltest dir also bewusst sein, wie und warum du Buzzwords einsetzt, damit deine Unternehmenskommunikation klar und authentisch bleibt.

Achte bei Buzzwords darauf, dass sie für deine Zielgruppe verständlich sind und eine klare Markenbotschaft untermauern. Sind sie zu abstrakt oder branchenspezifisch, könnte deine Botschaft missverstanden werden. Achte außerdem auch auf den richtigen Kontext.

Um dich von der Masse abzuheben, solltest du Buzzwords kreativ einsetzen. Unpassender Buzzword-Gebrauch kann schnell langweilen. Verwende sie sparsam und gezielt, um Kunden nicht zu irritieren.

Verwende Buzzwords, die sich an deiner Kundschaft orientieren und ihre Bedürfnisse ansprechen. Beobachte auch die Reaktion deiner Zielgruppen und passe deine Kommunikation gegebenenfalls an. Sorge ebenfalls dafür, dass die von dir verwendeten Schlagworte die Unternehmenskultur widerspiegeln. Überprüfe zudem die Aktualität und Relevanz der von dir verwendeten Buzzwords, informiere dich über aktuelle Trends und Begriffe. Wörterbücher, Webseiten, Zeitschriften sowie branchenspezifische Medien und Foren können dir dabei helfen. Statt der Buzzwords kannst du auch eine einfache Sprache und Synonyme verwenden, um Missverständnisse zu vermeiden.

37. FEHLER:
UNZUREICHENDES ONBOARDING VON NEUKUNDEN

Du hast einen effektiven Weg zur Kundengewinnung gefunden? Wunderbar! Eine wirksame Kundenakquise ist allerdings nur die halbe Miete: Anschließend gilt es, die Kunden langfristig zu binden. Ein gutes Onboarding legt dabei den Grundstein für eine erfolgreiche Kundenbeziehung. Entsprechend kann sich ein mangelhaftes Onboarding fatal auf den Erfolg deines Unternehmens auswirken, denn du läufst Gefahr, Neukunden direkt wieder zu verlieren.

Laut einer Studie von Precursive[24] betrachten 82 % aller Unternehmen ihren Onboarding-Ansatz als wichtige Schlüsselkomponente für den Kundenerfolg. Zugleich sind laut einer weiteren Studie von Wyzowl[25] über 90 % unterschiedlicher Kunden der Meinung, dass Unternehmen, bei denen sie Produkte erwerben, beim Onboarding besser abschneiden könnten. Sogar mehr als die Hälfte aller Befragten gaben an, bereits ein Produkt zurückgegeben zu haben, weil sie dessen Verwendungsweise und Funktion nicht vollständig verstanden haben, was auf fehlende Informationen und schlechte Onboarding-Prozesse zurückzuführen ist. Der Zusammenhang zwischen schlechter Kundenbindung durch schlechtes Onboarding und Kundenabwanderung ist daher nicht von der Hand zu weisen. Die Kundentreue wird unter anderem durch Faktoren wie Erfahrung, Transparenz, Zugänglichkeit und Betreuung vor dem Erwerb eines Produkts, aber auch danach, beeinflusst.

Ein gut durchdachtes Onboarding stellt sicher, dass du ohne Missverständnisse mit deiner Zielgruppe kommunizieren kannst und ihre Bedürfnisse zufriedenstellst. Deine Kunden fühlen sich gut aufgehoben. Sie bewegen sich aber in einem kontinuierlichen Prozess, in dem sie von dir betreut werden und so langsam Vertrauen zu dir aufbauen. Stell es dir so vor: Deine Kunden befinden sich von Anfang an auf einer Art Reise in deinem Unternehmen, der sogenannten Customer Journey. Auf dieser Reise durchlaufen sie fünf Phasen:

1. **Attention (Aufmerksamkeitsphase):** Erzeugung von Aufmerksamkeit, um potenzielle Kunden anzusprechen.

2. **Interest (Überlegungsphase):** Wecken von Interesse und einem Bedürfnis. Der Interessent informiert sich über das Angebot und vergleicht dieses. Dabei gilt es, nützliche Informationen bereitzustellen, die ihn von deinem Unternehmen überzeugen.

3. **Acquisition (Entscheidungsphase):** Der Neukunde ist überzeugt und möchte dein Angebot erwerben – und das möglichst schnell und unkompliziert. Dein Kunde nimmt also den ersten Kontakt auf, bei einer guten Erfahrung kommt es zum Kauf. Für ein positives Erlebnis sind unter anderem eine gute Beratung, detaillierte Informationen und Bewertungen des Angebots ausschlaggebend.

4. **Service (Servicephase):** Hier werden erste Erfahrungswerte gesammelt, die von der Angebotsqualität, aber auch anderen Faktoren wie der Lieferzeit oder dem Kundenservice beeinflusst werden. Hier stellt sich die Frage, ob die Kundenerwartungen erfüllt oder sogar übertroffen werden. Ebenso muss die

Kundenbeziehung gepflegt werden. In dieser Phase spielt das Onboarding eine wichtige Rolle.

5. **Loyalty (Promoterphase):** Nun teilt dein Kunde seine Erfahrungen mit Außenstehenden. Idealerweise ist er von deinem Produkt überzeugt und empfiehlt es weiter.

Das Kundenerlebnis geht also über den Produktkauf hinaus. Im Idealfall entsteht ein Kreislauf, der die Kundenbeziehung stärkt. Natürlich solltest du die Customer Journey an deine Unternehmensstrategie und jeden Kunden anpassen. Hier interessieren wir uns besonders für die Entscheidungs- und die Servicephase, in denen ein erfolgreiches Kunden-Onboarding entscheidend ist.

Gutes Onboarding hilft dir auch, potenzielle Hindernisse während der Customer Journey zu identifizieren und zu beseitigen. Das kann unter anderem bedeuten, dass Anleitungen klarer formuliert, Informationen transparenter wiedergegeben, Funktionen verbessert oder Supportdienste optimiert werden müssen. So kannst du die Customer Journey fortlaufend optimieren und die Zufriedenheit deiner Kunden steigern. Onboarding ist somit eine fortlaufende Strategie, die über den ersten Kontakt hinausgeht. Dabei ist es wichtig, dass du einen Plan entwickelst, der verschiedene Aspekte wie Transparenz, guten Support und Datenerhebung umfasst.

Eine Checkliste kann nützlich sein, damit kein wichtiger Prozessschritt übersehen wird:

1. **Verstehe die Kundenbedürfnisse:** Dies kannst du durch Umfragen, Interviews oder Marktanalysen erreichen. Was erwarten deine Kunden vom Onboarding-Prozess?

2. **Analysiere den bestehenden Prozess:** Identifiziere Verbesserungsmöglichkeiten, etwa durch Kundenfeedback, die Bewertung der Zeitdauer für ein-

zelne Onboarding-Schritte oder die Betrachtung der Kundenabwanderungsrate während des Onboardings.

3. **Definiere Zielsetzungen:** Basierend auf den gewonnenen Einsichten könnten das eine schnellere Bearbeitungszeit, eine höhere Kundenzufriedenheit oder eine verbesserte Kundenbindung sein.

4. **Entwickle den Prozess:** Erstelle einen detaillierten Plan für konkrete Schritte wie die Begrüßung neuer Kunden, die Bereitstellung notwendiger Informationen und Ressourcen, regelmäßige Check-ins und Unterstützung während der ersten Nutzungsphase.

5. **Setze Technologie und Ressourcen ein:** Dies umfasst z. B. CRM-Systeme, automatisierte E-Mail-Sequenzen oder Online-Tutorials.

6. **Schule die Mitarbeiter**: Sie sollten mit dem neuen Prozess vertraut sein, um die Kunden bestmöglich unterstützen zu können.

7. **Überwache den Prozess**: Sammle Feedback von Kunden und Mitarbeitern, um den Onboarding-Prozess bei Bedarf anzupassen und zu verbessern. So stellst du sicher, dass er den sich ändernden Bedürfnissen der Kunden und des Marktes gerecht wird.

Hier ist ein Beispiel, wie du den Prozess strukturieren könntest:

Willkommensphase:
- Versende eine persönliche Willkommens-E-Mail oder ein Willkommenspaket.
- Unterstütze bei der Einrichtung des Kundenaccounts.

Informationsbereitstellung:
- Stelle sicher, dass der Kunde alle notwendigen Informationen über das Produkt oder den Service erhält.
- Biete Zugang zu Benutzerhandbüchern, FAQs, Tutorials oder Webinaren.

Einführungsphase:
- Führe ein Einführungsgespräch via Telefon oder organisiere ein Online-Meeting, um die Kundenbedürfnisse und -ziele zu besprechen.
- Biete eine individuelle Beratung an, um dem Kunden zu helfen, das Beste aus dem Produkt oder Service herauszuholen.

Unterstützung und Training:
- Organisiere Schulungen für Kunden, um eine effiziente Nutzung des Produktes oder Services zu gewährleisten.
- Biete regelmäßige Check-ins an, um Fragen zu beantworten.

Feedback und Anpassung:
- Hole Feedback zum Onboarding-Prozess und zur Nutzung des Produkts oder Services ein.
- Nutze das Feedback, um den Onboarding-Prozess und das Produkt kontinuierlich zu verbessern.

Integration und Engagement:
- Lade den Kunden ein, Teil der Community zu werden, z. B. durch Foren, Nutzergruppen oder soziale Medien.
- Informiere über zusätzliche Produkte, Dienstleistungen oder Sonderaktionen. Sprich den Kunden an, wenn es Erneuerungen oder Up-Selling-Möglichkeiten gibt.

Passe diese Liste der Strategie und den individuellen Unternehmenszielen und -werten an und erweitere sie entsprechend. Denn der Schlüssel zu einem erfolgreichen Onboarding-Prozess ist die personalisierte, kundenorientierte Herangehensweise, die dem Kunden einen reibungslosen Einstieg und langfristigen Erfolg mit deinem Produkt ermöglicht.

38. FEHLER:
UNZUREICHENDE KUNDEN-KOMMUNIKATION UND TRANSPARENZ

Schlechte Erreichbarkeit, mangelhafter Service, unzureichende Beratung, wenig Informationen und fehlende Transparenz sind Probleme, mit denen Kunden immer wieder zu kämpfen haben. Diese lassen sich mithilfe durchdachter Kommunikationsstrategien leicht lösen. Ich kann es nicht oft genug sagen: Vertrauen ist die Basis deiner Geschäfte. Das Kundenvertrauen hängt von deiner Offenheit und der richtigen Kommunikation ab. Wenn du nicht transparent mit deiner Zielgruppe kommunizierst, werden sich deine Kunden die gewünschten Informationen wahrscheinlich woanders besorgen. Dies kann dazu führen, dass Kunden sich von der Konkurrenz abwerben lassen. Das kannst du mit diesen neun Schritten vermeiden:

1. **Den Zweck bestimmen**: Sei dir im Klaren darüber, warum du deinen Kunden kontaktierst. Möchtest du ihn mit wichtigen Informationen auf dem Laufenden halten, Feedback einholen oder ein Angebot unterbreiten? Stelle bei der Formulierung deiner Botschaft den Kommunikationszweck in den Fokus.

2. **Eine Kommunikationsmethode wählen**: Lege fest, wie du deine Zielgruppe erreichen möchtest, per E-Mail, Chat, Telefon, Video oder über ein Webportal. Stelle sicher, dass die verwendete Kommunikationsmethode mit derjenigen übereinstimmt, die dein Kunde gewählt hat.

3. **Klar kommunizieren**: Versorge deinen Kundenkreis mit verständlichen Informationen über dein Unternehmen. Dazu gehören Herkunft, Produktionsverfahren und Produktqualität. Sprich offen über deine Unternehmenswerte, Ziele und Strategien. Die Kommunikation sollte in regelmäßigen Abständen erfolgen.

4. **Preise transparent gestalten**: Vermeide versteckte Kosten in deinen Angeboten. Erkläre deine Preisgestaltung und ihre Hintergründe. Stelle transparente Produktdetails zur Verfügung.

5. **Service und Support sichern**: Stelle sicher, dass deine Zielgruppe deinen Kundensupport leicht erreichen kann, um Probleme zu klären. Wickle Kundenanfragen so schnell und transparent wie möglich ab. Solltest du keine regelmäßige Erreichbarkeit garantieren können, kannst du alternativ entsprechende Sprechzeiten einrichten.

6. **Über Datenschutz und Sicherheit informieren**: Kläre deine Kunden darüber auf, wie dein Unternehmen mit ihren Daten umgeht und welche konkreten Sicherheitsmaßnahmen du zur Sicherung ihrer Daten einrichtest. Diese Informationen sollten leicht zugänglich und einfach formuliert sein. Der Grundsatz der Transparenz über Datenschutz und den Schutz personenbezogener Daten ist unter anderem auch in Art. 5 des DSGVO[26] und Art. 8 Abs. 2 der GRCh[27] verankert. Es ist wichtig, dass du dich ausreichend über das Thema Datenschutz und Sicherheit informierst.

7. **Verantwortlich und ethisch handeln**: Kommuniziere die Bemühungen deines Unternehmens zu Umwelt- und Nachhaltigkeitsthemen und informiere deine Zielgruppe über den Umgang mit ethischen Herausforderungen. Berichte über alle großen und kleinen Fortschritte.

8. **Feedback einfordern**: Ermutige deine Kunden durch Umfragen, ihre Ideen und Anliegen aktiv mit einzubringen. So schaffst du die Basis für gegenseitiges Vertrauen und optimierst dein Unternehmen.

9. **Optimieren**: Eine regelmäßige Überprüfung und Anpassung der Transparenzmaßnahmen ist wichtig, um Bedürfnis- und Erwartungsänderungen deiner Kunden gerecht zu werden.

39. FEHLER:
PASSIVITÄT STATT PROAKTIVITÄT

Erfolgreiche Unternehmen gehen proaktiv auf ihre Kunden zu. Passivität hingegen kann sich negativ auf Unternehmensentwicklung und -image auswirken.

> »FABRUM ESSE SUAE QUEMQUE FORTUNAE«
> »JEDER IST SEINES GLÜCKES SCHMIED.«

Diese Lebensweisheit des römischen Konsuls Appius Claudius Caecus (307 und 296 v. Chr.) ist wohl jedem bekannt. Wer proaktiv vorgeht, handelt auf eigene Initiative, souverän und zukunftsorientiert. Proaktive Menschen vertreten ihre Interessen mit Engagement und aus eigener Motivation. Dies kann im privaten und im beruflichen Alltag von großem Nutzen sein.

Beim reaktiven Kundenengagement reagieren Unternehmen erst im Nachhinein auf verschiedene Kundenanfragen oder Beschwerden. Das proaktive Kundenengagement hingegen ist kunden- und zukunftsorientiert: Unternehmen analysieren die Kundenbedürfnisse und kommunizieren wichtige Informationen bereits im Vorfeld.

Kunden möchten gut durch die Zusammenarbeit geführt und regelmäßig über Fortschritte informiert werden. So entwickelt deine Zielgruppe Vertrauen. Suche also in regelmäßigen Abständen selbst den Dialog mit deinen Kunden. Durch Eigeninitiative hinterlässt du einen positiven Eindruck und kannst möglicherweise sogar ihre Erwartungen übertreffen. Hier sind einige Tipps, wie du proaktiv auf deine Kunden zugehen kannst:

- **Organisiere regelmäßige Jours fixes**, um deine Kunden über den aktuellen Stand eines Projekts und zukünftige Arbeitsschritte auf dem Laufenden zu halten. So kannst du die Erwartungshaltung deiner Zielgruppe steuern.

- **Biete ein gut strukturiertes Onboarding-Programm** und passe es an die jeweiligen Kundenbedürfnisse an.

- **Arbeite an neuen Ideen**, um deine Kunden positiv zu überraschen und ihre Erwartungen zu übertreffen.

- **Kommuniziere Fortschritte** oder aktuelle Entwicklungen bei der Zusammenarbeit transparent.

- **Nutze verschiedene Kommunikationskanäle**, um den Kundenkontakt zu halten. Dafür stehen dir unter anderem E-Mails, Chatforen oder Newsletter zur Verfügung.

- **Personalisiere Interaktionen** entsprechend den Bedürfnissen und Präferenzen deiner Kunden. Überzeuge mit personalisierten Angeboten, Empfehlungen, Kundenveranstaltungen oder exklusiven Workshops.

Proaktive Mitarbeiter geben neue Denkanstöße, tragen zur Weiterentwicklung des Unternehmens bei und sind leistungsfähiger. Um Proaktivität bei deinen Mitarbeitern zu erreichen, erfordert es eine positive Unternehmenskultur, klare

Kommunikation und Motivation für eigenständiges Handeln. Du kannst dafür verschiedene Maßnahmen ergreifen:

- **Eine klare Unternehmensvision**: Eine klare Zielsetzung schafft Orientierung und Verständnis. Sie motiviert gleichzeitig deine Mitarbeiter, proaktiv zur Zielerreichung beizutragen.

- **Verantwortungsbewusstsein stärken**: Delegiere Aufgaben an deine Mitarbeiter und ermögliche ihnen eigenverantwortliches Handeln.

- **Offene Kommunikation**: Wenn Mitarbeiter konstruktive Kritik äußern können, fördert das die Bereitschaft zur kontinuierlichen Verbesserung. Sie werden ermutigt, eigene Ideen einzubringen und Lösungen vorzuschlagen.

- **Mitarbeiter schulen**

Oft haben proaktive Menschen am Ende eines arbeitsreichen Tages viel mehr Zeit, um bestimmte Schwierigkeiten zu überwinden. Auch die Leistung des Teams ist durch Proaktivität deutlich höher als in passiv agierenden Unternehmen, da die Mitarbeiter Aufgaben zielstrebiger angehen.

Jede Entwicklung bietet neue Gelegenheiten für Innovation und Fortschritt. Es können neue Konzepte, Ideen und Technologien entstehen, um die sich wandelnden Herausforderungen erfolgreich zu meistern. Durch zukunftsorientiertes Handeln kann sich dein Unternehmen besser auf Hindernisse vorbereiten und die Zukunft aktiv mitgestalten. Du kannst Folgendes tun, um dein Unternehmen proaktiv zu führen:

- **Veränderungen verfolgen**: Beobachte das aktuelle politische, soziale und ökologische Weltgeschehen genau und überlege, welche Konsequenzen daraus für dein Unternehmen entstehen können.

- **Kundenanalysen durchführen**: Die Marktforschung hilft dir, die Zielgruppeninteressen und -bedürfnisse zu verstehen und im Voraus zu erkennen. Entwickle basierend auf deinen Erkenntnissen proaktiv Lösungen, um den Kundenerwartungen gerecht zu werden.

- **Maßnahmen**: Identifiziere potenzielle Hindernisse und ergreife vorbeugende Maßnahmen. Das können klare Anweisungen oder eine ausführliche Informationsvermittlung sein.

Die aktive Suche nach Verbesserungspotenzial, das Eingehen auf Kundenbedürfnisse und die Anpassung an Veränderungen helfen dir dabei, deine Unternehmensziele schneller zu erreichen.

40. FEHLER:
AUF KUNDENBESCHWERDEN FALSCH REAGIEREN

Kundenbeschwerden sind ein fester Bestandteil des Geschäftslebens, unabhängig von der Qualität des Managements oder dem Unternehmenserfolg. Unternehmen neigen dazu, sie als lästige Hindernisse zu betrachten. Der erste Impuls ist oft Widerstand gegen das, was als Angriff auf das Unternehmen empfunden wird. Doch wer mit negativen Reaktionen professionell umgeht, kann einen nachhaltig positiven Eindruck hinterlassen. Denn jede Kritik birgt ein Optimierungspotenzial, um das Kundenerlebnis zu verbessern. Die Art und Weise der Reaktion auf Kundenbeschwerden macht den Unterschied zwischen Kundenbindung und Kundenverlust aus. Die folgenden fünf Schritte solltest du dabei unbedingt befolgen:

1. **Bleibe professionell und höflich**, entschuldige dich für tatsächliche Versäumnisse und lass dich nicht zu langen Ausflüchten hinreißen. Kunden können sehr emotional reagieren; gerade deshalb solltest du ruhig und sachlich antworten.

2. **Nimm Kundenbeschwerden ernst**, höre aufmerksam zu, zeige Feingefühl und Verständnis, stelle Fragen und mache dir dazu Notizen. Durch guten Service fühlen sich deine Kunde verstanden und gut beraten.

3. **Liefere Lösungen**, bearbeite Beschwerden zeitnah und erkläre den Lösungsvorgang. Wenn nötig, leite die Beschwerde an eine kompetente Ansprechperson weiter. Gibt es keine direkte Lösung, können Alternativen oder Entschädigungen angeboten werden. Das mag im ersten Moment aus finanzieller Sicht keine gute Lösung sein, jedoch wirkt sich dies langfristig positiv auf das Verhältnis zu deinem Kunden aus.

4. **Bleibe transparent**, indem du wichtige Informationen gibst und den weiteren Ablauf der Lösungsbearbeitung erklärst. Bei längerer Bearbeitungsdauer sollten regelmäßig Rückmeldungen erfolgen, damit der Kunde weiß, dass sein Anliegen nicht vergessen wurde.

5. **Hole im Anschluss an ein Beratungsgespräch Feedback ein**: Hast du das Anliegen gut gelöst? Ist dein Kunde zufrieden? So weißt du, wie du zukünftig noch besser reagieren kannst.

Achte auf deine Formulierungen und deine Wortwahl, auch dann, wenn dein Kunde emotional aufgeladen zu sein scheint. Nimm die Aussagen deiner Kunden nicht persönlich, bleibe sachlich und professionell. Folgende Formulierungsansätze können dir dabei helfen:

❌ »Sie sollten …«
✓ »Wir würden Sie bitten …«

❌ »Das können wir so nicht machen.«
✓ »Das können wir Ihnen so leider nicht anbieten. Allerdings können wir Ihnen folgende Optionen/Möglichkeiten zur Wahl stellen …«

❌ »Da kann ich Ihnen leider nicht helfen, dafür bin ich nicht zuständig.«
✓ »Ich leite das Problem sofort an die zuständigen Kollegen weiter, damit Ihnen so schnell wie möglich geholfen wird.«

❌ »Ich kann leider nichts für Sie tun.«
✓ »Ich verstehe Ihre Unzufriedenheit und werde sehen, was ich für Sie tun kann.«

❌ »Das kann nicht sein.«
✓ »Ich bedaure sehr, dass Sie eine solche Erfahrung machen mussten. Wir möchten unsere Kunden immer vollkommen zufriedenstellen.«

❌ »Da haben wir wohl einen Fehler gemacht.«
✓ »Vielen Dank, dass Sie uns auf diesen Fehler aufmerksam gemacht haben. Wir werden uns schnellstmöglich darum kümmern.«

Beschwerden werden nicht nur persönlich beim Support-Team geäußert, sondern auch auf anderen öffentlichen Kanälen. Deshalb solltest du Onlinebewertungsportale sorgfältig durchforsten und negative Bewertungen umgehend öffentlich beantworten. So zeigst du, dass dir die Anliegen deiner Kunden wichtig sind.

Tipp: Es lohnt sich, auf positive Bewertungen zu antworten. Potenzielle Kunden können sich so ein Bild davon machen, in welchem Ton dein Unternehmen kommuniziert und welchen Kundenumgang es pflegt. Außerdem zeigst du deinen Kunden Dankbarkeit und Wertschätzung, wenn du dir die Zeit nimmst, ihnen zu antworten.

Natürlich ist es bei negativem Feedback trotzdem immer wichtig, konstruktive Kritik von einer irrationalen oder überzogenen Beschwerde zu unterscheiden. Bewertungsplattformen werden leider oft von Menschen ausgenutzt, um ihrem Ärger Luft zu machen. Es gibt auch Konkurrenten, die gefälschte negative Bewertungen abgeben. Nicht immer wird bei einer neuen Bewertung geprüft, ob es sich dabei um einen tatsächlichen Kunden handelt. Daher ist es auch sinnvoll, Bewertungen auf Falschaussagen zu überprüfen oder auf Verstöße gegen die Nutzungsrichtlinien, wie z. B. bei Beleidigungen. In diesem Fall kann ein Kommentar gemeldet und gegebenenfalls gelöscht werden.

41. FEHLER:
ABHÄNGIGKEIT VON EINZELNEN KUNDEN

Beim Poker setzt man selten alles auf eine Karte. Warum also im Geschäftsleben? Immer wieder fordern Unternehmen das Schicksal heraus, indem sie sich auf wenige oder gar einen einzigen Kunden verlassen. In völliger Abhängigkeit von diesem einen Kunden gehen sie das volle Risiko ein und setzen alles aufs Spiel. Nicht nur kleine und mittelständige Unternehmen, sondern auch große, weltbekannte Unternehmen können in diese Falle tappen. Hier sind drei Fallbeispiele:

Blackberry war einst führend im Markt für mobile Kommunikation, insbesondere im Geschäftskundenbereich. Sein Smartphone wurde von vielen Unternehmen wegen seiner Sicherheitsfunktionen und E-Mail-Integration bevorzugt. Allerdings war Blackberry stark von Unternehmenskunden abhängig. Als diese begannen, auf iPhones und Android-Geräte umzusteigen, und die Verbrauchernachfrage zurückging, erlitt Blackberry einen starken Umsatzrückgang und ging in Konkurs.

Ryanair, eine der größten europäischen Billigfluggesellschaften, war lange Zeit wichtiger Kunde von Boeing und betrieb eine Flotte von Boeing 737-Flugzeugen. Jedoch entschied Ryanair im Jahr 2019, eine Bestellung für weitere Boeing-Flugzeuge zu stornieren und stattdessen Flugzeuge des Konkurrenten Airbus zu bestellen. Dieser Verlust eines wichtigen Kunden traf Boeing hart und führte zu einem erheblichen Einnahmenrückgang in diesem Segment.

GT Advanced Technologies (GTAT) war einst ein führender Hersteller von Saphirglas, das in verschiedenen Hightech-Produkten wie Smartphones und Uhren verbaut wurde. Das Unternehmen hatte einen exklusiven Liefervertrag mit Apple geschlossen, um Saphirglas für die Herstellung von iPhone-Displays zu liefern. Der Vertrag mit Apple war sehr lukrativ und machte einen Großteil des Umsatzes aus. Doch als GTAT die Produktionsziele von Apple nicht erfüllen konnte und Qualitätsschwierigkeiten auftraten, kündigte Apple den Liefervertrag und GTAT geriet daraufhin in finanzielle Schwierigkeiten. Das Unternehmen musste Insolvenz anmelden.

Dein Unternehmen kann grundsätzlich Risiken vermeiden, indem es sich nicht zu sehr auf einzelne Kunden verlässt und sich durch Diversifikation nicht von ihnen abhängig macht. Deshalb ist es wichtig, dass du in deinem Unternehmen möglichst agil bleibst, um deine Handlungsfähigkeit nicht zu gefährden und bei Problemen rechtzeitig reagieren zu können. Dazu gehört auch, dass du dich regelmäßig mit der Arbeitsweise und der Strategie deines Unternehmens auseinandersetzt. Frage dich:

- In welchen Unternehmensbereichen bestehen Abhängigkeiten?
- Welche Risiken bergen diese?
- Was kann ich tun, um mich von diesen zu befreien?

Die Lösung: ein ausgewogenes Verhältnis von großen und kleinen Kunden, Kunden verschiedener Branchen sowie Kunden unterschiedlicher Bedürfnisse und Ansprüche, ein Gleichgewicht zwischen einer starken Kundenbindung und einer breiten Kundenbasis. Dabei gibt es einige Faktoren und Methoden zu beachten:

Ein **Kundenportfoliomanagement** kann dir dabei helfen, deine Kundenbeziehungen zu untersuchen, zu segmentieren und Strategien zur Kundenbindung und Umsatzsteigerung zu entwickeln. Die **BCG-Matrix** (Boston Consulting Group-Matrix)[28] ist ein Portfolioanalyse-Tool, das Kunden oder Produkte in vier Kategorien einteilt: Stars (Sterne), Question Marks (Fragezeichen), Cash Cows (Geldkühe) und Poor Dogs (Sorgenkinder). Diese Kategorien basieren auf dem relativen Marktanteil und dem Marktwachstum eines Kunden oder Produkts. Diese Matrix ermöglicht es, Ressourcen effektiv zu verteilen und zu entscheiden, wie das Unternehmen mit verschiedenen Kunden oder Produkten umgehen soll.

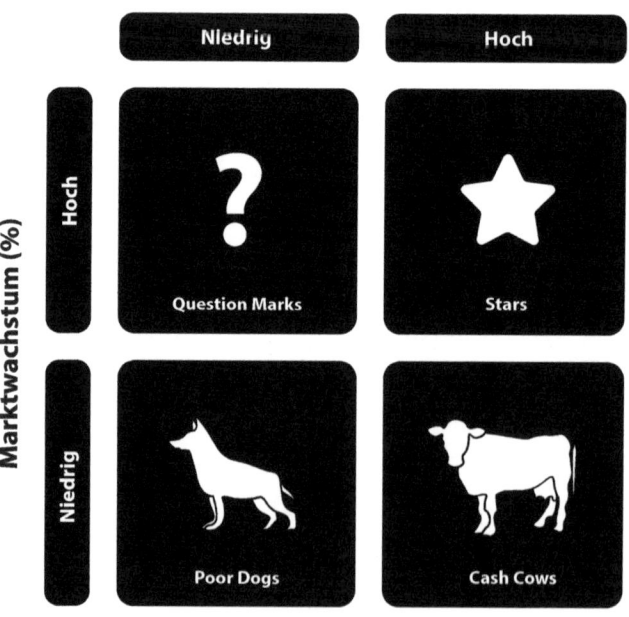

Das **RFM-Modell**[29] ist ein Instrument zur Kundensegmentierung und -bewertung basierend auf ihrem Transaktionsverhalten und steht für Recency (letzte Transaktion), Frequency (Häufigkeit der Transaktionen) und Monetary Value (monetärer Wert der Transaktionen). Dadurch kannst du die wertvollsten Kunden identifizieren und gezielte Marketingstrategien entwickeln, um ihre Loyalität zu stärken und den Umsatz zu steigern.

Sehr viele Unternehmen arbeiten nur mit wenigen Bestandskunden zusammen. Mit einem dieser Großkunden fällt dann oft eine wichtige Einnahmequelle weg. Um die Abhängigkeit von einzelnen Kunden zu verringern, ist eine breite Kundenbasis entscheidend. Bemühe dich also aktiv um mehrere Neukunden, die dir Handlungsspielraum verschaffen.

Langfristige Kundenbeziehungen können die Abhängigkeit deines Unternehmens von einem einzelnen Kunden verringern. Statt sich ausschließlich auf kurzfristige Geschäftsabschlüsse zu konzentrieren, solltest du also langfristige Partnerschaften mit deinen Kunden anstreben. Halte regelmäßig Kontakt zu Bestandskunden, auch zu denen, die deine Produkte schon länger nicht mehr in Anspruch genommen haben, und informiere sie über neue Angebote.

Durch eine **proaktive Marktanalyse und -anpassung** kann dein Unternehmen Veränderungen in deiner avisierten Branchen- und Kundenstruktur frühzeitig erkennen, flexibel bleiben und seine Wettbewerbsfähigkeit stärken.

Untersuche mithilfe entsprechender Marktforschungs-Tools neue Märkte, auf denen dein Unternehmen tätig werden kann. Dies kann bedeuten, sich neuen Trends anzupassen, neue Zielgruppen zu identifizieren oder neue Vertriebskanäle zu erschließen. So kannst du auch wichtige Marktlücken entdecken.

Diversifiziere dein **Produktangebot**, um dein Risiko zu streuen und deine Abhängigkeit von einzelnen Produkten zu reduzieren. Andernfalls könnten bei Lieferproblemen einzelner Produkte oder bei Entfall wichtiger Mitarbeiter auch Kunden wegfallen. Die Entwicklung neuer Produkte, die dein bestehendes Angebot erweitern und das Vordringen in neue Geschäftsfelder ermöglichen, ist entscheidend.

Implementiere **Risikomanagementprozesse** und nutze dafür Tools wie Risiko-Matrizen[30], um potenzielle Risiken zu identifizieren, zu bewerten und zu priorisieren. Erstelle Risikomanagementpläne, um dich auf Unvorhersehbares vorzubereiten und Schäden zu minimieren.

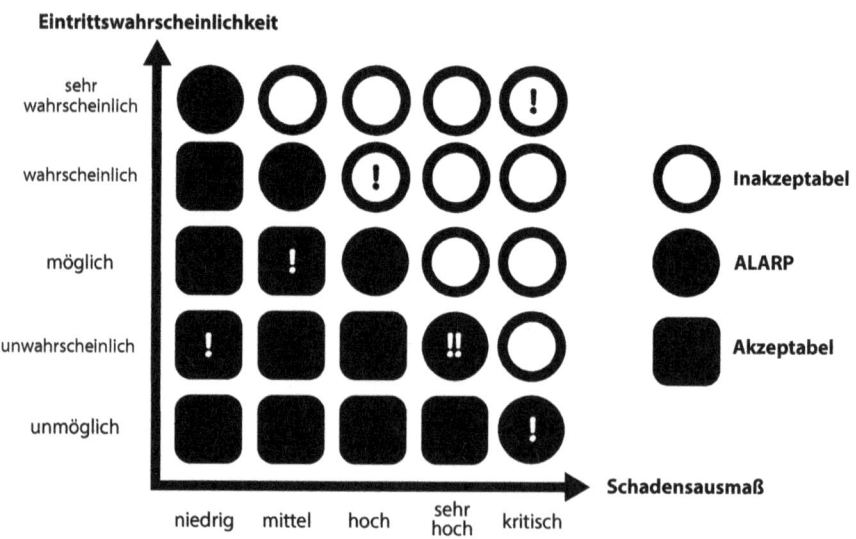

42. FEHLER:
MANGELNDE QUALITÄT

Die Kundenansprüche steigen ständig. Leider ist mangelnde Produktqualität in vielen Branchen Realität, denn im Wettbewerb überbieten sich Unternehmen gegenseitig. Dabei behauptet jeder, die beste Qualität zu liefern. Objektiv betrachtet mag das möglicherweise sogar stimmen; allerdings lassen viele Unternehmen die geheimen Wünsche ihrer Kunden völlig außer Acht. Die Qualitätswahrnehmung hängt aber von den Vorlieben, Bedürfnissen und Erwartungen der jeweiligen Person ab.

Stell dir vor, du besuchst ein Kunstmuseum mit Werken von Kandinsky, Picasso und van Gogh – sehr unterschiedliche Künstler mit unterschiedlichen Stilen. Während du möglicherweise die »Sternennacht« von van Gogh als wahres Meisterwerk bezeichnen würdest, könnte für einen anderen Besucher Picassos »Guernica« die Krönung der Kunst sein. Wieder ein anderer würde sich für Kandinskys »Impression III (Konzert)« entscheiden. Jeder nimmt Kunst aus einem anderen Blickwinkel wahr, und so ist es auch mit der Produktqualität.

Wenn Qualität Geschmackssache ist, gibt es dann keine Parameter mehr, an denen man diese messen kann? Nicht ganz, denn auch ein Kunstwerk unterliegt bestimmten Kriterien:

- Die **Funktionalität** bezieht sich darauf, wie gut die Nutzerbedürfnisse und -erwartungen erfüllt werden.

- Die **Ausstattung** umfasst Funktionen und Eigenschaften, die über die grundlegenden Angebotsattribute hinausgehen.

- **Zuverlässigkeit und Beständigkeit** sind besonders wichtig bei Produkten, die über einen längeren Zeitraum genutzt werden. Wie konstant funktioniert das Produkt im Laufe der Zeit? Wie lange hält das Produkt, bevor eine Erneuerung oder ein Ersatz notwendig wird?

- **Anwendung**: Wie einfach ist es für den Nutzer, mit dem Produkt den gewünschten Effekt zu erzielen?

- Beim **Service** geht es um die Gebrauchstauglichkeit und Reparaturfähigkeit.

- **Ästhetik**: Wie ansprechend ist das visuelle Produktdesign? Ansprechendes Design wird oft mit hoher Qualität assoziiert.

- Das **Image** beschreibt die Wahrnehmung der Gesamtqualität aus Kundensicht.

Das Konzept der Produktqualität kann sowohl auf Sachgüter als auch auf Dienstleistungen angewendet werden. Allerdings solltest du beides separat betrachten. Während sich Qualitätskontrollen bei Sachgütern auf Eigenschaften wie Material, Funktion, Leistung, Design und Benutzerfreundlichkeit konzentrieren, stehen bei Dienstleistungen Fachwissen, Kompetenz, Zuverlässigkeit, Service und Kreativität im Vordergrund. Darüber hinaus unterscheiden wir zwischen einem produktbezogenen und einem kundenbezogenen Qualitätsverständnis. Während es beim **produktbezogenen** Qualitätsverständnis um die Erfüllung allgemein definierter Kriterien geht, sprechen wir beim **kundenbezogenen** Qualitätsverständnis von der Erfüllung der Kundenanforderungen.

Der Kampf um Aufträge wird zum Teil erbittert geführt und äußert sich häufig in einem regelrechten Preisgefecht. Voraussetzung für einen solchen Wettbewerb ist die Vergleichbarkeit der Angebote: Sind die Angebote qualitativ ähnlich, kann der Kunde die Preise leicht vergleichen. Dabei haben die preisgünstigeren Produkte gegenüber teureren Angeboten natürlich bessere Chancen. Umso wichtiger ist es, auf individuelle Kundenbedürfnisse einzugehen. Oft geht es vor allem darum, vorauszudenken, die Kundenwünsche zu interpretieren und anschließend umzusetzen. Gut aufgestellt bist du also, wenn du die Kundenbedürfnisse besser deuten kannst als deine Konkurrenz.

Die Gründe für mangelnde Produktqualität sind vielfältig. Dabei ist es sinnvoll, zwischen internen und externen Faktoren zu unterscheiden.

Interne Faktoren:

- Eine **unzureichende Qualitätskontrolle,** wenn das Management die Qualität nicht aktiv fördert oder keine klaren Qualitätsziele vorgibt

- Eine **zu starke Konzentration auf einzelne Qualitätsbereiche,** wenn du nur darauf achtest, möglichst billige Produkte anzubieten, und deshalb weniger hochwertige Ressourcen einsetzt

- **Mangelnde Schulung und Ressourcen deiner Mitarbeiter** führen dazu, dass sie ihre Arbeit nicht planmäßig und ordentlich ausführen können.

- **Fehlende Qualitätsvorgaben** in den Produktionsprozessen

- **Schlechte Produktkonzeption oder -entwicklung**

Externe Faktoren:

- **Probleme mit Lieferanten**, wie Unzuverlässigkeit oder mangelnde Rohstoffqualität

- **Druck von außen**, wie knappe Zeitvorgaben oder starker Wettbewerbs- und Leistungsdruck, können zu übereilten Entscheidungen führen.

- **Schlechte Kundenkenntnis** durch fehlende oder schwache Marktanalysen kann dazu führen, dass deine Produkte nicht den Kundenerwartungen und -bedürfnissen entsprechen.

- **Mangelnde Anpassungsfähigkeit deiner Produkte** an gesellschaftliche, ökologische, technologische und wirtschaftliche Veränderungen

Um Qualitätsmängeln entgegenzuwirken, ist es wichtig, dass du ihre Ursachen erkennst und strategische Maßnahmen ergreifst, um die Angebotsqualität zu verbessern. Die Kunst besteht darin, die richtige Balance zwischen allen Parametern zu finden.

43. FEHLER:
CHANCEN BEI CROSS- UND UP-SELLING VERSÄUMEN

Egal ob es sich um Großunternehmen, junge Start-ups oder Freiberufler handelt, sie alle haben das gleiche Ziel: Umsatz und möglichst viel Gewinn. Um kein Geschäft zu verpassen, ist es sehr wichtig, dass du die verschiedensten Cross- und Up-Selling-Taktiken beherrschst.

Wenn du deinen Umsatz steigern möchtest, hast du grundsätzlich zwei Möglichkeiten: Neukunden gewinnen oder den Umsatz mit Bestandskunden steigern. Im Idealfall kombinierst du beide Möglichkeiten.

Meistens werden die Verkaufschancen bei Bestandskunden nicht vollkommen ausgeschöpft. Hier musst du tief graben, denn irgendwo schlummert ein noch größerer Schatz, als du vielleicht denkst. Die Gewinnung von Neukunden ist in der Regel sehr zeit- und kostenintensiv. Sie erfordert einen höheren Aufwand als die Investition in zusätzlichen Umsatz bei Bestandskunden. Es lohnt sich folglich, vorhandene Kundenbeziehungen durch eine

Bestandskundenstrategie zu pflegen, um sie zu weiteren Käufen und Investitionen zu animieren. Cross- und Up-Selling spielen dabei die wichtigste Rolle. Beide Techniken zielen darauf ab, vor allem Bestandskunden dazu zu bewegen, entweder mehr zu kaufen oder in eine qualitativ hochwertigere Ausführung deines Produkts zu investieren. Die Strategien unterscheiden sich in ihrer Angebotsart und in ihrer Herangehensweise.

Der Begriff Cross-Selling bezieht sich auf den Verkauf zusätzlicher Produkte, die zur ursprünglichen Kaufentscheidung deines Kunden passen. Der Schlüssel zum erfolgreichen Cross-Selling liegt darin, deinen Stammkunden einen zusätzlichen Mehrwert zu bieten. Ein Bekleidungsunternehmen z. B. kann Kunden, die Hosen kaufen, auch passende Gürtel, Schuhe oder Hemden anbieten, um das Outfit zu vervollständigen.

Komplementärgüter sind häufig Teil der Verkaufsstrategie. Dabei handelt es sich um Angebote, die sich gegenseitig so ergänzen (komplementieren), dass ein Produkt ohne die anderen Komplementärprodukte im besten Fall nicht brauchbar ist. Dem Kunden bleibt also keine andere Wahl, als die ergänzenden Produkte ebenfalls zu erwerben.

Aber nicht nur Komplementärgüter, sondern auch Produkte aus völlig anderen Sparten können durch Cross-Selling verkauft werden. Denn ein Vorteil dieser Strategie ist, dass zufriedene Kunden gern wieder auf die Angebote desselben Anbieters zurückgreifen. Die Preissensibilität nimmt parallel dazu ab: Wer von einem Anbieter grundsätzlich überzeugt ist, schaut nicht mehr so genau auf den zu zahlenden Betrag.

Beim Up-Selling wird eine teurere, leistungsstärkere oder hochwertigere Version des ursprünglich vom Kunden ausgewählten Produkts angeboten. Der Kunde wechselt also zu einem umfassenderen Upgrade, welches mehr Funktionen oder ein höheres Serviceniveau bietet. In diesem Fall ist es wichtig, deinen Kunden den Mehrwert und die Vorteile der teureren Option klar zu kommunizieren, um sie von einem solchen Upgrade zu überzeugen, z. B. vom Aufstocken eines bestehenden Standard-Abonnements zu einer Premium-Mitgliedschaft.

Cross-Selling- und Up-Selling-Strategien zielen neben der Umsatzsteigerung darauf ab, die Kundenzufriedenheit durch Bedürfnisbefriedigung zu erhöhen. Dazu musst du deine Kunden gut kennen, um fortlaufend Produkte anzubieten, die auf ihre Bedürfnisse abgestimmt sind. Starke Kundenbeziehungen bilden hierfür eine entscheidende Grundlage.

Der **Wertetrichter** ist eine von mir entwickelte Marketingstrategie, die vor allem darauf abzielt, Kunden im Kaufprozess durch eine schrittweise Erhöhung des Angebots- und Preissegments an höherwertige Produkte heranzuführen. Ich unterteile das Konzept in folgende Schritte:

1. Das **Gratisangebot**, auch »Lead-Magnet« genannt, steht am unteren Ende der Werteskala. Das kann ein kostenloses E-Book, ein Web-Seminar oder ein Newsletter sein, um potenzielle Kunden anzuziehen und ihre Kontaktdetails zu sammeln.

2. Das **Einstiegsangebot**: Nachdem das Interesse der Zielgruppe geweckt wurde, wird ein preiswertes Angebot unterbreitet. Dieses Produkt ist günstig, bietet aber auch genügend Vorteile, um den Kunden für weitere Angebote zu begeistern.

3. Das **Hauptprodukt** ist häufig das Kernangebot deines Unternehmens. Es handelt sich dabei um qualitativ hochwertige Produkte. In dieser Phase besteht bereits ein gewisses Vertrauen zu der Marke und der Kunde ist daher eher bereit, seine Investitionen zu steigern.

4. **Up-Sell und Cross-Sell**: Diese Zusatzangebote sind im Allgemeinen kostspieliger.

5. **Back-End-Angebote** sind hochpreisige Angebote, die sich an die treuesten und aktivsten Kunden richten.

Versäumte Cross- und Up-Selling-Möglichkeiten führen zu verpasstem Umsatz und vor allem zu einer geringeren Kundenbindung. Hier zeige ich dir die häufigsten Gründe für diesen Fehler und wie du ihn vermeiden kannst:

- **Mangelnde Kundenkenntnis**: Wenn du deine Zielgruppe nicht ausreichend analysierst, erkennst du auch nicht, welche Produkte zu ihr passen. Nutze Kundenprofile, Kaufhistorien und Kundenpräferenzen, um passgenaue Angebote abgeben zu können.

- **Mangelnde Integration in den Verkaufsprozess**: Häufig werden Cross- und Up-Selling-Versuche zu spät oder an der falschen Stelle im Verkaufsprozess unternommen. Sie werden dann von deinen Kunden als lästig empfunden und können diese abschrecken. Dein Angebot sollte unaufdringlich und relevant sein. Es sollte außerdem auf dem aktuellen Kaufinteresse deiner Kunden basieren.

- **Unzureichende Schulung des Personals**: Deine Mitarbeiter müssen in der Lage sein, die Kundenbedürfnisse und -interessen zu erkennen und entsprechende Ergänzungen oder Verbesserungen anzubieten. Dabei helfen unter anderem Fortbildungen, Workshops und relevante Vorträge zum Thema.

- **Vernachlässigte Kommunikation nach Verkaufsabschluss**: Du solltest die Nachbetreuung nicht unterschätzen: Du kannst deiner Kundschaft weitere Angebote in Form von Dankeskarten, E-Mails oder Newslettern unterbreiten.

Cross- und Up-Selling-Strategien sind langfristige Kundenbindungs-Tools, mit denen dein Unternehmen zusätzliche Erträge erwirtschaften kann. Diese Strategien erfordern eine sorgfältig geplante Vorgehensweise und ein gutes Verständnis der Kundenbedürfnisse.

44. FEHLER:
DAS EMPFEHLUNGSPOTENZIAL BEGEISTERTER KUNDEN NICHT AUSSCHÖPFEN

Eine Studie des Vergleichsportals Capterra[31] zeigt, dass Unternehmen mit Produktbewertungen ganze 75 % mehr Leads generieren als Unternehmen ohne Kundenrezensionen. In positiven Kundenbewertungen liegt also enorm viel Potenzial, welches von vielen Unternehmen jedoch häufig nicht vollständig ausgeschöpft wird.

Lob und Empfehlungen zufriedener Kunden haben die Kraft, dein Geschäft exponentiell anzukurbeln, denn sie wirken glaubwürdig, sorgen für Vertrauen und leisten somit einen entscheidenden Beitrag zur Entscheidungsfindung. Die Kategorie »Vertrauen« nimmt laut einer Statista-Umfrage im Jahr 2020[32] zum Thema »Einflussfaktoren auf die Kundenzufriedenheit mit dem Einzelhandel« mit ganzen 13,6 % den am höchsten bewerteten Faktor ein.

Menschen vertrauen anderen Menschen. Da kann keine Werbekampagne mithalten. Sobald jemand dein Produkt negativ kritisiert, ist jegliche Werbekampagne hinfällig. Die Empfehlung einer Vertrauensperson hilft bei der Kaufentscheidung oft mehr als eine intensive Werbung. Denn Werbung wird häufig als eine externe Unternehmensbotschaft wahrgenommen und daher nicht selten mit Skepsis betrachtet, Empfehlungen aus dem persönlichen Umfeld haben eine deutlich höhere Überzeugungsmacht. Mittlerweile vertrauen viele Kunden sogar den Kaufempfehlungen von Menschen, die sie in der Regel nicht persönlich kennen. Influencer haben innerhalb der letzten Jahre deutlich an Bedeutung gewonnen. Sie besitzen ein breites Publikum, auf das sie einen hohen Einfluss ausüben. Ihren Empfehlungen wird häufig genauso vertraut wie einer Empfehlung aus dem persönlichen Umfeld. Durch ihre große Reichweite hat eine positive Bewertung deiner Produkte eine hohe Relevanz für deinen Unternehmenserfolg.

Es ist keine Überraschung, dass unzufriedene Kunden ihre Erfahrungen eher mit anderen teilen als zufriedene Kunden. Zahlen belegen, dass ein unzufriedener Kunde im Durchschnitt 9 bis 15 weiteren Personen von seinen negativen Erfahrungen erzählt. 13 % der unzufriedenen Kunden teilen ihren Unmut sogar mit mehr als 20 Personen. Fast 60 % der Befragten in einer Online-Studie der Ciao Surveys GmbH im Auftrag von RightNow Technologies zum Thema »Kundenzufriedenheit und Feedback«[33] geben an, dass sie ihr negatives Kundenerlebnis an Freunde und Familie weitererzählen. Sie wollen ihren negativen Emotionen Raum geben und andere Personen vor schlechten Entscheidungen bewahren. Selbst eine einzelne schlechte Bewertung kann somit fatale Auswirkungen auf den Unternehmenserfolg haben. Sei dir der Tatsache bewusst, dass hinter jeder Beschwerde weitere unzufriedene Kunden stehen.

Zufriedene Kunden hingegen teilen ihre Erfahrungen eher selten mit anderen, denn sie sehen die Erfüllung ihrer Erwartungen als selbstverständlich an. Daher haben sie keinen Grund, ihre positiven Erfahrungen zu teilen. Dein Produkt muss daher schon besonders aus der Masse hervorstechen, um eine positive Bewertung auszulösen. Positive Erfahrungen lösen außerdem eine geringere emotionale Reaktion aus als negative. Das Bedürfnis, eine positive Erfahrung zu teilen, ist demnach geringer ausgeprägt als bei einer schlechten. Vielleicht nehmen sich deine Kunden auch schlicht und einfach nicht die Zeit, um deine Produkte zu bewerten. Mit diesen zehn Tipps, kannst du mehr positive Kundenbewertungen erhalten:

Bitte um Feedback und Weiterempfehlungen, unter anderem durch E-Mails oder in den sozialen Medien. Auch offline können Kunden dazu ermutigt werden, ihre Begeisterung weiterzugeben. Mithilfe von Community-Aktionen oder Veranstaltungen kannst du Kunden einladen, ihre Empfehlungen zu teilen. Das fördert zusätzlich die Gemeinschaft um deine Marke. Außerdem schaffst du so die idealen Bedingungen, um nach einer positiven Bewertung zu fragen.

Frage im richtigen Moment der Kundenbeziehung, wenn deine Kunden gerade ein positives Markenerlebnis hatten, wenn sie gerade erste Erfolge mit deinem Produkt erzielt haben, wenn sie gerade erneut etwas kaufen oder nachdem dein Kunde deine Marke in den sozialen Medien erwähnt hat.

Biete Anreize, denn eine Rezension zu hinterlassen, bedeutet für deine Kunden immer Arbeit. Locke mit einer Rabattaktion auf die nächste Buchung oder Belohnungen in Form von Gutscheinen, Prämienprogrammen oder Gewinnspielen. Du kannst ausgewählten Stamm- oder Neukunden auch kostenfreie Produkte anbieten und diese danach freundlich auf deinen Bewertungswunsch hinweisen.

Überzeuge durch guten Kundenservice mit schnellen Reaktionszeiten, einer persönlichen Betreuung und einer schnellen Problemlösung. Das sorgt für positive Kundenerfahrungen. Versende außerdem Dankesbotschaften an Kunden, die ihre positive Erfahrung mit anderen geteilt haben. So zeigst du ihnen, dass du ihre positive Empfehlung zu schätzen weißt.

Biete einen einfachen Bewertungsprozess, um den Aufwand für deine Kunden möglichst gering zu halten, indem du beispielsweise Links zu Bewertungsplattformen in deine E-Mails oder deine Website integrierst.

Gib verschiedene Möglichkeiten zur Rezension, damit potenzielle Kunden über möglichst viele verschiedene Plattformen von deinem Unternehmen erfahren. So werden sie in vielen Fällen im Rahmen einer ersten Onlinerecherche bereits auf dich stoßen, bevor sie deine Website besucht haben. Meist geschieht dies über Drittanbieter-Websites, wie Yelp, Facebook, Google oder Amazon. Sorge dafür, dass Kunden dich auf all diesen Plattformen bewerten, damit möglichst viele Interessenten auf dich aufmerksam werden.

Tausche Bewertungen mit Kunden und Dienstleistern als Win-win-Situation für beide Seiten. Das schafft eine positive Dynamik, fördert das Vertrauen und lässt eine Beziehung entstehen, die beide Seiten stärkt. Frage aktiv nach einem Bewertungstausch oder mache vielleicht sogar den ersten Schritt und hinterlasse eine positive Bewertung bei deinem Kunden. In vielen Fällen kannst du diesen so dazu motivieren, auch dir eine positive Bewertung zu geben. Besonders hilfreich ist dieser Tipp bei Kunden, mit denen du bereits eine engere Beziehung aufgebaut hast.

Teile positive Kundenrezensionen direkt mit anderen, damit sie dazu motiviert werden, ihre Begeisterung ebenfalls zu teilen. Andere Kunden können die Rezension auch als hilfreich bewerten und somit ebenfalls dazu beitragen, die Unternehmensreputation zu erhöhen. Gut bewertete Rezensionen werden bei den Drittanbieter-Websites weiter oben angezeigt und erreichen damit auch mehr Menschen.

Interagiere auf Bewertungsplattformen und reagiere entsprechend auf das Kundenfeedback. Antworte auf alle Bewertungen, positive und negative. So zeigst du potenziellen Kunden, dass dir wichtig ist, was sie von deinem Unternehmen halten. Bestandskunden fühlen sich wertgeschätzt und potenzielle Kunden werden einen positiven Eindruck von deinem Unternehmen erhalten. Die Harvard Business Review[34] hat herausgefunden, dass ein Unternehmen, das auf negative Rezensionen eingeht, insgesamt bessere Bewertungen erhält und somit letztendlich auch mehr positive Rezensionen aufweist.

Filtere deine Bewertungen mithilfe spezieller Systeme wie »Easy Stars« vor der Veröffentlichung, um dein Unternehmen proaktiv vor schädlichen Bewertungen zu schützen. Chatbots sorgen dafür, dass schlechte Bewertungen erkannt und herausgefiltert werden. Hinterlässt dein Kunde hingegen eine positive Bewertung, wird diese direkt zu deinem Google-Eintrag weitergeleitet.

KAPITEL 05

Mitarbeitermanagement, Recruiting und Motivation

Der Dirigent und sein Orchester

Es gab einmal ein Orchester, das einst berühmt für seine herausragenden Aufführungen war. Doch in den letzten Jahren hatte es seinen Glanz verloren. Die Musiker spielten zwar technisch einwandfrei, doch fehlten die Harmonie und der Zusammenhalt, die das Publikum einst verzaubert hatten.

Die Leitung des Orchesters beschloss, einen neuen Dirigenten zu engagieren. Ihre Wahl fiel auf Leon, der dafür bekannt war, die besten Talente zu finden und aus ihnen ein harmonisches Ensemble zu formen.

Leon beobachtete jeden Musiker einzeln und sprach mit ihnen. Viele waren frustriert und demotiviert, weil ihre individuellen Beiträge nicht wertgeschätzt wurden. Also begann er damit, die individuellen Kompetenzen eines jeden Musikers zu entdecken, entwickelte maßgeschneiderte Übungseinheiten und arrangierte die Musikstücke so, dass die Stärken eines jeden Musikers zur Geltung kamen.

Das allein reichte jedoch nicht. Er organisierte regelmäßige Aktivitäten und Gespräche, um das Gemeinschaftsgefühl zu stärken und eine positive, unterstützende Atmosphäre zu schaffen.

Leon betonte immer wieder, wie wichtig jede einzelne Rolle im Orchester war und dass der Erfolg nur durch Zusammenarbeit und gegenseitige Unterstützung erreicht werden könne.

Mit der Zeit entdeckten die Musiker ihre Leidenschaft wieder. Sie spielten nicht nur die Noten, sondern brachten ihre Herzen in die Musik ein. Das Orchester funktionierte wieder als Einheit, und das Publikum konnte den Unterschied spüren. Aufführungen waren eine harmonische Symphonie aus Talent, Leidenschaft und Teamarbeit, die das Publikum tief berührten.

Diese Geschichte zeigt, wie wichtig es ist, die individuellen Kompetenzen eines jeden Teammitglieds zu erkennen und zu fördern. Ein erfolgreicher Unternehmer versteht, dass Mitarbeiter nicht nur Werkzeuge sind, sondern Menschen mit einzigartigen Fähigkeiten und Potenzialen. Das richtige Team zusammenzustellen und dieses dann gut zu führen, ist ein absoluter Game Changer für jedes Unternehmen.

45. FEHLER:
FEHLER BEIM MITARBEITER-RECRUITING

Es sind die Menschen hinter den Kulissen, die den Unterschied in einem Unternehmen ausmachen. Die Zusammenstellung eines erfolgreichen Teams ist dabei nicht nur eine unternehmerische Notwendigkeit, sondern auch eine Kunst für sich. Wie findest du die Talente, die nicht nur die nötigen Fähigkeiten mitbringen, sondern auch perfekt zu deiner Unternehmenskultur passen?

Eines hilft dabei sicher nicht: untätig zu bleiben und zu hoffen, dass sich die Dinge von selbst regeln. Überlasse die Auswahl der richtigen Mitarbeiter nicht dem Zufall. Gute und qualifizierte Mitarbeiter kommen nicht von allein. Es reicht nicht, ein gutes Produkt auf den Markt gebracht zu haben, ein vielfältiges Portfolio vorzuweisen oder ein erfolgreiches Unternehmen zu führen. Verlasse dich nicht auf Initiativbewerbungen, sondern gehe aktiv auf Personalsuche. Denn auf dem Arbeitsmarkt findet ein harter Konkurrenzkampf statt.

Der heutige Arbeitsmarkt ist kein Arbeit**geber**-, sondern ein Arbeit**nehmer**markt. In Zeiten des Fachkräftemangels haben qualifizierte Arbeitnehmer die Wahl, sich für ein Unternehmen zu entscheiden. Für Arbeitgeber bedeutet dies, nicht nur unter Bewerbern auszuwählen, sondern sich aktiv um potenzielle Interessenten bemühen zu müssen. Erfolgreiches Recruiting erfordert daher vor allem qualitativ durchdachte Strategien, die dein Unternehmen als attraktiven Arbeitgeber positionieren und auf die Bedürfnisse der Talente eingehen. Nur durch ein proaktives und zielgerichtetes Vorgehen kann es deinem Unternehmen gelingen, die richtigen Mitarbeiter zu gewinnen und langfristig zu binden.

Bevor du Rekrutierungsmaßnahmen festlegst und durchführst, solltest du dir im Klaren darüber sein, wen du ansprechen möchtest.

Wer ist eigentlich deine Zielgruppe? Lege Anforderungen an deine potenziellen Bewerber fest, z. B. Kenntnisse, Wertvorstellungen und Bildungsniveau. Führe eine gründliche Marktforschung durch, um die Bedürfnisse, Vorlieben, Gewohnheiten und Herausforderungen deiner potenziellen Kandidaten zu verstehen.

Wo befindet sich deine Zielgruppe? Identifiziere die Orte, an denen deine Zielgruppe zu finden ist. Dies können traditionelle Jobportale sein, aber auch Messen oder soziale Medien.

Wie kannst du deiner Zielgruppe Anreize bieten? Die Unternehmenskultur, flexible Arbeitszeiten, gute Entwicklungsmöglichkeiten oder andere Leistungen können potenzielle Bewerber motivieren und begeistern.

Vor allem durch die Erstellung von spezifischen Candidate-Personas, das heißt Nutzermodellen, die Personen einer Zielgruppe anhand ihrer Merkmale charakterisieren, kannst du deine Wunschkandidaten leicht identifizieren. Durch die optimale Ausrichtung auf die Interessen deiner Zielgruppe kannst du deine Personalsuche effektiver gestalten und durch eine gezielte Ansprache die Kosten minimieren. So verschaffst du dir einen klaren Vorteil gegenüber Unternehmen, die immer noch Stellenanzeigen ohne Zielgruppenausrichtung in regionalen Tageszeitungen schalten.

Nun geht es darum, ein starkes **Employer Branding** aufzubauen, um ein breites Spektrum potenzieller Mitarbeiter anzusprechen. Auch die interne Kommunikation spielt hierbei eine prägende Rolle, denn ein gutes Employer Branding wirkt sowohl nach innen als auch nach außen.

Gerade in Branchen mit einem intensiven Wettbewerb um qualifizierte Mitarbeiter kann ein überzeugendes Employer Branding einen entscheidenden Wettbewerbsvorteil bringen. Folgende Schlüsselaspekte sind hier von Bedeutung:

Die **Employer-Value-Proposition (EVP)** beinhaltet die Versprechen und Vorteile, die dein Unternehmen als Arbeitgeber bietet und die es von anderen Unternehmen abhebt. Wofür steht dein Unternehmen? Die EVP sollte attraktiv und nachhaltig sein.

Durch die Definition einer **klaren Unternehmensidentität**, einschließlich Mission, Vision und Werten, verstehen deine zukünftigen Mitarbeiter, wofür dein Unternehmen steht und vor allem welche Werte es verfolgt.

Attraktive Anreize bieten: Durch die gezielte Kommunikation vorteilhafter Arbeitsbedingungen wie flexibler Arbeitszeiten, eines Teamzusammenhalts, guter Entwicklungsmöglichkeiten und anderer Mitarbeiter-Benefits steigerst du die Unternehmensattraktivität.

Image und Reputation spielen eine entscheidende Rolle bei der Mitarbeiterrekrutierung. Eine positive Bewertung deines Unternehmens auf verschiedenen Arbeitgeberportalen wie z. B. Kununu ist daher unabdingbar.

Authentizität: Die Kommunikation deiner Brand Message – sowohl nach außen als auch nach innen – sollte die tatsächliche Kultur und die Arbeitsbedingungen widerspiegeln.

Eine starke Arbeitgebermarke unterstützt nicht nur bei der **Rekrutierung**, sondern auch bei der langfristigen **Bindung** talentierter Fachkräfte. Eine Umgebung, in der Mitarbeiter sich geschätzt und inspiriert fühlen, fördert das Mitarbeiterengagement.

Klare Kommunikation: Richte alle deine Kommunikationskanäle an deiner EVP aus, sowohl die nach außen gerichtete Kommunikation deines Unternehmens als auch die interne Kommunikation.

Falls dein Unternehmen neben **Referenzen Auszeichnungen** oder **Zertifikate** erhalten hat, sollten diese ebenfalls prominent präsentiert werden. Dies stärkt das Vertrauen deiner Bewerber und zeigt, dass dein Unternehmen für seine Bemühungen anerkannt wird.

Employer Branding ist ein kontinuierlicher Prozess, der den ersten Schritt zu einer erfolgreichen Personalrekrutierung darstellt. Betrachte es also als strategischen Ansatz, der die langfristige Erfolgsperspektive deines Unternehmens beeinflusst.

Viele Unternehmen, kleine und große, ruhen sich auf Maßnahmen aus, die mittlerweile überholt sind. So helfen Anzeigen in der Tageszeitung oder auf klassischen Stellenportalen meistens wenig. Sie kosten viel Geld, liefern aber nicht das nötige Resultat. Es ist wichtig, dass du im Recruiting-Prozess strategisch vorgehst, damit die von dir gewählten Maßnahmen den Bedürfnissen und den langfristigen Unternehmenszielen entsprechen. Du solltest deinen Fokus daher auf Maßnahmen legen, die sich an die Personen richten, die du wirklich erreichen möchtest:

Vermeide vage Formulierungen und lege genaue Standards für Qualifikationen, Fähigkeiten und Erfahrungen fest. Deine Stellenausschreibung sollte gut strukturiert und übersichtlich sein, Komplexität und Unklarheiten schrecken Bewerber ab. Dies erleichtert auch den Auswahlprozess erheblich. Beachte zudem, dass nicht nur die Jobanforderungen von Bedeutung sind; potenzielle Bewerber interessieren sich auch für deine Unternehmenskultur, die Teamdynamik und die Benefits. Durch diese Aspekte erhalten Bewerber einen Eindruck von der Unternehmensatmosphäre und dem -alltag.

Neben anderen gängigen Recruiting-Methoden bleibt die **Veröffentlichung von Stellenangeboten auf der eigenen Website** absolut relevant. Sie ist oft der erste Berührungspunkt zwischen potenziellen Bewerbern und deinem Unternehmen, da gerade hier nach wie vor viele Bewerber aktiv nach Jobmöglichkeiten suchen. Eine optimierte Karriereseite trägt dazu bei, dass dein Unternehmen in den Suchergebnissen schnell gefunden wird. Es ist wichtig, nicht nur attraktive Stellenanzeigen zu schalten, sondern auch die Unternehmenswebsite bzw. Landingpage insgesamt ansprechend und professionell zu gestalten, um einen guten ersten Eindruck bei potenziellen Bewerbern zu hinterlassen. Durch ein ansprechendes Design signalisierst du Professionalität und vermittelst den Eindruck, dass dein Unternehmen Wert auf Qualität legt. Eine veraltete Karriereseite kann potenzielle Bewerber abschrecken.

Gestalte deine Karriereseite benutzerfreundlich, um es Bewerbern zu ermöglichen, schnell alle relevanten Informationen zu finden. Eine intuitive Navigation und eine klare Struktur tragen dazu bei. Indem du alle relevanten Informationen zu den offenen Stellen übersichtlich darstellst, kannst du dein Unternehmen umfassend präsentieren. Hier können Informationen zur Unternehmenskultur, den Werten, der Mission und den Karrieremöglichkeiten dargestellt werden, dazu gehört auch die Kommunikation von Benefits und die Integration eines Arbeitgebersiegels. Vor allem authentische Mitarbeitergeschichten, Fotos und Videos vermitteln ein positives und umfassendes Bild. Eine gute Optik und eine durchdachte Struktur tragen dazu bei, als attraktiver Arbeitgeber wahrgenommen zu werden.

Mitarbeiterempfehlungen solltest du nicht unterschätzen, denn deine eigenen Mitarbeiter können hervorragende Markenbotschafter sein. Umso wichtiger ist es, die Mitarbeiterbindung zu stärken und ein positives Arbeitsumfeld zu schaffen, in dem sich deine Mitarbeiter wertgeschätzt fühlen. Wenn du eine positive Arbeitgebermarke etabliert hast, kannst du deine Teammitglieder dazu ermutigen, persönliche Bewertungen zu hinterlassen. Denn potenzielle Bewerber informieren sich oft über Arbeitgeber, indem sie Onlinebewertungen auf

Plattformen wie Glassdoor, Kununu oder Indeed lesen. Warum? Ganz einfach: Weil Empfehlungen von bestehenden Mitarbeitern oder persönlichen Kontakten ein höheres Maß an Glaubwürdigkeit haben als die formelle Unternehmenskommunikation. Interessenten verlassen sich auf persönliche Erfahrungen, um ihre Entscheidung zu beeinflussen. Daher kann auch Mundpropaganda eine effektive Rekrutierungsmaßnahme sein. Diese ermöglicht es, deine Unternehmenskultur auf informelle Weise zu verbreiten. Indem du dein Team motivierst, offene Stellen aktiv weiterzuempfehlen, werden Bewerber aufmerksam, die sehr gut zum Anforderungsprofil und zur Unternehmenskultur passen. Zudem sind diese zukünftigen Mitarbeiter oft sehr zufrieden und loyal gegenüber deinem Unternehmen.

Auch wenn der digitale Recruiting-Weg heute üblich ist, bieten Veranstaltungen wie **Job- und Karrieremessen** nach wie vor ein großes Potenzial. Neben der Möglichkeit, sich über aktuelle Branchentrends zu informieren und wertvolle Erkenntnisse für die Personalsuche zu gewinnen, sind sie eine Plattform, um dein Unternehmen zu präsentieren. So kannst du deine Arbeitgebermarke stärken, potenzielle Bewerber überzeugen und direkt mit Interessenten in Kontakt treten. Gerade auf solchen Netzwerkveranstaltungen triffst du häufig auf motivierte Hochschulabsolventen und junge Arbeitssuchende. Durch Gespräche und Präsentationen kannst du deine Unternehmenskultur vermitteln und sicherstellen, dass Bewerber ein realistisches Bild vom Arbeitsumfeld in deinem Unternehmen erhalten. Diese persönlichen Begegnungen ermöglichen es zudem auch dir, ein authentisches Verständnis für die Fähigkeiten und die Persönlichkeit deiner Zielgruppe zu entwickeln. Neue Kontakte können sich später als wertvolle Ressource für eine Einstellung erweisen oder Empfehlungen für geeignete Kandidaten liefern.

Soziale Medien und digitale Netzwerke sind besonders wichtig, um potenzielle Kandidaten zu identifizieren und schnell zu erreichen. Plattformen wie Facebook, Instagram, TikTok oder LinkedIn werden mittlerweile von vielen jungen Bewerbern für ihre Jobsuche genutzt. Über Plattformen wie Facebook und Instagram bietet sich dir die Möglichkeit, auch passive Kandidaten zu erreichen, also potenzielle Interessenten, die sich nicht unbedingt auf aktiver Jobsuche befinden. Indem du wirksame Stellenanzeigen in Form von bezahlten Online-Kampagnen, Bild- und Videoanzeigen oder interaktive Module bzw. Tools erstellst, kannst du dein Unternehmen aktiv bewerben und dich als attraktiven Arbeitgeber präsentieren. So kannst du auch das Interesse potenzieller Bewerber wecken, die du über standardisierte Jobportale nicht findest. Deine Anzeigen können genau auf deine gewünschte Zielgruppe zugeschnitten werden. Dies ermöglicht auch eine bessere Kostenkontrolle im Vergleich zu klassischen Jobportalen. Gerade bei diesen besteht das Problem, dass zwar viele Anzeigen auf mehreren Plattformen gleichzeitig geschaltet werden können, die damit verbundenen Kosten aber auch erheblich in die Höhe schnellen.

Zudem konzentrieren sich Jobportale in der Regel nur auf simple Anzeigen von Stellenangeboten; die Maßnahmen des Social Recruitings gehen darüber weit hinaus: Mithilfe eines sogenannten systematischen »Recruiting-Funnels«, eines »Personalmarketing-Trichters«, werden deine Bewerber in einzelnen Schritten durch eine umfassende Candidate Journey begleitet. Vom Anforderungsprofil über die Benefits und das Hinterlassen von Kontaktdaten wird der Bewerbungsprozess erheblich vereinfacht. So müssen deine Interessenten beispielsweise nicht gleich ihre Bewerbungsunterlagen einschicken, sondern lediglich ihre Kontaktdaten hinterlassen. Im Gegensatz zu Jobbörsen, die meist nur wenig Analysemöglichkeiten bieten, garantiert Social Media Recruiting darüber hinaus die Verfolgung des gesamten Recruiting-Prozesses. Durch die Erhebung von Klicks, Reichweite, Impressionen und Konversionen, also den tatsächlich hinterlassenen Kontaktdaten von Interessenten, lassen sich erste Fortschritte deiner Kampagne auswerten. Mithilfe dieser Analyse-Kennzahlen kannst du mögliche Schwachstellen identifizieren, um so den Recruiting-Prozess bei Bedarf zu optimieren.

Auch **ein gut geführtes Profil** ist wichtig: Per Klick gelangen Interessenten über deine Ads auf deine Seite, um einen genaueren Eindruck zu erlangen. Deshalb solltest du die Profilpflege auf keinen Fall vernachlässigen, mit Nutzern kommunizieren und deine Seite mit relevanten Beiträgen anreichern.

Social-Recruiting-Kampagnen sind heute die erfolgversprechendste Rekrutierungsmaßnahme, wenn sie richtig durchgeführt werden.

Welche Methode für dein Unternehmen die richtige ist, hängt von deiner Ausgangssituation und deinen spezifischen Anforderungen an geeignete Bewerber ab. Entscheidend ist, dass du im Vorfeld deine Zielgruppe genau definierst und analysierst, um herauszufinden, welche Maßnahmen und Mediaausgaben sinnvoll sind. Dein Fokus sollte jedoch nicht ausschließlich auf dem Rekrutierungsaufwand liegen. Der wahre Wert liegt vielmehr in der Qualität deiner neuen Mitarbeiter.

Auch den weiteren Bewerbungsprozess und die Mitarbeiterbindung solltest du nicht außer Acht lassen. Vergiss außerdem nicht: Heutzutage ist alles schnelllebig. Der Bewerbungsprozess sollte für deine Bewerber deshalb möglichst einfach sein. Dies beginnt mit klaren Kommunikationsmitteln und beinhaltet Transparenz während des gesamten Bewerbungsprozesses sowie ein gut organisiertes Onboarding im Anschluss.

46. FEHLER:
FALSCHE VERSPRECHEN IN BEWERBUNGSGESPRÄCHEN

In ihrem Streben nach Exzellenz und Wettbewerbsvorteilen im Kampf um Arbeitnehmer neigen viele Unternehmer dazu, ihren Bewerbern falsche Versprechungen zu machen.

Eine Onlineumfrage von YouGov Deutschland[35] im Auftrag der Jobbörse Monster ergab, dass ein Drittel der Befragten im Bewerbungsprozess schon einmal belogen wurde. So machen Unternehmen laut der Umfrage zum Beispiel bei der Stellenbeschreibung oder den Aufstiegschancen falsche Angaben. Arbeitgeber neigen am ehesten dazu, im Bewerbungsverfahren die Unwahrheit zu sagen, wenn es um Überstunden, Work-Life-Balance, Stellenbeschreibung, Teamkultur und Führungsstil geht; doch auch bei den Karriere- und Aufstiegschancen sowie der Gehaltsentwicklung werden vergleichsweise häufig leere Versprechungen gemacht. Zudem haben einige der Befragten die Erfahrung gemacht, dass die im Bewerbungsprozess angesprochenen Unternehmenswerte wie Diversity, Inklusion und Nachhaltigkeit nicht mit der tatsächlichen Arbeitskultur übereinstimmen.

Du solltest die langfristigen Folgen des »Catfishings« nicht unterschätzen, wenn du potenzielle Mitarbeiter mit falschen Angaben rekrutierst. Denn wer seinen Bewerbern Zusagen macht, die er nicht einhalten kann, riskiert Enttäuschungen auf beiden Seiten. Es besteht nicht nur die Gefahr, dass deine neuen Mitarbeiter noch vor Arbeitsantritt oder in den ersten Wochen kündigen, Lügen im Bewerbungsprozess führen in den meisten Fällen auch zu einem schlechten Arbeitsklima, sinkender Mitarbeiterzufriedenheit und einem Imageschaden für deine Arbeitgebermarke. Hinzu kommt, dass Personen, die sich im Bewerbungsprozess getäuscht fühlen, ihre Erfahrungen häufig in sozialen Medien oder auf Arbeitgeberbewertungsplattformen teilen. Dein Unternehmen befindet sich somit also in einer Abwärtsspirale. Ehrlichkeit im Bewerbungsprozess ist langfristig die beste Strategie, die richtigen Mitarbeiter zu gewinnen. Betrachte Bewerbungsgespräche daher nicht einfach als ein Meeting, sie sind vielmehr der Dreh- und Angelpunkt, an dem sich das Schicksal eines potenziellen Arbeitsverhältnisses entscheidet. Hier wird auch der Grundstein für eine erfolgreiche und harmonische Zusammenarbeit gelegt. Das Vorstellungsgespräch ist dabei nicht nur eine Gelegenheit für dein Unternehmen, seine Bewerber kennenzulernen, sondern auch für die Bewerber, einen Einblick in das Tagesgeschäft zu erhalten. Der erste Eindruck spielt dabei eine entscheidende Rolle.

Sowohl das Unternehmen als auch die Bewerber sollten sich authentisch präsentieren, um eine ehrliche Basis für die Zusammenarbeit zu schaffen; verstellte Fassaden führen langfristig zu Frustration und Enttäuschung.

Arbeitskräfte legen heute nicht nur Wert auf das Gehalt, sondern identifizieren sich auch stark mit ihrem Arbeitgeber. Ähnlich wie beim Dating, wo gemeinsame Interessen und Werte entscheidend sind, sollten im Bewerbungsgespräch berufliche Ziele und Unternehmenswerte aufeinander abgestimmt werden. Da junge Talente zudem oft zwischen verschiedenen Jobangeboten wählen können, erkundigen sie sich bereits in den Bewerbungsgesprächen nach der Unternehmenskultur. Das Stichwort hierbei ist der »Cultural Fit«, der eine Grundlage für eine langfristige und erfolgreiche Zusammenarbeit legt. Deine Mitarbeiter sollten daher nicht nur fachlich qualifiziert sein, sondern auch gut zu den Werten, Normen, Arbeitsweisen und der allgemeinen Atmosphäre deines Unternehmens passen. Aspekte wie flache Unternehmenshierarchien, Remote Work, familienfreundliche Arbeitsmodelle und teamorientierte Veranstaltungen spielen eine wichtige Rolle.

Beachte, dass ein hoher Cultural Fit nicht bedeutet, dass alle Mitarbeiter deines Unternehmens gleich sein sollten. Vielfalt kann auch einen wichtigen Beitrag zu einer positiven Unternehmenskultur leisten, die sich im Employer Branding widerspiegeln sollte. So kannst du die langfristige Zufriedenheit und das Engagement deiner Mitarbeiter sicherstellen:

- **Verfasse detaillierte und klare Stellenbeschreibungen**, die die Aufgaben, Verantwortlichkeiten und Erwartungen an den zukünftigen Mitarbeiter genau definieren.

- **Bereite dich gründlich auf das Bewerbungsgespräch** vor und setze dich mit der Stellenbeschreibung und den damit verbundenen Anforderungen auseinander. Eine klare Kenntnis der Position ermöglicht es dir, realistische Erwartungen zu setzen und authentische Informationen zu teilen.

- **Kommuniziere nicht nur die Erfolge, sondern auch die Herausforderungen im Unternehmen.** Dies ermöglicht es Bewerbern, besser einzuschätzen, ob die Position zu ihnen passt.

- **Ermutige Bewerber, Fragen zu stellen.** Ein aktiver Dialog ermöglicht es dir, auf ihre Bedenken einzugehen und zusätzliche Informationen zu liefern.

- **Kommuniziere realistische Entwicklungsmöglichkeiten.** Übertriebene Versprechungen über Karrierefortschritte führen zu Enttäuschung, wenn sie nicht erfüllt werden.

- **Präsentiere ein authentisches Bild deines Unternehmens,** seiner Kultur und seiner Werte. Dies ermöglicht es Bewerbern, besser einzuschätzen, ob sie gut zum Unternehmen passen.

- **Erzähle die Geschichte des Unternehmens.** Dies ermöglicht es Bewerbern, die Veränderungen im Unternehmen zu verstehen.

- **Sprich offen über Gehalt und Leistungszulagen.** Vermeide vage Formulierungen und erkläre, wie die Gehaltsstruktur aufgebaut ist.

- **Beteilige Mitarbeiter am Auswahlprozess oder hole zumindest ihr Feedback ein.** Dies stellt sicher, dass die dargelegten Informationen mit der Realität in deinem Unternehmen übereinstimmen.

- **Sammle Feedback von Bewerbern,** um mögliche Fallstricke zu identifizieren und in Zukunft zu vermeiden.

Tipp: Nach dem Gespräch ist vor dem Gespräch. Eine sorgfältige Nachbereitung ist entscheidend, um den Bewerbungsprozess effektiv abzuschließen. Schnelle Rückmeldungen und klare Kommunikation über den weiteren Verlauf zeigen Wertschätzung und Professionalität.

47. FEHLER:
MITARBEITER SCHLECHT ONBOARDEN

Nach der Mitarbeiter-Akquise ist es mit einem unterschriebenen Arbeitsvertrag noch lange nicht getan. Es ist entscheidend, dass neue Teammitglieder von Anfang an die richtige Unterstützung und Anleitung erhalten. Schlechtes Onboarding kann nicht nur die Leistung und Motivation beeinträchtigen, sondern auch potenzielle Arbeitskräfte vergraulen.

Ein erfolgreiches Unternehmen besteht nicht nur aus brillanten Ideen und guten Kunden, sondern vor allem aus einem engagierten Team; doch selbst die talentiertesten Mitarbeiter können ihre volle Leistungsfähigkeit nicht entfalten, wenn das Onboarding nicht optimal gestaltet ist. So zeigt die Studie »Onboarding Reloaded 2022« von Softgarden[36], dass fast 18 % der neuen Mitarbeiter bereits in den ersten 100 Arbeitstagen aufgrund eines schlechten Einarbeitungsprozesses wieder kündigen. Diese erste Phase der Mitarbeiterintegration hat somit einen erheblichen Einfluss auf den Unternehmenserfolg. Dennoch wird dem Onboarding-Prozess in vielen Unternehmen noch immer nicht die notwendige Priorität eingeräumt, was auf zeitliche Engpässe und eine Unterschätzung des Prozesses in Deutschland zurückzuführen ist. Mitarbeiter, die schlecht integriert werden, erleben erfahrungsgemäß bereits in den ersten Tagen einen Zustand der »inneren Kündigung«, der schließlich zur tatsächlichen Kündigung führen kann. Laut der Softgarden-Umfrage beendeten knapp 12 % der neu eingestellten Mitarbeiter ihren Arbeitsvertrag in der Probephase.

Auch eine Königsteiner-Studie[37] gibt weitere Einblicke in die Kündigungsgründe: Über die Hälfte der Unzufriedenen bemängeln, dass sich Kollegen oder Vorgesetzte zu wenig Zeit für sie genommen haben; insgesamt fühlen sich 72 % vernachlässigt.

Besonders die Generationen Y und Z lassen sich von schlechten Onboarding-Prozessen abschrecken. Folgende Faktoren spielen dabei eine wichtige Rolle: Junge Arbeitnehmer haben eine **höhere Bereitschaft zu einem flexiblen Karriereverlauf** und sind eher geneigt, neue Möglichkeiten zu erkunden, anstatt lange bei einem Arbeitgeber zu verweilen. Wenn das Onboarding schlecht verläuft, steigt die Tendenz, den Arbeitgeber zu wechseln.

Sie haben oft hohe Erwartungen an ihre berufliche Entwicklung, ihre Arbeitsbedingungen und die **Sinnhaftigkeit** ihrer Arbeit. Wenn die Realität nicht den Erwartungen entspricht, führt dies zu Unzufriedenheit.

Jüngere Generationen legen oft großen Wert darauf, in Unternehmen zu arbeiten, die ihre **Werte teilen** und einen positiven Einfluss auf die Gesellschaft haben. Ein schlechtes Onboarding kann zu Verwirrung über Verantwortlichkeiten und Aufgaben führen. Junge Arbeitnehmer haben dann das Gefühl, das Unternehmen passe nicht zu ihnen.

Wenn junge Arbeitnehmer das Gefühl haben, während des Onboarding-Prozesses übergangen zu werden und sich dadurch **nicht entwickeln** zu können, sind sie schnell bereit, den Arbeitsplatz zu wechseln.

Die ständige **Vernetzung** und der einfache **Zugang zu Informationen** ermöglichen es, sich schnell einen Überblick über Karrieremöglichkeiten zu verschaffen und Vergleiche zu ziehen. Dies kann Neugier wecken und junge Arbeitnehmer zu einem Wechsel motivieren, wenn sie glauben, dass sie anderswo besser aufgehoben sind.

Die Folgen eines schlechten Onboardings sind also: enttäuschte Erwartungen, unklare Zuständigkeiten und Über- oder Unterforderung – im schlimmsten Fall die Kündigung. Häufig konzentrieren sich Unternehmen beim Onboarding lediglich auf die Weitergabe von Informationen und die Erledigung von Formalitäten, dabei vernachlässigen sie jedoch die zwischenmenschliche Ebene. Jedes neue Mitglied bringt aber eine einzigartige Persönlichkeit und Erfahrung mit. Sie sollte in deinem Team willkommen geheißen und nicht nur als Ressource betrachtet werden, die sofort in die Arbeit integriert werden muss.

Die spezifischen Schritte des Onboarding-Prozesses umfassen folgende fünf typischen Phasen:

1. Das **Recruiting** prägt oft den ersten Eindruck eines Bewerbers von deinem Unternehmen. Schnelle Reaktionszeiten sind wichtig, ein effizienter Bewerbungsprozess sollte innerhalb von einer Woche abgeschlossen sein.

2. Vor dem offiziellen Arbeitsbeginn eines neuen Mitarbeiters solltest du den Arbeitsplatz einrichten und deinem Neuzugang Informationen über den Ablauf, die Unternehmenskultur und eventuelle **Vorbereitungen** senden. Benenne auch einen zuständigen Ansprechpartner, an den sich Teammitglieder bei Unklarheiten wenden können. So gewährleistest du einen reibungslosen Start.

3. Am ersten Arbeitstag wird dein neuer Mitarbeiter in wichtige Bereiche **eingeführt**, lernt Schlüsselpersonen kennen und erledigt administrative Aufgaben, füllt Formulare aus, macht Bekanntschaft mit internen Prozessen und Tools. Schaffe eine herzliche Willkommensatmosphäre, bereite gegebenenfalls Willkommenspakete vor und setze auf eine persönliche Begrüßung durch Teammitglieder und Führungskräfte, um von Anfang an eine enge Bindung zu fördern.

4. Um eine schnelle Anpassung zu ermöglichen, erhalten alle neuen Mitarbeiter **Schulungen** über die Unternehmenskultur, Produkte, Dienstleistungen und andere relevante Aspekte. Auch **Mentoring-Programme** bieten eine effektive Möglichkeit, um deinen neuen Mitarbeitern bei der Integration zu helfen. Einige deiner erfahrenen Mitarbeiter können wertvolle **Ratschläge** geben und den Kontakt zu relevanten Personen erleichtern.

5. Onboarding ist ein Prozess und endet nicht nach ein paar wenigen Maßnahmen. Überprüfe regelmäßig die Fortschritte deiner neuen Mitarbeiter, um sicherzustellen, dass sie sich wohlfühlen und **weiterentwickeln**. Mithilfe von Feedbackgesprächen kannst du den Integrationsprozess kontinuierlich verbessern, auf individuelle Mitarbeiterbedürfnisse eingehen und über die langfristigen Ziele deines Mitarbeiters sprechen.

Ein gutes Onboarding umfasst die Vermittlung der Unternehmenskultur und setzt dabei auch auf den Aufbau vertrauensvoller Beziehungen. Um dies zu gewährleisten, habe ich die sogenannte »**FLOW**-Formel« entwickelt:

Flexibilität: Jeder neue Mitarbeiter bringt unterschiedliche Erfahrungen, Fähigkeiten und Präferenzen mit. Ein flexibler Ansatz ermöglicht es dir, neue Mitarbeiter aktiv zu integrieren und ihre jeweiligen Eigenschaften bzw. Fähigkeiten zu berücksichtigen. So vermittelst du ihnen das Gefühl, dass ihre Meinung geschätzt wird, und ermöglichst eine individuelle Einführung, die gut auf deine Mitarbeiter zugeschnitten ist.

Leichtigkeit: Gestalte deine Onboarding-Prozesse so einfach wie möglich und betrachte sie als gemeinsame Teamleistung, um neuen Teammitgliedern ein Zugehörigkeitsgefühl zu geben.

Orientierung: Das Onboarding sollte eine klare Richtung weisen. Erstelle einen detaillierten Einarbeitungsplan, der klare Ziele und Meilensteine für die ersten

Tage, Wochen und Monate festlegt. Dies hilft Neuzugängen, sich in ihrer neuen Umgebung zurechtzufinden und effektiv in ihre neuen Rollen einzusteigen.

Wirgefühl: Beziehe neue Teammitglieder von Anfang an in Termine ein, betone die gemeinsame Identität und stärke den Teamzusammenhalt, der für eine effektive Zusammenarbeit entscheidend ist. Teambuilding-Aktivitäten und Events helfen dabei, die Integration zu erleichtern.

Mit der FLOW-Formel kannst du sicherstellen, dass der Onboarding-Prozess in deinem Unternehmen erfolgreich verläuft und eine positive Gruppendynamik fördert.

Tipp: Setze im Onboarding-Prozess moderne Technologien ein: digitale Handbücher, E-Learning-Plattformen und andere Tools können deinen neuen Mitarbeitern den Zugang zu Informationen erleichtern.

48. FEHLER:
MITARBEITERFEEDBACK IGNORIEREN

Mitarbeiter sind das Herz eines Unternehmens, Mitarbeiter- und Feedbackgespräche das Rückgrat einer positiven Unternehmenskultur, sie tragen maßgeblich zur individuellen Entwicklung und zur kollektiven Leistung bei.

Schenkst du deinen Mitarbeitern dein Ohr und deine Zeit, fühlen sie sich gehört, verstanden und wertgeschätzt. Sie bauen eine enge Bindung zu deinem Unternehmen auf und sind eher geneigt, diesem treu zu bleiben. Insbesondere Dialoge bieten eine Gelegenheit, individuelle Ziele und Wünsche wie z. B. Weiterbildungen, neue Aufgabenbereiche und persönliche Entwicklungsmöglichkeiten zu besprechen. So können deine Mitarbeiter ihre Rolle in deinem Unternehmen reflektieren, Unternehmensziele bewerten, sich zur Arbeitsbelastung äußern und Feedback zur Zusammenarbeit mit Vorgesetzten und Kollegen geben. Vernachlässigst du allerdings Mitarbeitergespräche oder bist nicht in der Lage, Feedback anzunehmen, riskierst du Unzufriedenheit und den Verlust wertvoller Talente.

Negatives Feedback hört niemand gern. Oft fürchten wir uns vor Konflikten oder unangenehmen Gesprächen und davor, dass unsere Kompetenz infrage gestellt wird. Wir sind besorgt, dass offenes Feedback zu Spannungen im Team führen könnte, und vermeiden daher lieber konfrontative Situationen. Diese Angst vor Kritik kann dazu führen, dass wir uns dem Feedbackprozess entziehen.

Dabei sind Feedback und Kritik zwei völlig unterschiedliche Ansätze. Feedback legt den Fokus auf die Würdigung positiver Aspekte und fördert die Weiterentwicklung. Es bietet konkrete Lösungsvorschläge zur Leistungsverbesserung, beinhaltet also Rückmeldungen zu Arbeitsleistung und Verhalten, ermöglicht die Reflexion über abgeschlossene Projekte und Ziele und gibt zudem Anlass zu Lob und konstruktiver Kritik. Diese langfristige Ausrichtung des Feedbacks hat oft eine unterstützende und motivierende Wirkung.

Im Gegensatz dazu konzentriert sich negative Kritik eher auf Fehler und Mängel, ohne positive Aspekte zu berücksichtigen. Sie kann destruktiv sein, wenn sie nur das Problem hervorhebt, ohne klare Lösungsansätze zu bieten. Kritik ist oft kurzfristig ausgerichtet und kann demotivierend wirken, Selbstvertrauen und Motivation beeinträchtigen.

Die Unterscheidung zwischen Feedback und negativer Kritik ist wichtig, um in deinem Unternehmen ein positives Arbeitsklima zu schaffen. Denn letztlich dienen Feedback- oder Mitarbeitergespräche der Erfolgskontrolle. Sie sind nicht nur kritische Beurteilungen, sondern die Möglichkeit, sich über die fachliche und menschliche Arbeitssituation auszutauschen.

Doch wie lernt man, negatives Feedback zu akzeptieren bzw. konstruktives Feedback zu geben?

Der konstruktive Umgang mit negativem Feedback ist eine wichtige Fähigkeit für Unternehmer. Wenn du es ignorierst, kann es die Entwicklungs- und die Innovationsfähigkeit deines Unternehmens im Keim ersticken. Sieh Mitarbeiterfeedback eher als Lernmöglichkeit. Dann bist du in der Lage, auch negative Aspekte als einen normalen Entwicklungsbestandteil anzusehen, als essenzielle Bausteine für eine gesunde und erfolgreiche Unternehmenskultur. Nutze Mitarbeiterfeedback als Anstoß für konkrete Veränderungen, um Arbeitsprozesse langfristig zu optimieren. Die folgenden Schritte helfen dir, mit Kritik umzugehen und negatives Feedback anzunehmen:

- **Atme durch und reflektiere**, bevor du reagierst. Versuche, deine ersten emotionalen Reaktionen zu verstehen und zu kontrollieren.

- **Bitte um Klärung** durch weitere Beispiele und Details, wenn das Feedback nicht klar ist. Das kann helfen, Missverständnisse zu vermeiden, und verschafft dir ein genaueres Bild.

- **Trenne die Person vom Feedback.** Es geht um Handlungen oder Ergebnisse, nicht um deine persönliche Wertigkeit.

- **Sei dankbar** für die Ehrlichkeit der Person. Zeige, dass du ihre Perspektive schätzt und dass du bereit bist, an Verbesserungen zu arbeiten.

- **Suche nach positiven Aspekten.** Dies hilft, einen ausgewogenen Blick auf die Situation zu bewahren.

- **Suche Unterstützung** zum erhaltenen Feedback bei vertrauenswürdigen Kollegen, Mentoren oder Freunden. Ein Perspektivenaustausch kann dazu beitragen, verschiedene Sichtweisen zu verstehen und konstruktive Lösungsansätze zu finden.

Mit einer ausgewogenen Mischung aus konstruktivem Feedback und notwendiger Kritik etablierst du eine unterstützende und motivierende Feedbackkultur. Natürlich ist es nicht leicht, negative Aspekte anzusprechen – es ist dennoch notwendig, um dein Team und dein Unternehmen voranzubringen. So vermeidest du überflüssige Konflikte und gehst die Sache richtig an:

Bleibe konkret: Gehe sowohl auf die Emotionen als auch auf die Komplikationen im Umgang mit deinen Mitarbeitern ein. Bei Unstimmigkeiten ist es ratsam, Emotionen offen zu thematisieren, anstatt darauf zu hoffen, dass sich Probleme von selbst lösen.

Feedback sollte in einer vertraulichen Umgebung besprochen werden. Achte darauf, dass die **Privatsphäre respektiert** wird, um unnötige Peinlichkeiten zu vermeiden.

Vermeide es, in Stresssituationen oder in der Hitze des Gefechts Feedback zu geben. Suche nach einem **ruhigen Moment**, der für beide Seiten geeignet ist.

Nutze **Ich-Botschaften**, in denen du deine eigenen Gefühle und Eindrücke mitteilst. Im Gegensatz zu Du-Botschaften, die oft als anklagend empfunden werden, betonen Ich-Botschaften die eigenen Gefühle, Gedanken und Bedürfnisse. Dies fördert Empathie und Verständnis für deine Perspektive.

Kritik sollte sich auf **konkretes Verhalten** beziehen, nicht auf die Persönlichkeit. Dadurch wird vermieden, dass die Person sich persönlich angegriffen fühlt, das erleichtert eine konstruktive Diskussion. **Sei ehrlich** (jedoch nicht zu hart), was deine Gedanken und Gefühle angeht, um Vertrauen aufzubauen.

Mit diesen zehn Schritten etablierst du eine positive Feedbackkultur:

1. **Führung durch Beispiel:** Führungskräfte sollten offen Feedback geben und empfangen. Dies setzt den Ton für den Rest deines Unternehmens.

2. **Klare Kommunikation:** Betone, dass Feedback konstruktiv und lösungsorientiert ist. Stelle klar, dass das Ziel darin besteht, gemeinsam zu wachsen und die Unternehmensleistung zu verbessern.

3. **Klare Kommunikationswege** für Mitarbeiterfeedback in Form von regelmäßigen Umfragen oder Feedbacksitzungen, Team-Meetings, Mitarbeitergesprächen oder kurzen Feedbackschleifen

4. **Schulungen zum Thema Feedback geben und annehmen**: Dies hilft, Unsicherheiten abzubauen und die Effektivität der Feedbackprozesse zu verbessern.

5. **Anonyme Feedbackmöglichkeiten**: Mit anonymen Umfragen oder Feedbackboxen stellst du sicher, dass deine Mitarbeiter sich frei äußern können, ohne Angst vor Konsequenzen zu haben.

6. **Feedback in Echtzeit**: Fördere die Gewohnheit, Feedback sofort zu geben, wenn es relevant bzw. sinnvoll ist. Dadurch wird vermieden, dass Probleme übersehen oder aufgeschoben werden.

7. **Anerkennung betonen**: Zeige deinen Mitarbeitern, dass du ihr Feedback schätzt und bereit bist, daraus zu lernen.

8. **Feedback in Unternehmensziele integrieren**: Feedback ist keine isolierte Aktivität, sondern stellt einen integralen Teil deiner Unternehmenskultur dar.

9. **Feedback-Tools nutzen**, von einfachen Umfrage-Tools bis zu umfassenden Performance-Management-Systemen

10. **Fortlaufende Evaluation und Anpassung:** Ein erfolgreiches Mitarbeitergespräch ist eine Gelegenheit zur gegenseitigen Weiterentwicklung und Stärkung der Zusammenarbeit. Es ist wichtig, regelmäßig das Gespräch zu suchen. So manifestiert sich die Beziehung zwischen dir und deinen Mitarbeitern. Begreife diese Gespräche als Chance.

Im folgenden Leitfaden findest du die sechs Phasen eines erfolgreichen Mitarbeitergesprächs:

1. Vorbereitung

- **Strukturelle Vorbereitung:** Nimm dir Zeit, um die Leistungen, Ziele und Entwicklungsbereiche des jeweiligen Mitarbeiters zu überprüfen. Denke auch darüber nach, wie du konstruktive Kritik und Lob am besten kommunizieren kannst.

- **Selbsteinschätzung**: Bitte deinen Mitarbeiter, im Vorfeld eine Selbstbewertung durchzuführen. Dies ermöglicht nicht nur eine differenzierte Perspektive, sondern zeigt auch das Engagement des Mitarbeiters für seine eigene Entwicklung.

- **Fremdeinschätzung**: Durch Feedback von Kollegen können weitere hilfreiche Einblicke gewonnen werden, beispielsweise mithilfe von anonymen Fragebögen.

2. Eine positive Atmosphäre schaffen

- **Begrüßung und Small Talk**: Zu Beginn des Gesprächs hilft dies, eine positive und entspannte Atmosphäre zu schaffen.

- **Positives Feedback zuerst**: Die Anerkennung der Erfolge und Leistungen des Mitarbeiters stärkt das Selbstvertrauen und schafft eine positive Grundstimmung.

3. Konstruktive Kritik

- **Kritisches Feedback** sollte spezifisch, klar und entwicklungsfördernd sein. Vermeide verallgemeinernde Aussagen und biete konkrete Beispiele.

- **Frage nach Lösungen**: Dies fördert proaktives Denken und Eigenverantwortung.

- **Aktives Zuhören**: Zeige durch Aufmerksamkeit und durch nonverbale Signale, dass du interessiert und offen für die Perspektive deines Mitarbeiters bist.

4. Entwicklungsmöglichkeiten

- **Klare Ziele und Erwartungen**: Besprechen klar die Ziele des Gesprächs und die Erwartungen an den Mitarbeiter. Dies hilft, Fokus und Richtung zu geben.

- **Identifiziere Entwicklungsbereiche**: Erarbeite gemeinsam mit dem Mitarbeiter konkrete Maßnahmen und Pläne zur Weiterentwicklung. Sie können Schulungen, Mentoring oder andere Ressourcen umfassen.

5. Abschluss

- **Zusammenfassung und Vereinbarungen**: Fasse die wichtigsten Punkte des Gesprächs zusammen, vereinbare klare Maßnahmen und Verantwortlichkeiten. Dies stellt sicher, dass beide Parteien die Erwartungen verstehen.

- **Ausblick**: Betone am Ende des Gesprächs die Wertschätzung für die Zusammenarbeit und zeige Enthusiasmus für kommende Herausforderungen und Chancen.

6. Nachbereitung

- **Zusammenfassung**: Stelle sicher, dass alle wichtigen Punkte des Gesprächs dokumentiert werden, also besprochene Themen, getroffene Vereinbarungen, Ziele und etwaige Maßnahmenpläne. Diese Dokumentation dient vor allem als Referenz für zukünftige Gespräche, teile sie mit deinem Mitarbeiter.

- **Kommunikation mit anderen Teams oder Abteilungen**: Wenn das Gespräch Auswirkungen auf andere Teams oder Abteilungen hat, kommuniziere die relevanten Informationen an die entsprechenden Stellen. Dies fördert eine transparente und abteilungsübergreifende Unternehmenskommunikation.

- **Feedback zur Gesprächsführung einholen**: Hole Feedback von Kollegen oder Vorgesetzten ein, insbesondere wenn du das Gespräch geleitet hast. Dies hilft, deine Führungsfähigkeiten zu verbessern und zukünftige Gespräche effektiver zu gestalten.

49. FEHLER:
VERSTAUBTE ARBEITSBEDINGUNGEN UND MANGELNDE ARBEITSSICHERHEIT

Leider sind viele Arbeitsplätze von veralteten Bedingungen und mangelnder Sicherheit geprägt. Dieser Missstand sollte nicht nur aus ethischen Gründen, sondern auch im Interesse des langfristigen Unternehmenserfolgs beseitigt werden. Ich meine hier nicht Dekorationen und Wandfarben, sondern schlechte

Arbeitsverhältnisse und mangelnden Arbeitsschutz, starre Arbeitszeiten und wenig Spielraum für Flexibilität.

Moderne Arbeitsplätze sollten mehr als funktionale Räume sein; sie sollten die individuellen und kollektiven Mitarbeiterbedürfnisse berücksichtigen. Warum das so wichtig ist? Nun, weil der Unternehmenserfolg nicht nur von interessanten Projekten und erfolgsversprechenden Kunden abhängt, sondern auch von den Menschen, die Tag für Tag daran arbeiten. Gute Arbeitsbedingungen hängen von der individuellen Einschätzung deiner Mitarbeiter ab, also nicht nur von einem attraktiven Gehalt, sondern von vielen unterschiedlichen Aspekten. Ihre Gesamtbeurteilung beruht auf dem Zusammenspiel verschiedener Faktoren:

Arbeitsvoraussetzungen:

- Sind die Aufgaben deiner Mitarbeiter **interessant** und abwechslungsreich oder eher monoton und langweilig? Empfinden deine Beschäftigten ihre Arbeit als **sinnvoll**?

- Entsprechen die Aufgaben den körperlichen und geistigen **Fähigkeiten** deiner Mitarbeiter oder sind sie über- oder unterfordert?

- Haben deine Mitarbeiter alles, was sie für ihre Aufgaben benötigen? Erfüllt die **Ausstattung** am Arbeitsplatz alle nötigen Voraussetzungen?

- Wie beeinflusst die **Organisation** die Arbeitsbedingungen, z. B. die Abläufe im Unternehmen, die bestehenden Verfahren, die Art der Zusammenarbeit (Einzel- oder Gruppenarbeit) und die Häufigkeit von Besprechungen?

Gesundheit und Belastbarkeit:

- Wie hoch sind deine **Anforderungen**? Sind sie realistisch oder herrscht ein zu hoher Leistungsdruck?

- Können deine Mitarbeiter ihre Aufgaben in der vorgegebenen Zeit bewältigen oder stehen sie unter Dauerstress? Erhöht sich das **Arbeitsvolumen** durch eine zu hohe Arbeitsbelastung oder durch die Vertretung eines erkrankten Kollegen?

- Wie schätzt du den allgemeinen **Gesundheitszustand** deiner Mitarbeiter ein? Gibt es gesundheitliche Probleme, die häufig auftreten?

- Welche Maßnahmen ergreifst du, um die **Sicherheit** deiner Mitarbeiter zu fördern? Gibt es besondere Herausforderungen, die hervorgehoben werden sollten?

Die Mitarbeitergesundheit und -belastbarkeit spielen eine zentrale Rolle. Jedes Unternehmen legt seine eigenen Arbeitsbedingungen durch gewisse Standards fest. Auch gesetzliche Maßstäbe beeinflussen die Bedingungen, indem sie bestimmte Mindestanforderungen und Verhaltensregeln für Arbeitgeber festlegen, um die Gesundheit, das Recht und die Sicherheit deiner Mitarbeitenden zu schützen. Doch obwohl diese rechtlichen Vorgaben Mindeststandards setzen, gibt es häufig Verstöße, z. B. längere Arbeitszeiten, Missachtung von Ruhezeiten bei Schichtarbeit oder unzureichende Sicherheitsmaßnahmen am Arbeitsplatz. Das kann nicht nur die Arbeitsmoral und das Wohlbefinden deiner Mitarbeiter beeinträchtigen, sondern sich auch negativ auf ihre Produktivität und das Arbeitsklima auswirken.

Auch wenn du alle gesetzlichen Bestimmungen einhältst, bedeutet das nicht zwangsläufig, dass die Arbeitsbedingungen aus Mitarbeitersicht als gut empfunden werden. Zudem können z. B. das Vorgesetztenverhalten, das Teamklima und die Art der zugewiesenen Aufgaben nicht immer gesetzlich geregelt werden. Das Problem ist: Oft neigen wir dazu, uns an Gewohnheiten und festgelegte Normen zu klammern, ohne zu hinterfragen, ob sie noch zeitgemäß sind und den Mitarbeiterbedürfnissen gerecht werden. Denn insbesondere in Zeiten, in denen flexible Arbeitsmodelle immer beliebter werden und verstaubte Arbeitsbedingungen deinem Unternehmen massiv schaden, kann eine Modernisierung einen positiven Einfluss auf deine Unternehmenskultur, die Arbeitsatmosphäre und die Mitarbeiterzufriedenheit haben. Die wesentliche Frage ist: Reichen deine Standards aus? Diese Frage ist gleichzeitig eine Einladung zur Weiterentwicklung. Nur wenn du dich regelmäßig damit auseinandersetzt und bereit bist, Standards anzupassen, kannst du sicherstellen, dass sie nicht nur ausreichen, sondern auch einen Mehrwert bieten.

Künstliche Intelligenz, der Fachkräftemangel und der stetige gesellschaftliche Wandel – das alles sind Symptome einer neuen Zeit. Sie werden vor allem mit den steigenden Arbeitsansprüchen der nachfolgenden Generationen sichtbar. Viele Unternehmen stehen daher vor der Herausforderung, hochqualifizierte Arbeitskräfte durch moderne Arbeitsbedingungen für sich zu gewinnen. Geld und Status allein reichen nicht mehr aus; stattdessen wollen sich Mitarbeiter heutzutage in ihrer Arbeit entfalten, sich kontinuierlich weiterentwickeln und Wertschätzung erfahren. Grundlegende Veränderungen sind hier also gefragt. Dabei unterscheiden wir zwei Ansätze:

»Old Work« bezeichnet traditionelle Arbeitsmodelle und -strukturen, die für die Industriegesellschaft typisch waren. Hier stand oft die Produktion im Vordergrund; die Arbeitnehmer hatten nur begrenzte Mitbestimmungs- und Freiheitsrechte. Old Work basiert auf starren Hierarchien, geregelten bzw. festen Arbeitszeiten und wenig Raum für Selbstverwirklichung oder Flexibilität.

»New Work« dagegen repräsentiert die Anpassung an unsere heutige Wissens- und Informationsgesellschaft, die Globalisierung, Digitalisierung und den demografischen Wandel. Geprägt wurde der Begriff von dem Sozialphilosophen und Begründer Frithjof Bergmann.[38] Das ursprünglich als politisches Konzept gedachte Gegenmodell zum Sozialismus entstand nach eine Reise Bergmanns in die Ostblockländer zwischen 1976 und 1979. Das Konzept basiert auf der Beobachtung, dass unsere Gesellschaft einen Paradigmenwechsel von der Industrie- zur Wissensgesellschaft durchläuft und verstärkt auf die modernen Prinzipien von Selbstbestimmung, Flexibilität und individueller Entfaltung setzt.

Bergmanns New-Work-Manifest ist längst kein utopischer Gedanke mehr, sondern ein integraler Bestandteil unserer Arbeitswelt. Konkret führt New Work folgende drei Merkmale an:

Selbstverwirklichung: New Work strebt weg von strengen Hierarchien und hin zu mehr Freiheit und Handlungsspielraum. Die persönliche und berufliche Weiterentwicklung wird betont, erfordert jedoch räumliche und zeitliche Freiheiten. Durch Work-Life-Blending gewinnt beispielsweise die Vereinbarkeit von Beruf und Privatleben an Bedeutung. Zudem stehen sowohl eine positive Einstellung zur Arbeit als auch Kreativität im Vordergrund, während traditionelle Arbeitsteilung und Lohnarbeit in den Hintergrund treten.

Technische Strukturen: Die Bedeutung von New Work ergibt sich aus den neuen Technologien, der Automatisierung und der umfassenden Vernetzung. Eine entscheidende Rolle spielen daher technische Infrastrukturen, die eine flexible und dezentrale Arbeitsweise ermöglichen.

Neue Organisationsmodelle: Das Hauptziel ist eine effiziente und flexible Arbeitsweise, bei der die Personen mit den größten Kompetenzen für ein bestimmtes Projekt einbezogen werden.

Aus diesen Grundprinzipien lassen sich verschiedene Methoden ableiten, die den Arbeitsalltag angenehmer gestalten sowie Leistungsfähigkeit und Zufriedenheit steigern.

Flexibilität: Das New-Work-Konzept fördert die Möglichkeit von Homeoffice und Remote Work. Gib deinen Mitarbeitern – wenn möglich und sinnvoll – die Freiheit, ihre Arbeit so zu erledigen, wie es für sie und dein Team am effektivsten ist. So können sie beispielsweise durch Co-Working-Spaces oder Desksharing ihre Arbeitsumgebung individuell wählen.

Kreativität: Im New-Work-Konzept werden agile Methoden wie Design Sprints und Design Thinking als praktische Ansätze eingesetzt, um die Entwicklung neuer Projekte oder Produkte zu ermöglichen. Ermuntere deine Mitarbeiter, Ideen einzubringen, und fördere eine Unternehmenskultur, die Veränderung und Fortschritt unterstützt. Auch eine inspirierende und flexible Arbeitsumgebung, mit offenen Bürokonzepten, Lounges oder anderen innovativen Raumgestaltungen, kann die Mitarbeiterkreativität steigern.

Gesundheit: Gesundheit und Achtsamkeit sind ebenso wichtig wie Produktivität und Leistung. Fördere deshalb die Mitarbeitergesundheit, indem du z. B. Sportprogramme anbietest und in eine moderne Arbeitsplatzgestaltung investierst, die das Wohlbefinden unterstützt. Achte darauf, die Arbeitsplätze an individuelle Mitarbeiterbedürfnisse anzupassen, um körperliche Belastungen zu minimieren.

Stressreduktion: Die Gesundheit umfasst auch die psychische Stabilität. Achte auf ein stressfreies Arbeitsumfeld und fördere das Wohlbefinden deiner Mitarbeiter. Biete z. B. Entspannungsmöglichkeiten an, um Stress und Burn-out vorzubeugen. Durch gute Beleuchtung und Belüftung wie auch durch Ordnung und Sauberkeit kannst du eine angenehme Arbeitsatmosphäre schaffen. Zusätzlich können Pausenräume dazu beitragen, Stress zu reduzieren und die Arbeitsmoral zu erhöhen.

Flache Hierarchien: Das Aufbrechen starrer Hierarchien schafft eine offene und motivierende Arbeitskultur. So ermöglichst du schnellere Entscheidungen durch weniger bürokratische Hürden. Deine Mitarbeiter können einfacher und direkter mit den Führungskräften kommunizieren, was den offenen Austausch von Ideen, Anliegen und Feedback fördert. Eine Holokratie, ohne feste Rangordnungen oder klassische Führungspositionen, sondern mit verschiedenen Rollen und Kreisen, und Leadership 4.0, eine offene, kooperative und anpassungsfähige Führungsphilosophie, sind Beispiele für innovative Organisationsmodelle, die sich aus dem New-Work-Konzept ergeben.

Partizipation und Transparenz: Flache Hierarchien ermöglichen eine partizipative Unternehmenskultur. Gib deinen Mitarbeitern die Möglichkeit, sich an Entscheidungsprozessen zu beteiligen. Achte vor allem auf Transparenz bei unternehmerischen Maßnahmen, um Vertrauen und Engagement jedes Einzelnen und die Identifikation mit deinem Unternehmen zu stärken.

Agiles Arbeiten: Statt starrer Abteilungen werden Teams gebildet, die projektbezogen arbeiten. Das fördert die Zusammenarbeit, ermöglicht schnellere Anpassungen an Veränderungen und trägt zu einer effizienten Arbeitsweise bei. Auch die Integration von Freelancern ermöglicht es, flexibel auf Veränderungen zu reagieren, und fördert durch neuen Input die Kreativität deines Teams.

Workload: New Work ermöglicht flexible Arbeitszeiten. Fördere einen ausgewogenen Arbeitsrhythmus. Achte darauf, dass deine Fachkräfte sich nicht durch ein zu hohes Arbeitspensum bzw. durch Überstunden überfordert fühlen.

Integration moderner Technologien: New Work ermöglicht eine effiziente Vernetzung, wobei technische Möglichkeiten eine entscheidende Rolle spielen. Arbeitsplätze, die nicht mit moderner Technologie ausgestattet sind, können die Produktivität deines Teams beeinträchtigen. Stelle daher sicher, dass die IT-Infrastruktur auf dem neuesten Stand ist, und aktualisiere regelmäßig die technologische Ausstattung, um mit aktuellen Standards Schritt zu halten. Implementiere digitale Anwendungen, wie Projektmanagement-Softwares, Kollaborations- oder Cloud-basierte Tools.

Fortbildungs- und Weiterbildungsmöglichkeiten: Wissen ist der Schlüssel zu Wachstum – das ist der Kern des New-Work-Konzepts. Der Schwerpunkt liegt hierbei vor allem auf dem sogenannten »Learning-Worker«-Konzept: Ein moderner Arbeitsplatz muss auf Weiterbildung ausgerichtet sein und lebenslanges Lernen ermöglichen, durch neue Technologien oder regelmäßige Fortbildungen. So förderst du die berufliche Entwicklung deiner Mitarbeiter und schaffst Raum für Wissensaustausch und Lernmöglichkeiten.

Mit der Umsetzung dieser Maßnahmen schaffst du ein modernes Arbeitsumfeld, das nicht nur den Anforderungen deiner Belegschaft entspricht, sondern auch dazu beiträgt, die Arbeitskultur zu verbessern und dein Unternehmen für talentierte Fachkräfte attraktiv zu machen. Der kontinuierliche Dialog mit deinen Mitarbeitern und die Anpassung der Arbeitsbedingungen sind dabei entscheidend. Insbesondere wenn du die individuellen Bedürfnisse deiner Mitarbeiter berücksichtigst, wenn es um Arbeitsverträge, Arbeitszeiten oder -orte geht, steigerst du ihre Zufriedenheit und Bindung an dein Unternehmen. Das führt zu mehr Motivation und Engagement. Darüber hinaus trägt es zu einer besseren psychischen und physischen Gesundheit bei, was die Lebensqualität insgesamt erhöht.

Wichtig: Neue Arbeitsformen und der Trend zu mehr Flexibilität, Eigenverantwortung und Agilität sind nicht für jeden Arbeitnehmer und jede Unternehmensstruktur geeignet und müssen gut durchdacht sein. Richtig umgesetzt bieten neue Arbeitsformen jedoch viele Chancen, insbesondere für eine freiere Gestaltung der Arbeit im Unternehmen.

Ein moderner Arbeitgeber ist zwar schön und gut, aber die **Sicherheit** darf nicht zu kurz kommen. Es geht nicht nur um die Ethik; in einem sicheren Umfeld gedeihen auch das Vertrauen und die Zufriedenheit deiner Mitarbeiter. Das spielt vor allem in Deutschland eine entscheidende Rolle. Denn gerade bei uns Deutschen ist die Sicherheit von Fachkräften ein bedeutender Aspekt des Arbeitsrechts, sie wird durch verschiedene Gesetze und strenge Vorschriften geregelt:

Das **Arbeitsschutzgesetz (ArbSchG)** bildet die rechtliche Grundlage für den Arbeitsschutz in Deutschland. Es legt die Pflichten von Arbeitgebern und Arbeitnehmern fest, um die Sicherheit und den Gesundheitsschutz am Arbeitsplatz zu gewährleisten.

Die **Gesetzliche Unfallversicherung (DGUV)** wird von den Unfallversicherungsträgern (Berufsgenossenschaften und Unfallkassen) überwacht. Die Träger sind für die Prävention, Rehabilitation und Entschädigung bei Arbeitsunfällen und Berufskrankheiten zuständig.

Die **Arbeitsstättenverordnung (ArbStättV)** regelt die Anforderungen an Arbeitsstätten, um die Sicherheit und den Gesundheitsschutz der Beschäftigten zu gewährleisten. Sie umfasst Aspekte wie Raumtemperatur, Belüftung, Beleuchtung und Notausgänge.

Die **Technischen Regeln für Arbeitsstätten (ASR)** sind technische Regelwerke, die konkrete Anforderungen aus der Arbeitsstättenverordnung detaillierter beschreiben. Sie bieten praxisnahe Hilfestellungen für die Umsetzung der gesetzlichen Vorgaben.

Unternehmen ab einer bestimmten Größe sind verpflichtet, mithilfe von **Betriebsärzten und Sicherheitsingenieuren** die Mitarbeitergesundheit und -sicherheit zu gewährleisten. Diese Experten unterstützen bei der Maßnahmenumsetzung zur Verhütung von Arbeitsunfällen und Berufskrankheiten.

Zur Identifizierung potenzieller Gefahren am Arbeitsplatz muss eine **Gefährdungsbeurteilung** durchgeführt werden.

Arbeitgeber müssen ihren Beschäftigten entsprechende **arbeitsmedizinische Vorsorgeuntersuchungen** anbieten, die von den spezifischen Arbeitsbedingungen abhängen.

Für die Umsetzung und Überwachung von Arbeitsschutzmaßnahmen muss eine **Arbeitsschutzorganisation (ASA)** eingerichtet werden.

Wichtig: Sicherheitsmaßnahmen und -vorschriften können sich von Unternehmen zu Unternehmen unterscheiden. In einigen Branchen wie dem Gesundheitswesen, der chemischen Industrie oder dem Baugewerbe ist die Einhaltung von Arbeitsschutzstandards besonders wichtig, da hier ein hohes Risiko von Arbeitsunfällen und arbeitsbedingten Erkrankungen besteht. Informiere dich daher genau über die für deinen Betrieb geltenden gesetzlichen Bestimmungen und ziehe gegebenenfalls Experten hinzu.

Indem du dich bewusst mit den geltenden Arbeitsbedingungen, den Schutzmaßnahmen und dem Verhalten von Fach- und Führungskräften auseinandersetzt, legst du den Grundstein für ein sicheres und produktives Arbeitsumfeld. Stelle dir dazu zunächst folgende Fragen:

Wie sind die **Arbeitsbedingungen** gestaltet? Gibt es ausreichende Beleuchtung, Belüftung und sind die Fluchtwege klar erkennbar und leicht zugänglich?

Welche **Schutzmaßnahmen** sind vorgesehen? Sind persönliche Schutzausrüstungen wie Helme, Schutzbrillen oder Sicherheitsschuhe erforderlich? Existieren in speziellen Räumen die notwendigen und standardmäßigen Sicherheitseinrichtungen?

Wie wird von Fach- und Führungskräften das **Einhalten der Sicherheitsnormen und -vorschriften** gehandhabt?

Mit diesen konkreten Maßnahmen kannst du die Arbeitssicherheit gewährleisten:

Zeige Verpflichtung zur Sicherheit auf Führungsebene und demonstriere ein starkes Engagement für die Sicherheit deiner Mitarbeiter. Integriere daher Sicherheitsziele in die Unternehmensmission und -werte.

Informiere dich regelmäßig über die aktuellen Sicherheitsvorschriften und kommuniziere relevante Änderungen an deine Mitarbeiter.

Erstelle intern klare Sicherheitsrichtlinien für alle Mitarbeiter und stelle sicher, dass diese regelmäßig aktualisiert und kommuniziert werden.

Implementiere umfassende Schulungsprogramme für deine Mitarbeiter, die Sicherheitsrisiken und -verfahren abdecken, um zu sensibilisieren. Ermutige zu offenen Diskussionen über Sicherheitsthemen und fördere eine Kultur des Sicherheitsbewusstseins.

Führe regelmäßige Inspektionen und Sicherheitsaudits durch, um potenzielle Risiken zu identifizieren. Setze klare Verfahren für die Meldung von Sicherheitsbedenken durch Mitarbeiter um.

Implementiere moderne Technologien, die die Sicherheit am Arbeitsplatz verbessern, wie z. B. Überwachungssysteme, intelligente Sensoren oder digitale Notfallmeldesysteme. Nutze digitale Plattformen für Schulungen und Sicherheitskommunikation.

Entwickle einen umfassenden Notfallplan und stelle sicher, dass alle Mitarbeiter ihn kennen. Organisiere regelmäßige Notfallübungen, um die Reaktion deines Teams zu testen.

Ermutige deine Mitarbeiter, aktiv Feedback zur Sicherheitskultur zu geben, und nutze es, um kontinuierliche Verbesserungen vorzunehmen.

Implementiere Belohnungssysteme für sicheres Verhalten, um deine Mitarbeiter zu motivieren. Die Anerkennung für Sicherheitsbewusstsein kann von einem einfachen »Dankeschön« bis hin zu besonderen Auszeichnungen reichen.

Die Vernachlässigung der Sicherheit und der Arbeitsbedingungen kann zu erheblichen finanziellen und betrieblichen Konsequenzen führen.

50. FEHLER:
MANGELNDE MITARBEITER-FÖRDERUNG UND WEITERBILDUNG

Wenn du es versäumst, in die kontinuierliche Entwicklung der Fähigkeiten und des Know-hows deines Teams zu investieren, kann das in der sich schnell verändernden Geschäftswelt zu Schwierigkeiten führen. Gerade vor dem Hintergrund des zunehmenden Fachkräftemangels ist dies mittlerweile ein wichtiger Faktor – vor allem für Bewerber, die sich für ein Unternehmen entscheiden müssen.

So verdeutlichen die Ergebnisse einer Studie der Online-Jobbörse StepStone[39] den Wunsch vieler Arbeitnehmer nach mehr Fördermaßnahmen in ihren Unternehmen. Fachkräfte wünschen sich verstärkt externe, aber auch interne Weiterbildungsmöglichkeiten, auch die Gelegenheit zum Erfahrungs- und Wissensaustausch mit Kollegen wird gefordert. Viele halten die Teilnahme an Fachkonferenzen und Seminaren sowie regelmäßiges Mentoring oder Coaching für wichtig, um ihre Karriere voranzutreiben. Doch nur eine Minderheit der Personalmanager ist der Meinung, dass ihren Mitarbeitern gute Aufstiegschancen und Weiterbildungsmöglichkeiten geboten werden; für 13 % der Personalmanager sind mangelnde Entwicklungsmöglichkeiten sogar der Hauptgrund für den

Verlust von Mitarbeitern. Etwa ein Viertel der befragten Fachkräfte gibt an, ihre letzte Stelle auch wegen mangelnder Weiterbildungsmöglichkeiten gekündigt zu haben. Daraus können wir schließen: Unternehmer, die in ihre Fachkräfte investieren, binden mehr Mitarbeiter an ihr Unternehmen und werden langfristig einen entscheidenden Wettbewerbsvorteil haben.

Allerdings wird das noch nicht überall ausreichend berücksichtigt. Mitunter werden die Aus- und Weiterbildungskosten als Hindernis für die eigentlichen Unternehmensziele angesehen, obwohl Mitarbeiterzufriedenheit und -produktivität durch gezielte Weiterbildungsmaßnahmen gesteigert werden können. Auch laut einer Studie des Work Institute aus dem Jahr 2020[40] haben 20 % der Arbeitnehmer in den USA, die freiwillig ein Unternehmen verlassen haben, dies getan, weil ihnen keine beruflichen Entwicklungsmöglichkeiten geboten wurden. Die jährlichen Kosten dieser Mitarbeiterfluktuation belaufen sich für US-Unternehmen auf insgesamt 630 Milliarden US-Dollar, das entspricht etwa 15.000 US-Dollar pro Mitarbeiterwechsel. Im Vergleich zu diesen Verlusten sind die Kosten für Fördermaßnahmen deutlich geringer, die Investitionen in Weiterbildungen sind also durchaus lohnenswert.

»Go with the flow«, heißt es – schwimm mit dem Strom. Das bedeutet allerdings nicht nur, sich den äußeren Umständen anzupassen, sondern bedarf auch der Fähigkeit, sich ständig weiterzuentwickeln und vorausschauend zu handeln. Denn der ständige Wandel der Umwelt und die hohe Dynamik des Arbeitsmarktes, vor allem neu aufkommende branchenspezifische Trends und Veränderungen, erfordern häufig eine Weiterentwicklung der Fähigkeiten und Kenntnisse deiner Beschäftigten. Das bedeutet im Umkehrschluss, dass frühere Lebensentwürfe, die auf einer einmaligen Ausbildung und einer langen Berufslaufbahn basierten, kaum noch realisierbar sind. Deine Mitarbeiter stehen also vor der Herausforderung, ihre Qualifikationen kontinuierlich zu verbessern, um sowohl deinen Unternehmensanforderungen als auch den Marktbedürfnissen gerecht zu werden und ihre Attraktivität auf dem Arbeitsmarkt zu erhalten.

Auch die rasant fortschreitende Technologisierung und Automatisierung bestimmter Tätigkeiten kann einzelne Arbeitsplätze stark verändern oder überflüssig machen. Die Vergangenheit hat bereits gezeigt, dass repetitive und routinemäßige Tätigkeiten von Maschinen übernommen werden können. So spielt das Thema künstliche Intelligenz (KI) im Kontext der Personalentwicklung und -weiterbildung in den letzten Jahren eine immer wichtigere Rolle: Unternehmen werden verstärkt nach Mitarbeitern suchen, die mit Innovationen wie KI arbeiten können. Arbeitnehmer, die sich mit KI auskennen, sind in der Lage, sich an veränderte Anforderungen anzupassen und möglicherweise sogar neue Karrieremöglichkeiten zu erkennen. Diejenigen, die sich weiterbilden, bleiben in ihrer beruflichen Laufbahn agil. Die Auseinandersetzung mit technologischen Neuerungen wie künstlicher Intelligenz trägt also nicht nur zur persönlichen Entwicklung bei, sondern ist auch ein strategischer Schritt, um den ständigen Veränderungen erfolgreich zu begegnen.

Diese Entwicklung fordert von den Betroffenen jedoch auch, ihre Kompetenzen in den Bereichen weiterzuentwickeln, die nicht ohne Weiteres durch Automatisierung ersetzt werden können, die also eine menschenzentrierte, kreative und kritische Herangehensweise erfordern. Daher werden Soft Skills wie innovatives Denken, Problemlösung und zwischenmenschliche Kommunikation immer wichtiger. Die Förderung dieser Fähigkeiten wird zu einem zentralen Bestandteil der Personalentwicklung. Daher gilt folgender Grundsatz: Unterstützt du deine Mitarbeiter aktiv bei der Entwicklung dieser Fähigkeiten, formst du nicht nur ein belastbareres Team, sondern bereitest es auch besser auf die Herausforderungen einer sich wandelnden Arbeitswelt vor.

Zu den Weiterentwicklungsmöglichkeiten deiner Angestellten gehört auch, Fehler machen zu dürfen und aus diesen zu lernen. Deine Mitarbeiter wachsen daran und dein Unternehmen wächst mit ihnen. Von der Förderung ihrer individuellen Entwicklung, von mehr Effizienz und Innovationskraft profitiert somit auch dein Unternehmen. Es bleibt wettbewerbsfähig und kann neue Herausforderungen besser meistern – eine Win-win-Situation.

Was ich damit sagen will: Es ist deine Aufgabe, das individuelle Potenzial eines jeden Mitarbeiters zu ermitteln und zu fördern. Die Fähigkeit, die Stärken jedes Teammitglieds zu erkennen, macht den Unterschied zwischen einem erfolgreichen und einem durchschnittlichen Unternehmen aus.

Das weltweit führende Unternehmen Google beispielsweise ist für seine hervorragende Unternehmenskultur bekannt, die auf kontinuierlicher Weiterbildung basiert. Das Unternehmen bietet seinen Mitarbeitern Zugang zu internen Schulungen, externen Kursen und sogar finanzielle Unterstützung für Studienabschlüsse. Dabei fördert Google eine Lernumgebung, in der Angestellte ihre Fähigkeiten ständig weiterentwickeln können.

Insgesamt trägt die ganzheitliche Strategie des Unternehmens wesentlich dazu bei, das Unternehmen als Innovationsführer zu positionieren und Fachkräfte anzuziehen, die eine Kultur des lebenslangen Lernens schätzen.

Um dieses Potenzial freizusetzen, ist es wichtig, dass du eine Unternehmenskultur schaffst, die Kreativität, Zusammenarbeit und individuelles Wachstum fördert, denn auf die Eigeninitiative deiner Mitarbeiter kannst du dich nicht immer verlassen. Deine Aufgabe ist es, ein inspirierendes Umfeld zu schaffen, in dem jedes Teammitglied ermutigt wird, sein volles Potenzial zu entfalten. Welche konkreten Maßnahmen sind dafür notwendig?

Analyse

- Ermittle zunächst den spezifischen **Ausbildungsbedarf** deiner Mitarbeiter, unter anderem durch offene Diskussionen, Einzelgespräche oder Umfragen. Dies hilft bei der Entwicklung zielgerichteter Ausbildungsprogramme.

- Eine **Marktanalyse** wird durchgeführt, um aktuelle Branchentrends zu identifizieren, die neue Fähigkeiten und Kenntnisse erfordern.

- Biete deinen Mitarbeitern die Möglichkeit, ihre eigenen Schulungsziele zu setzen oder Vorschläge für Fortbildungsmaßnahmen zu machen. Dies erhöht die **Mitarbeiterbeteiligung** und fördert die Eigenverantwortung für die persönliche Weiterentwicklung.

Entwicklung von Mitarbeiterpotenzial

- **Regelmäßige Gespräche und Feedbackrunden** helfen dir dabei, die individuellen Entwicklungsbereiche deiner Mitarbeiter zu identifizieren, um gezielte Weiterentwicklungsmaßnahmen zu ergreifen.

- Setze ein **Talentmanagementsystem** um, das es ermöglicht, die Fähigkeiten und Stärken deiner Mitarbeiter zu erkennen. Das schafft die Grundlage für eine gezielte Entwicklung.

- Führe darüber hinaus **regelmäßige Leistungsbeurteilungen** durch, um die individuelle Leistung deiner Mitarbeiter zu bewerten. Identifiziere dabei nicht nur Schwächen, sondern betone auch ihre Stärken und Potenziale.

Fortbildungsmaßnahmen

- Fördere eine **Unternehmenskultur, die kontinuierliches Lernen und Wachstum unterstützt.** Eine offene Kommunikation über die Bedeutung von Weiterbildung und persönlicher Entwicklung schafft eine positive Atmosphäre, in der sich deine Mitarbeiter ermutigt fühlen, ihr volles Potenzial auszuschöpfen.

- Biete vor allem regelmäßige **Schulungen und Fortbildungen** an, die auf die spezifischen Bedürfnisse deines Unternehmens zugeschnitten sind. Dies ermöglicht nicht nur die kontinuierliche Verbesserung der Fähigkeiten deiner Mitarbeiter, sondern steigert auch ihre Motivation und Bindung an dein Unternehmen.

- Berücksichtige unterschiedliche Lernstile und Bedürfnisse deiner Fachkräfte; integriere beispielsweise **verschiedene Lehrmethoden** wie Workshops, Onlinekurse, Mentorings und Teamprojekte, um eine breite Palette an Lernerfahrungen zu ermöglichen.

- Zeige deinen Mitarbeitern auf, wie sie sich innerhalb deines Unternehmens entwickeln können. **Klare Karrierepfade** und Entwicklungsmöglichkeiten motivieren zu kontinuierlicher Weiterbildung.

- Implementiere Messkriterien, um den **Erfolg** der Schulungsprogramme zu **bewerten** und die Maßnahmen entsprechend **anzupassen**.

Tipp: Zeige Wertschätzung für das Engagement deiner Mitarbeiter in ihrer persönlichen Entwicklung, belohne dabei nicht nur messbare Erfolge, sondern auch den Einsatz und den Willen zur Weiterentwicklung in Form von finanziellen Anreizen, Beförderungen oder einfach durch öffentliche Anerkennung.

Beachte auch: Bei der Planung von Aus- und Weiterbildungsmaßnahmen ist es natürlich trotzdem wichtig, dass du die erforderlichen Ressourcen im Auge behältst. Wenn dein Unternehmen über eine eigene Personalabteilung verfügt, ist dies ein großer Vorteil, da sie die Entwicklung und Umsetzung solcher Schulungsprogramme effizient koordinieren kann.

Weiterbildungsangebote sind ein strategischer Schritt, um deinen langfristigen geschäftlichen Triumph zu sichern und das volle Potenzial deines Teams freizusetzen.

51. FEHLER:
KEINE FRÜHZEITIGE UND LANGFRISTIGE BINDUNG VON »HIGH POTENTIALS«

Was genau unterscheidet gute Fachkräfte eigentlich von den sogenannten »High Potentials«? Die Antwort: Die Qualitäten eines herausragenden Mitarbeiters gehen über Zuverlässigkeit, Fleiß und Teamfähigkeit hinaus. Vor allem junge Mitarbeiter bzw. Neueinsteiger bieten viel Potenzial; sie sind meist anpassungsfähiger und können dazu beitragen, dass dein Unternehmen schnell auf sich ändernde Marktbedingungen reagiert und im Wettbewerbsumfeld einen Vorsprung behält.

In der Regel zeichnen sich High Potentials dabei nicht nur durch kontinuierliche Spitzenleistungen oder hervorragende Fachkenntnisse aus, sondern müssen auch über ausgeprägte soziale Kompetenzen verfügen. Acht Anzeichen für einen außergewöhnlichen Mitarbeiter, die nicht unbedingt in herkömmlichen Leistungsberichten auftauchen, sind entscheidend:

Selbstständigkeit und Proaktivität: Herausragende Mitarbeiter übernehmen Aufgaben auch dann, wenn sie nicht explizit in ihrer Stellenbeschreibung stehen.

Individualität und Teamarbeit: Herausragende Mitarbeiter wissen, wann sie ihre Individualität einbringen sollten und wann es angebracht ist, sich als Teamplayer zu integrieren.

Außergewöhnliche Maßnahmen für außergewöhnliche Ergebnisse: Überdurchschnittliche Mitarbeiter können im positiven Sinne exzentrisch oder provokativ sein. Sie helfen, standardisierte Prozesse zu überdenken und neue Inspirationen zu liefern.

Anerkennung und Lob für Kollegen: High Potentials loben nicht nur ihre eigenen Leistungen, sondern auch die ihrer Kollegen. Das zeugt von Uneigennützigkeit, fördert ein positives Arbeitsklima und motiviert das gesamte Team.

Taktvolle Ansprache sensibler Themen: Gute Mitarbeiter sprechen offen über Probleme, aber außergewöhnliche Mitarbeiter wissen, wann es besser ist, heikle Themen in intimen Situationen anzusprechen, um Verunsicherung im Team zu vermeiden.

Hinterfragen des Status quo: Überdurchschnittliche Mitarbeiter haben den Mut, den Status quo innerhalb deines Unternehmens zu hinterfragen. Sie setzen sich nicht nur für ihre eigenen Anliegen ein, sondern auch für die Anliegen derjenigen, die sich möglicherweise nicht trauen.

Selbstmotivation und der Wille zum Beweisen: Neben Ausbildung und Talent zeichnen sich außergewöhnliche Mitarbeiter durch eine hohe Selbstmotivation aus. Sie werden durch den Wunsch angetrieben, Skeptikern das Gegenteil zu beweisen, sind stark belastbar und gehen teilweise sogar bis an ihre Leistungsgrenzen.

Abneigung gegen Stillstand: Während gute Mitarbeiter oft Strukturen folgen, suchen High Potentials nach Verbesserungs- und Innovationsmöglichkeiten. Ihr Drang nach Weiterentwicklung führt dazu, dass sie Stillstand als unakzeptabel und rückschrittlich empfinden.

Diese besonderen Fähigkeiten wirken sich nicht nur auf die individuelle Leistung des High Potentials aus, sondern beeinflussen auch die Gesamtleistung deines Teams und das allgemeine Betriebserlebnis und -ergebnis. Sie tragen somit zu einer positiven Unternehmenskultur bei und neigen dazu, sich schnell zu entwickeln. Sie können zu zukünftigen Führungskräften heranwachsen und bilden damit einen Talentpool. Doch wie gelingt es, dieses Potenzial frühzeitig zu entdecken und an dein Unternehmen zu binden?

Die Suche nach Talenten, die neben fachlicher Kompetenz auch die Fähigkeit haben, dein Unternehmen nachhaltig zu prägen, beginnt in der Rekrutierungsphase. Folgende Strategien helfen im Rekrutierungsprozess:

Ganzheitliche Bewertung der Bewerbungsunterlagen: Beachte nicht nur die reinen Qualifikationen, sondern auch außerschulische Aktivitäten, Freiwilligenarbeit, besondere Projekte oder Auszeichnungen. Ein überzeugender Lebenslauf zeigt Engagement, Leidenschaft und den Willen zur Weiterentwicklung.

Betonung von Soft Skills: Integriere Fragen und Aufgaben, die die sozialen und persönlichen Fähigkeiten der Kandidaten testen. Erkunde die Fähigkeit zur Teamarbeit, die Kommunikationskompetenz, Problemlösungsfähigkeiten und die Anpassungsfähigkeit.

Verwendung von Behavioral Interview Techniques: Stelle Fragen, die Einblicke in vergangene Erfahrungen und Verhaltensweisen der Kandidaten geben. Bitte auch um konkrete Beispiele für Herausforderungen, die sie bewältigt haben, und frage, wie sie dazu beigetragen haben, positive Ergebnisse zu erzielen.

Prüfung des Lern- und Anpassungsvermögens: Stelle Fragen, um herauszufinden, wie gut sich die Kandidaten an neue Aufgaben und Herausforderungen anpassen können. Erkunde, wie offen sie für kontinuierliche Weiterbildung und berufliche Entwicklung sind.

Referenzprüfungen: Nutze Referenzen, um ein umfassenderes Bild vom Arbeitsstil, der Fähigkeit zur Zusammenarbeit und dem Potenzial der Kandidaten zu erhalten. Frage gezielt nach spezifischen Leistungen und Beiträgen in früheren Positionen.

Simulationsübungen und Assessment-Center: Implementiere praktische Aufgaben oder Fallstudien, die die Kandidaten vor reale berufliche Herausforderungen stellen. Diese Übungen können nicht nur fachliche Kompetenzen, sondern auch die Fähigkeit zur Entscheidungsfindung und zur Problemlösung zeigen.

Evaluierung der Zukunftsorientierung: Erkundige dich nach den beruflichen Zielen und prüfe, wie gut diese mit den langfristigen Unternehmenszielen harmonieren. Frage die Kandidaten außerdem nach ihrer Bereitschaft, zusätzliche Verantwortung zu übernehmen.

Junge, vielversprechende Talente zu finden, ist nicht einfach, auch wenn du die gängigen Recruiting-Maßnahmen umsetzt und dich gut auf Bewerbungsgespräche vorbereitest. Hier sind einige andere Möglichkeiten, um hochqualifizierte Mitarbeiter zu gewinnen:

- **Partnerschaften mit Hochschulen**, um junge Talente frühzeitig anzusprechen

- **Praktikanten- und Werkstudentenstellen** sind eine ideale Einstiegsmöglichkeit für vielversprechende Mitarbeiter, denn oft kann man bei ihnen ein beeindruckendes Potenzial feststellen. Daher ist es ratsam, auch nach Abschluss eines Praktikums oder eines Werkstudenten-Jobs engen Kontakt zu seinen besten Kandidaten zu halten.

- **Absolventen- und Karrieremessen** bieten eine direkte Möglichkeit, potenzielle High Potentials anzusprechen.

- **Organisation von Recruiting-Events**, um gezielt Talente anzuziehen, z. B. Informationsveranstaltungen, Workshops oder Networking-Events

- **Professionelles Networking,** um potenzielle Talente zu identifizieren

- **Einsatz von Headhuntern**, um aktiv nach vielversprechenden Kandidaten zu suchen. Sie haben oft Zugang zu qualifizierten Kandidaten, auch wenn diese nicht aktiv auf der Suche nach neuen Positionen sind.

- **Interne Förderung von Leistungsträgern**, denn möglicherweise befinden sich bereits in deinem Unternehmen unentdeckte Talente

Die Identifikation von High Potentials ist jedoch nur der erste Schritt. Entscheidend ist, ob diese Talente die Unternehmenswerte auch im Arbeitsalltag leben und verkörpern. Deshalb ist es ratsam, neue Mitarbeiter vor allem in den ersten Wochen und Monaten nach ihrer Integration intensiv zu begleiten.

Nachdem du High Potentials identifiziert und eingestellt hast, gilt es, diese Rohdiamanten in deiner Talentschmiede zu schleifen und ihren wahren Glanz hervorstechen zu lassen. Du musst das Potenzial dieser vielversprechenden Talente kontinuierlich durch gezielte Anstrengungen und Maßnahmen fördern, um leuchtende Juwelen hervorzubringen. Es ist ein komplexer Tanz aus Mitarbeiterentwicklung und einem klaren Verständnis der individuellen Ziele in deinem Team, der folgende Schlüsselaspekte beinhaltet:

- **Entwickle klare Karrierepfade und Aufstiegsmöglichkeiten für jeden deiner Mitarbeiter,** basierend auf ihren Stärken, Schwächen und Karrierezielen.

- **Etabliere Talentprogramme,** die sich auf die Talentförderung konzentrieren. Dies können Trainings, Workshops und Projekte sein, aber auch individuelle Schulungen und Weiterbildungen.

- **Ermutige die Bildung von Netzwerken und Mentoring-Beziehungen** innerhalb deines Unternehmens. Erfahrene Mitarbeiter können wertvolle Ratschläge und Anleitung bieten.

- **Ermutige High Potentials, an Branchenveranstaltungen, Konferenzen und Netzwerktreffen teilzunehmen.** Das ermöglicht die Erweiterung ihres Fachwissens und den Aufbau von Verbindungen zu anderen Branchentalenten.

- **Motiviere kontinuierlich zur Karriereentwicklung,** indem du Mitarbeitern zeigst, dass ihre Beiträge langfristig zum Unternehmenserfolg beitragen, und ermutige sie, ihre Ziele zu verfolgen.

- **Fördere offene Kommunikation.** Führe beispielsweise regelmäßige Gespräche über die beruflichen Ziele der High Potentials und wie dein Unternehmen sie dabei unterstützen kann. Berücksichtige ihre persönlichen Ambitionen und zeige ihnen ihr Karrierepotenzial auf.

- **Biete anspruchsvolle Projekte und Aufgaben, die ihre Fähigkeiten auf die Probe stellen,** um diese weiterzuentwickeln und ihre Entfaltung zu fördern.

- **Ermögliche High Potentials den Zugang zu Verantwortlichkeiten.** Biete ihnen Möglichkeiten zur Übernahme von Führungspositionen und fördere ihre Beteiligung an strategischen Entscheidungen.

- **Schaffe ein Umfeld, das Kreativität und Innovation fördert.** Dort können Rohdiamanten ihr Potenzial entfalten.

- **Betone die Bedeutung von Teamarbeit** und schaffe eine Umgebung, in der Ideen und Meinungen geschätzt werden. Fördere Teamprojekte und interdisziplinäre Zusammenarbeit, damit Mitarbeiter sich gegenseitig inspirieren können.

- **Setze Anreize durch Belohnung** für herausragende Leistungen. Es können finanzielle Anreize, Auszeichnungen oder besondere Anerkennungen für Beiträge sein.

- **Evaluiere regelmäßig die Fortschritte deiner Mitarbeiter und passe Entwicklungspläne entsprechend an,** damit deine Maßnahmen kontinuierlich auf die sich ändernden Bedürfnisse und Ziele der Talente zugeschnitten sind.

Indem du konsequent in die Entwicklung von High Potentials investierst, kannst du individuelle Spitzenleistungen fördern und eine Kultur des Wachstums und der Exzellenz in deinem gesamten Unternehmen etablieren. Damit verwandelst du deine Rohdiamanten in kostbare Juwelen und erzielst den größtmöglichen Nutzen für dein Unternehmen.

Du hast nun das ungeschliffene Potenzial deiner Mitarbeiter entdeckt und sie in wertvolle Teammitglieder verwandelt. Die Welt steht dir offen – wäre da nur nicht die Konkurrenz, die dir deine Juwelen stehlen könnte. Dein langfristiger Erfolg hängt somit davon ab, inwieweit es dir gelingt, diesen Schatz in deinem Unternehmen zu halten. Denn die nachhaltige Bindung von High Potentials reduziert die Kosten von Fluktuation und von wiederholten Rekrutierungsprozessen; sie spart Zeit und Ressourcen, die ansonsten für die Einarbeitung neuer Mitarbeiter aufgebracht werden müssten. Gilt dein Unternehmen einmal als ein Arbeitgeber, der Talente fördert und wertschätzt, erleichtert das die Anziehung und Bindung erstklassiger Mitarbeiter.

Um im »War for Talents« die Nase vorn zu haben, ist es besonders wichtig, dass du dich sowohl intern als auch extern klar als positive und attraktive Arbeitgebermarke positionierst, damit es dir gelingt, auch langfristig zu einem bevorzugten Arbeitgeber, einem sogenannten »Employer of Choice«, zu werden. Dies erfordert auch die Schaffung eines Arbeitsumfelds, das die individuellen Bedürfnisse und beruflichen Ziele vielversprechender Mitarbeiter berücksichtigt. Hier sind acht bewährte Strategien, mit denen du ein Umfeld schaffen kannst, das die Loyalität deiner High Potentials nachhaltig festigt:

Authentisches Employer Branding: Kommuniziere Werte, Kultur und Vision deines Unternehmens, um eine klare Identität als Arbeitgeber zu etablieren. Erkläre, wie die Beiträge der High Potentials zur Verwirklichung deiner Visionen beitragen können.

Positive Unternehmenskultur: Investiere in ein positives Betriebsklima und fördere den Teamzusammenhalt. Eine angenehme Arbeitsatmosphäre trägt wesentlich zur langfristigen Mitarbeiterbindung bei.

Attraktive Vergütung und Zusatzleistungen: Stelle sicher, dass die Gehaltsstruktur wettbewerbsfähig ist und Anreize für außergewöhnliche Leistungen bietet.

Attraktive Arbeitsbedingungen: Biete nicht nur wettbewerbsfähige Gehälter, sondern auch attraktive Zusatzleistungen wie flexible Arbeitszeiten, Homeoffice-Möglichkeiten, Fortbildungsmöglichkeiten, Versicherungen, Gesundheitsprogramme oder andere Maßnahmen zur Verbesserung der Work-Life-Balance, z. B. flexible Elternzeitregelungen oder Kinderbetreuungsoptionen. Zeige Verständnis für persönliche Bedürfnisse und Lebenssituationen der High Potentials.

Anerkennung und Wertschätzung: Berücksichtige nicht nur finanzielle Anreize, sondern zeige auch Wertschätzung durch öffentliche Anerkennung, Belohnungen und Beförderungen.

Soziales Engagement und Verantwortung: Viele High Potentials suchen nach Unternehmen, die einen positiven Beitrag zur Gesellschaft leisten.

Mitgestaltung: Ermögliche High Potentials, aktiv an der Gestaltung ihrer beruflichen Entwicklung und der Unternehmensprozesse teilzunehmen. Berücksichtige auch ihre Meinungen bei wichtigen Unternehmensentscheidungen.

Regelmäßige Analyse: Indem du deine Unternehmenskultur bzw. deine Employer Brand kontinuierlich analysierst und optimierst, sicherst du langfristige Erfolge in der Mitarbeiterbindung.

Denke daran, dass Talente nicht nur für dein Unternehmen arbeiten, sondern auch für ihre persönliche Entwicklung. Wenn du dies verstehst und aktiv unterstützt, gewinnst du langfristig loyale und engagierte High Potentials.

52. FEHLER:
WENIG RESPEKTVOLLER UND WERTSCHÄTZENDER UMGANG

In einer durchschnittlichen Arbeitswoche verbringen wir etwa ein Viertel unserer Zeit bei der Arbeit und damit auch mit Kollegen. Manchmal sind die gemeinsamen Stunden sogar länger und intensiver als die mit Freunden oder der Familie. Sie sind nicht nur beruflicher Natur, sondern beeinflussen auch die persönlichen Beziehungen und das allgemeine Wohlbefinden. Vor allem in Führungskreisen wird betont, wie wichtig ein respektvoller Umgang mit den Mitarbeitern ist, doch im Arbeitsalltag erleben viele leider oft das Gegenteil. Die Umgangsformen werden vernachlässigt, z. B. wenn ein langjähriger Mitarbeiter ohne angemessenes Dankeschön verabschiedet wird oder wenn mit sachlichen Anliegen unprofessionell umgegangen wird. Gerade in Krisenzeiten, etwa während der Coronapandemie oder des Ukrainekriegs, steigt der Leistungsdruck in Unternehmen meist enorm. In der Hitze des Gefechts, wenn die Zahlen nicht so sind, wie wir es uns wünschen, und der Druck auf unseren

Schultern lastet, neigen wir dazu, das Menschliche aus den Augen zu verlieren. Das Problem: Wenn das Miteinander nicht stimmt, kann dies das Glücksempfinden bei der Arbeit erheblich beeinträchtigen. So kommt es, dass in vielen Unternehmen Zusammengehörigkeitsgefühl und Teamgeist fehlen, insbesondere bei den Mitarbeitern der mittleren Führungsebenen. Diese befinden sich in einer anspruchsvollen »Sandwich-Position« zwischen den oberen Führungsebenen und den operativen Mitarbeitern. Die Nervosität und Hektik, die in den Chefetagen herrscht, bekommen sie unmittelbar zu spüren, unter hohem Druck, z. B. durch Umsatzrückgänge, geht der wertschätzende Austausch mit den eigenen Mitarbeitern oft verloren. Dabei zeigt sich, dass der Umgang umso härter wird, je weiter unten Mitarbeiter in der Unternehmenshierarchie stehen und je »leichter« sie durch andere ersetzt werden können.

Dabei ist es vor allem in schwierigen Phasen entscheidend, einen respektvollen Ton zu wahren und ein unterstützendes Umfeld zu schaffen, in dem sich Mitarbeiter gehört und verstanden fühlen. Denn Belastungen, wirtschaftliche Herausforderungen oder persönliche Unsicherheiten können die moralische und emotionale Stabilität deiner Mitarbeiter dauerhaft beeinträchtigen.

So zeigt die aktuelle EY-Jobstudie[41] in Deutschland, dass die Zufriedenheit der Arbeitnehmer mit ihrer beruflichen Situation rückläufig ist. Nur noch 31 % der Beschäftigten bezeichnen sich als zufrieden, im Vergleich zu den 49 % zwei Jahre zuvor. Besorgniserregend ist vor allem der deutliche Rückgang der Motivation. Während 71 % der Befragten angaben, motiviert bei der Arbeit zu sein, waren es vor zwei Jahren noch 78 %; der Anteil der »hochmotivierten« Arbeitnehmer ist sogar auf 17 % gesunken, den niedrigsten Wert seit Beginn der Untersuchungen. Interessanterweise bewerten die Arbeitnehmer trotz der geringen Motivation ihre Arbeit positiv; so sind 95 % der Meinung, dass sie einen wichtigen Beitrag zum Unternehmenserfolg leisten. Die Diskrepanz zwischen der positiven Einschätzung der eigenen Arbeit und der geringen Zufriedenheit weist darauf hin, dass die Beschäftigten in Deutschland ihre Arbeit und ihren Einsatz nicht ausreichend wertgeschätzt fühlen.

Die Studie betont die Bedeutung von Mitsprachemöglichkeiten für die Mitarbeiterzufriedenheit und Motivation. Unternehmen mit einem partizipativen Führungsstil haben die zufriedensten Mitarbeiter (50 %), während in Unternehmen, in denen die Mitarbeiter zwar ihre Meinung äußern können, die Entscheidungen aber letztlich von den Vorgesetzten getroffen werden, nur 32 % der Beschäftigten insgesamt zufrieden sind. Eine höhere Einbeziehung der Mitarbeiter in Entscheidungsprozesse führt zu mehr Motivation. Diese Auswertungen machen deutlich, dass Unternehmen stärker auf die Mitarbeiterbedürfnisse und -motivation eingehen müssen; nicht zuletzt, da Respekt, Lob und Anerkennung menschliche Grundbedürfnisse erfüllen. Diese werden sogar als die wichtigsten Verhaltensweisen von Vorgesetzten eingestuft, um die individuelle Jobzufriedenheit und Produktivität zu erhöhen. Fehlt diese Wertschätzung, kann es zu einer Gratifikationskrise kommen, bei der Anstrengung und Belohnung von deinen Mitarbeitern als unausgewogen empfunden werden. Das führt zu einem Motivations- und Leistungsabfall deines Teams und belastet Körper und Psyche. Laut dem renommierten Psychiater Reinhard Haller ist mangelnde Anerkennung sogar eine der häufigsten Ursachen für Burn-out.[42]

»Autorität« bedeutet die Fähigkeit, Einfluss auf andere auszuüben. Sie kann durch das Erteilen von Anweisungen, den Besitz bestimmter Fähigkeiten oder Kenntnisse sowie durch vorbildliches Verhalten erworben und ausgeübt werden. Es besteht jedoch auch die Gefahr des Autoritätsmissbrauchs: Nutzt du deine Machtposition aus, beispielsweise um Kritik oder Widerspruch zu unterdrücken, kann sich dies negativ auf das Arbeitsklima auswirken. Deine Teammitglieder fühlen sich dann unsicher, äußern ihre Meinung kaum oder halten innovative Ideen zurück.

Autorität geht auch nicht automatisch mit Respekt einher. Um dies besser verstehen zu können, möchte ich dir zwei von vier Hauptformen der Autorität vorstellen:

Aggressive Autorität basiert auf Druck, Machtausübung und manchmal Gewalt, die als herrisch beschrieben wird und auf bedingungslosen Gehorsam abzielt.

Funktionale Autorität beruht auf formalen Ämtern, Titeln und dem Status in der hierarchischen Rangordnung. Menschen folgen dieser Autorität aufgrund ihrer offiziellen Position und der damit verbundenen Macht.

Wie du dir wahrscheinlich denken kannst, würden sich diese Autoritätsformen negativ auf das Arbeitsumfeld auswirken, denn die Betonung von bedingungslosem Gehorsam kann zu Angst und Unzufriedenheit führen. Und auch wenn formale Autorität in bestimmten Organisationsstrukturen notwendig ist, kann die ausschließliche Betonung dieser Art von Führung zu einem absolutistischen Führungsstil verleiten, wenn du nicht auch persönliche Qualitäten und Respekt verkörperst. Respekt und Wertschätzung sollten also immer im Vordergrund stehen.

»Aber ich lobe doch meine Mitarbeiter ständig«, denkst du dir jetzt? Dann sollte ich hier noch einmal konkretisieren: Der Begriff »Wertschätzung« wird oft fälschlicherweise auf Lob und Anerkennung von Leistungen reduziert. Es gibt jedoch eine klare Abgrenzung:

Lob ist die spontane, positive Bewertung einer erbrachten Leistung oder eines Verhaltens und bezieht sich auf ein hierarchisches Machtverhältnis. Oft wird es ohne Überlegung verteilt und kann in diesem Fall sogar den entgegengesetzten Effekt haben: Eine verborgene Absicht wird erkannt, und die Stimmung deiner Mitarbeiter wird negativ beeinflusst.

Anerkennung geht darüber hinaus, würdigt nicht nur das Ergebnis, sondern auch den Einsatz und das Engagement, unabhängig vom Erfolg.

Wertschätzung ist die tiefste Form der Würdigung, bei der der Mensch als Ganzes betrachtet wird und nicht nur die Leistung allein im Mittelpunkt steht. Eine wertschätzende Haltung beinhaltet sowohl Respekt als auch Wohlwollen und äußert sich in Zugewandtheit, Interesse, Aufmerksamkeit und Freundlichkeit.

Vor allem Führungskräften fällt es schwer, echte Wertschätzung zu praktizieren, da gängige Führungssysteme häufig ausschließlich auf die Bewertung und Belohnung von Leistung ausgerichtet sind. Echte Wertschätzung hingegen erkennt deine Mitarbeiter als wertvoll aufgrund ihrer Fähigkeiten, ihrer Persönlichkeit und ihrer Einzigartigkeit an.

Langfristig schaden also der hierarchische Ansatz und das achtlose Verteilen von Lob der Mitarbeitermotivation und -zufriedenheit, vor allem aber deiner autoritären Position. Du musst neue Ansätze finden, um an Autorität zu gewinnen, unabhängig von deiner traditionellen Machtposition. Daher stelle ich dir zwei weitere Formen von Autorität vor:

Epistemische Autorität beruht auf überlegenem Wissen, Können und Erfahrung. Menschen folgen oft freiwillig, bewusst und gern einer Person mit dieser Art von Autorität, weil sie Orientierung bietet, Sicherheit vermittelt und die Möglichkeit zum Lernen und Wachsen eröffnet.

Natürliche Autorität zeichnet sich durch eine selbstverständliche, gelassene und selbstbewusste Ausstrahlung aus. Charisma, Selbstsicherheit und Sachkenntnis sind Eigenschaften, die dazu beitragen können, dass du bei deinen Mitarbeitern an Autorität und Respekt gewinnst. »Positive Leadership« ist hier das Stichwort.

Im Gegensatz zur gängigen defizitorientierten Sichtweise, die sich auf Fehler und Schwächen von Angestellten konzentriert, fokussiert sich Positive Leadership sowohl auf konstruktive Kritik und Lösungsansätze als auch auf die Anerkennung der positiven Eigenschaften deiner Mitarbeiter, also deren Fähigkeiten, Erfolge und Persönlichkeit. Die individuelle Prägung deiner Mitarbeiter wird dadurch erkannt und akzeptiert, um sie entsprechend ihrer Stärken einzusetzen. Dazu fällt mir folgendes Sprichwort ein: »Du erntest, was du säst.« Deine Verhaltensweise gegenüber anderen ruft oft eine entsprechende Reaktion hervor. Wenn du deinen Mitarbeitern Respekt entgegenbringst, kehrt dieser Respekt zu dir zurück. So erhöhen sich auch deine Einflussmöglichkeiten in verschiedenen Situationen wie Meetings, Kundengesprächen, Problemlösungen und Krisensituationen, denn deine Mitmenschen werden dich und deine Meinungen respektieren. Der Prozess von der Aussaat bis zur Ernte ist jedoch komplexer als das einfache Säen von Samen und das Warten auf die Frucht. Denn auch andere Elemente wie Wasser, Licht und Pflege sind notwendig, damit du eine erfolgreiche Ernte erzielst. Mit anderen Worten: Du hast es in der Hand, eine Kultur der Wertschätzung und des Respekts zu fördern. Das sind die theoretischen Grundlagen – aber wie setzt du das nun konkret in die Praxis um?

Um eine Kultur der Wertschätzung zu schaffen, musst du vor allem verstehen, dass dein Unternehmen eine soziale Verantwortung trägt, nicht nur gegenüber deinen Kunden oder der Umwelt, sondern auch gegenüber deinen Mitarbeitern. Folgende zehn Maßnahmen helfen dir dabei:

- **Vorbild sein:** Du bist die Führungsspitze; dein Verhalten setzt den Ton für dein gesamtes Unternehmen. Zeige also Interesse an den Menschen, die für dich arbeiten, kenne ihre Stärken und Schwächen. Sei stets respektvoll gegenüber deinen Mitarbeitern und zeige Wertschätzung für ihre Beiträge – ein einfaches Dankeschön kann oft mehr bewirken, als du denkst.

- **Selbstreflexion als Führungstugend:** Überprüfe regelmäßig, welche Auswirkungen deine Handlungen und Entscheidungen auf dein Team haben. Durch Reflexion und den Abgleich von Fremd- und Selbstbild machst du dir bewusst, wie deine Worte und Handlungen auf andere wirken. Das Wissen um deinen eigenen Wert bildet schließlich die Grundlage dafür, wie du selbst behandelt werden möchtest und wie du mit anderen umgehst.

- **Respektvolle Unternehmenswerte:** Diese sollten nicht nur auf dem Papier allein existieren, sondern auch in allen Aspekten des Geschäftslebens sichtbar und vor allem erlebbar sein.

- **Geduld üben:** Das bedeutet auch, geduldig zu sein, wenn deine Mitarbeiter etwas nicht sofort verstehen bzw. Fehler machen oder wenn Probleme den Projektverlauf beeinträchtigen. Durch Geduld zeigst du Respekt gegenüber den Herausforderungen, vor denen deine Teammitglieder stehen, und gibst ihnen die Zeit, die sie benötigen. Geduld ermöglicht auch, respektvoll mit unterschiedlichen Denkweisen und Geschwindigkeiten der Informationsverarbeitung umzugehen.

- **Anerkennungskultur einführen:** Menschen blühen auf, wenn ihre Leistungen anerkannt werden. Feiere deshalb kleine und große Erfolge und führe regelmäßig Anerkennungsprogramme durch, um Leistungen zu würdigen. Dies kann in Form von öffentlichem Lob, Auszeichnungen (z. B. Mitarbeiter des Monats) oder kleinen Belohnungen geschehen.

- **Respektvolle Konfliktlösung fördern:** In Unternehmen, in denen Fehler und Irrtümer nicht toleriert und Konflikte schlecht gelöst werden, ist ein respektvoller Umgang kaum möglich. Schaffe einen Raum, in dem Konflikte respektvoll besprochen und gelöst werden können. Trainiere deine Mitarbeiter, vor allem Führungskräfte, in effektiven Kommunikations- und Konfliktlösungstechniken. Respektiere auch die Meinung anderer, höre zu und arbeite gemeinsam im Team an Lösungen.

- **Feedbackkultur entwickeln:** Ich kann es nicht oft genug betonen: Indem du einen Feedbackaustausch zwischen dir und deinem Team ermöglichst, zeigst du, dass du die Ansichten deiner Mitarbeiter schätzt. Du zeigst so, dass du am Wohlbefinden deiner Mitarbeiter interessiert bist, kannst konstruktives Feedback geben und deine Wertschätzung ausdrücken.

- **Diversität und Inklusion:** Betone deren Bedeutung, denn ein respektvoller Umgang sollte auch die Vielfalt und Individualität deiner Mitarbeiter respektieren und fördern.

- **Entwicklungsmöglichkeiten bieten:** Dies zeigt, dass du die Fähigkeiten deiner Mitarbeiter würdigst. Das betrifft nicht nur Weiterbildungs- und Karrieremöglichkeiten, sondern beginnt bereits bei einem guten Onboarding.

- **Partizipation fördern:** Beziehe Mitarbeiter in Entscheidungsprozesse ein.

So entsteht eine Umgebung, in der Respekt und Wertschätzung aktiv gelebt werden. Dein Team ist dein größter Vermögenswert und deine Reise im Unternehmertum wird von den Menschen, die sie mit dir teilen, geprägt. Merke dir also: Wertschätzendes Verhalten kann einen positiven Dominoeffekt haben. Hier ist eine gewisse Standhaftigkeit wichtig: Auch wenn es manchmal schwierig wird, sollten alle Beteiligten respektvoll bleiben. Jeder hat das Potenzial, die Wertschätzung des anderen einzufordern.

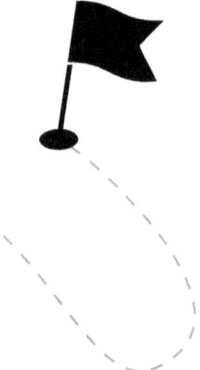

53. FEHLER:
FEHLENDE KLARHEIT IN DER MITARBEITERKOMMUNIKATION

Die Art und Weise, wie du deine Botschaften vermittelst, macht den entscheidenden Unterschied zwischen einem gut funktionierenden Team und einem chaotischen Arbeitsumfeld aus. Der Austausch von Informationen, Perspektiven, Meinungen und Ideen bildet das Rückgrat von Organisationen, Teams und Gesellschaften und ist ein kraftvolles Instrument, um Verständnis zu vertiefen, Konflikte zu lösen und eine Atmosphäre der Zusammenarbeit zu schaffen.

Ich schreibe von einem Instrument – doch eigentlich ist Kommunikation ein ganzer Werkzeugkasten, den du nach Belieben öffnen und nutzen kannst. Die Kunst besteht darin, die richtigen Werkzeuge zur richtigen Zeit zu wählen. Manchmal erfordert es die Präzision eines Schraubenziehers, um klare Anweisungen zu übermitteln. In anderen Situationen mag ein Hammer notwendig sein, um Widerstand zu durchbrechen und Veränderungen voranzutreiben. Vielleicht benötigst du auch den feinen Pinsel des diplomatischen Austauschs, um Beziehungen zu pflegen und Konflikte zu lösen.

Doch Vorsicht: Das Werkzeug allein macht noch keinen Meister aus dir. Ein erfolgreicher Unternehmer handhabt die verschiedenen Kommunikationswerkzeuge richtig und kombiniert sie geschickt. Dein Werkzeugkasten ist vor allem dafür da, um zwischen dir und deinen Mitarbeitern Brücken zu bauen, denn Beziehungen werden durch den Austausch von Gedanken, Gefühlen und Informationen gestärkt. Gerade die interne Kommunikation kann als äußerst wirkungsvolles Mittel zur Mitarbeiterbindung eingesetzt werden. Wie du das machst, erfährst du hier:

- **Motivation und Inspiration** werden durch Kommunikation beflügelt. Inspirierende Botschaften können Menschen zu Höchstleistungen anspornen und das Engagement steigern.

- **Vertrauen** wird durch Transparenz, Klarheit und Ehrlichkeit geschaffen und gibt deinen Mitarbeitern das Gefühl, in den Gesamterfolg deines Unternehmens eingebunden zu sein.

- **Identifikation** entsteht durch die Vermittlung der Unternehmenswerte und -kultur. Mitarbeiter, die die Unternehmensmission und -werte verstehen, können sich besser damit identifizieren und sind eher geneigt, langfristig in deinem Unternehmen zu bleiben.

- **Teamgeist** entsteht durch regelmäßigen Austausch, durch Teammeetings, virtuelle Updates, offene Diskussionsforen oder Mitarbeiter- und Feedbackgespräche.

Die Beziehung zu deinen Mitarbeitern beginnt nicht erst mit unterschriebenen Arbeitsverträgen und der täglichen Zusammenarbeit, sondern schon während des Bewerbungsprozesses. Potenzielle Teammitglieder sollten von Anfang an verstehen, worauf sie sich einlassen. Hier sind drei Schlüsselaspekte zu beachten:

Klarheit in der Unternehmensvision: Die Kommunikation sollte bereits bei der Unternehmensvorstellung beginnen. Dabei müssen die Vorteile und Verantwortlichkeiten kommuniziert werden, doch die Unternehmenswerte und -vision sollten im Vordergrund stehen. Dies zieht diejenigen an, die sich mit diesen Prinzipien identifizieren.

Transparente Kommunikation von Erwartungen im Bewerbungsprozess: Dies umfasst nicht nur die Aufgaben und Verantwortlichkeiten, sondern auch die Unternehmenskultur und -ziele. Im Bewerbungsprozess hast du auch bereits die Möglichkeit, klare Informationen über Entwicklungsmöglichkeiten und Karrierepfade in deinem Unternehmen zu teilen. Dies zeigt deinen potenziellen Mitarbeitern, dass ihre berufliche Weiterentwicklung gefördert wird.

Onboarding-Prozess gestalten: Dazu gehören sowohl verständliche Informationen über die Organisationsstruktur und die internen Abläufe als auch die Kommunikation der Anforderungen an deine neuen Mitarbeiter. So können Missverständnisse vermieden und der Einstieg erleichtert werden.

Bei der Mitarbeiterkommunikation handelt es sich nicht um eine gelegentliche Übermittlung von Fakten, sondern um einen kontinuierlichen Informationsaustausch, der verschiedene Formen von Informationsprozessen beinhaltet. Gerade vom Management wird die Mitarbeiterkommunikation oft vernachlässigt, obwohl diese essenziell für den Erfolg von Alltags- und Veränderungsprojekten ist und bei Beratung, Zusammenarbeit, Motivation und Impulsgebung wichtige Rollen übernimmt. Dabei entscheidet die Haltung des Managements darüber, wie effektiv die interne Kommunikation diese Rollen erfüllen kann. Erkenne Mitarbeiterkommunikation als zentrale Schnitt- und Schaltstelle deiner Unternehmenskultur an und schöpfe diese aus, um sowohl die Unternehmensziele als auch deine Mitarbeiter erfolgreich zu erreichen.

Kommunikation ist ein sich wiederholender Ablauf, bei dem wir Informationen empfangen, interpretieren und darauf reagieren. Im Idealfall entsteht dabei ein gemeinsames Verständnis.

Insbesondere in der mündlichen Kommunikation spielen zwei entscheidende Faktoren eine wichtige Rolle:

Nachhaltigkeit: In der Regel werden Gespräche nicht aufgezeichnet werden, daher müssen sich die Beteiligten auf ihr Erinnerungsvermögen verlassen. Dies kann zu Fehlern führen, weshalb schriftliche Zusammenfassungen sinnvoll sind. Schon eine kurze E-Mail ermöglicht es allen Beteiligten, zu überprüfen, ob sie die Informationen richtig verstanden haben, und dient als Referenz für spätere Fragen.

Einfluss: Dabei ist es oft schwierig, einzuschätzen, wie die eigenen Worte auf den Gesprächspartner wirken. Stimmlage, Körpersprache und Wortwahl können Aussagen eine bestimmte Färbung geben, ob beabsichtigt oder nicht. Wenn Unsicherheit darüber besteht, wie die Kommunikation im direkten Gespräch ankommt, können Trainings helfen oder man holt sich Feedback von vertrauten Personen ein.

Diese Faktoren können schnell zu Fehlinterpretationen führen, da häufig Unklarheiten entstehen. Ja, Missverständnisse können in jedem Team auftreten, doch es liegt bei dir, diese aus dem Weg zu räumen. Eine kontinuierliche und klare Mitarbeiterkommunikation ermöglicht es dir, aufkommende Missverständnisse frühzeitig zu erkennen und zu beheben, bevor sie zu größeren Problemen werden, oder sie gar zu vermeiden. Folgende Maßnahmen sind besonders relevant, wenn du erfolgreiche Kommunikationsstrategien etablieren willst:

Verantwortliche Kommunikationsführung durch dich als Unternehmer. Definiere klare Rollen, wer welche Informationen kommuniziert, und stelle sicher, dass die Kommunikation konsistent ist.

Nutze Tools wie Projektmanagement-Softwares oder interne Chatplattformen, um die interne Zusammenarbeit und den Informationsaustausch zu erleichtern.

Biete Raum für Rückfragen deiner Mitarbeiter. So kannst du sicherstellen, dass Informationen korrekt verstanden wurden und alle auf demselben Wissensstand sind. Dies kann durch kurze Rückmeldungen, regelmäßige Besprechungen oder Umfragen erfolgen.

Verwende eine einfache und klare Sprache, besonders, wenn es um wichtige Unternehmensbotschaften geht.

Kommuniziere Botschaften präzise. Jede Information, bezüglich Projektaufgaben, Zielen oder allgemeinen Unternehmensrichtlinien, sollte klar und deutlich vermittelt werden. Vermeide mehrdeutige Formulierungen und sorge dafür, dass alle Teammitglieder ein einheitliches Verständnis haben.

Schulungen und Kommunikationstraining für Führungskräfte und Mitarbeiter können dazu beitragen, die Kommunikationsfähigkeiten zu verbessern. Dies umfasst die Fähigkeit, klare Botschaften zu senden, empathisch zuzuhören und auf die Bedürfnisse verschiedener Kommunikationsstile einzugehen.

Aber auch wenn du diese Maßnahmen berücksichtigst, kann in der Kommunikation vieles schiefgehen, vor allem weil der Empfänger ein nicht direkt beeinflussbarer Teil ist. Deshalb ist eine gemeinsame Basis entscheidend: Je schlechter du als Führungskraft Anweisungen formulierst, desto schlechter werden die Ergebnisse sein. Das Resultat: unnötige Mehrarbeit. Folgende Checkliste verhilft dir zum perfekten Mitarbeiterbriefing:

1. Definiere klare **Ziele** für das Mitarbeiterbriefing.

2. Berücksichtige die verschiedenen Zielgruppen und deren **Bedürfnisse**.

3. **Strukturiere** die Informationen klar und verständlich. Hebe besonders relevante Informationen hervor und markiere Termine und Fristen deutlich. Wiederhole wichtige Punkte und fasse die Informationen am Ende zusammen.

4. Nutze **verschiedene Medien** wie Text, Grafiken und, wenn möglich, visuelle Präsentationen. Füge interaktive Elemente hinzu, um die Aufmerksamkeit zu steigern.

5. **Personalisiere**, wenn möglich, das Briefing, um eine stärkere Identifikation zu fördern.

6. Stelle sicher, dass alle erforderlichen **Ressourcen** für weiterführende Informationen verfügbar sind.

7. Halte die Informationen **aktuell**.

54. FEHLER:
FEHLERINTOLERANZ UND SCHLECHTE KRISENKOMMUNIKATION

Richtig zu kommunizieren, muss gelernt sein.

Nur wenn du deine Fehler und Probleme erkennst und sie kommunizieren kannst, bist du in der Lage, ein Problem erfolgreich zu lösen, Krisen zu verhindern und deine Ziele zu erreichen.

Bereite deine Krisenkommunikation entsprechend vor. Eine Krise kommt oft schneller als gedacht und ist meist unerwartet. Wird nicht zeitnah reagiert, kann die Lage sich drastisch verschlimmern. Bereits in guten Zeiten solltest du dich für zukünftig auftretende Krisen wappnen, um diese erfolgreich bewältigen zu können. Hierbei sollten die interne und die externe Unternehmenskommunikation ausreichend geplant sein.

Reagiere rechtzeitig. Eine ehrliche und realistische Einschätzung der Lage ist wichtiger Bestandteil der Krisenkommunikation. Informiere Mitarbeiter rechtzeitig über anstehende Probleme, bevor es zu spät ist. Du kannst Probleme auch kommunizieren, ohne gleich alle Beteiligten zu beunruhigen. Deine Mitarbeiter sollten in jedem Fall immer Antworten auf ihre Fragen bekommen, auch um die Entstehung möglicher Gerüchte zu unterbinden, die nach außen getragen werden und so dem Unternehmensruf schaden.

Hol dir Hilfe! Besonders, wenn du dich mit einem Problem oder dessen Kommunikation überfordert fühlst. Kommunikationsexperten helfen, das Problem entsprechend zu kommunizieren, ohne direkt für Panik im Büro zu sorgen. Gerade durch die Entwicklungen in den sozialen Medien verbreiten sich Informationen heutzutage rasend schnell, vor allem schlechte Nachrichten. Ein für den Ernstfall vorbereitetes PR-Team kann helfen, dem Shitstorm durch die sozialen Medien etwas entgegenzusetzen.

Stärke die Verbundenheit und den Zusammenhalt unter deinen Mitarbeitern. Deine Mitarbeiter merken, wenn etwas nicht stimmt. Wenn sie nicht über Probleme informiert werden und du ihren Fragen ausweichst, steigt das Misstrauen in dich und deine Fähigkeiten.

55. FEHLER:
UNDERPERFORMING STATT OVERDELIVERY

Ein neuer Mitarbeiter stürzt sich voller Tatendrang in seine Aufgaben. Doch mit der Zeit lässt der Enthusiasmus nach und er erledigt nur noch die notwendigen Aufgaben. Dies wird oft als »Dienst nach Vorschrift« bezeichnet und findet leider viel zu häufig statt.

Wenn Mitarbeiter nur das tun, was in ihrem Arbeitsvertrag festgelegt ist, ohne sich darüber hinaus einzubringen, fehlt es ihnen womöglich an emotionalem Engagement für ihre Arbeit und am Interesse, zum Unternehmenserfolg beizutragen. Diese Haltung ist in der deutschen Arbeitswelt weitverbreitet, wie eine Gallup-Studie aus dem Jahr 2023[43] zeigt, nach der fast ein Fünftel der deutschen Arbeitnehmer emotional nicht an ihren Arbeitgeber gebunden ist und innerlich bereits gekündigt hat. Solche »Underperformer«, auch als »Low Performer« oder »Poor Performer« bezeichnet, beeinträchtigen nicht nur den

Erfolg einzelner Projekte, sondern auch die Unternehmensentwicklung. Deine Aufgabe als Führungskraft ist es, die Leistungen und Arbeitsergebnisse deines Teams zu fördern und zu steuern. Dabei solltest du dir zunächst folgende Fragen stellen: Was sind die genauen Gründe für die unterdurchschnittlichen Leistungen? Wie kommt es zu einem plötzlichen Leistungsabfall?

Um dies zu beantworten, kannst du Low Performer in zwei Hauptgruppen aufteilen, die sich in ihrer Motivation und ihren Fähigkeiten unterscheiden:

Motivationsbedingte Low Performer könnten ihre Aufgaben besser erledigen, tun dies aufgrund mangelnder Motivation jedoch nicht. Identifiziere die Ursachen der mangelnden Motivation und ergreife gezielte Maßnahmen, um die Arbeitsmoral und das Engagement zu steigern. Qualifikations- und gesundheitsbedingte Low Performer sind aus gesundheitlichen Gründen oder aufgrund mangelnder Qualifikation nicht in der Lage, bessere Leistungen zu erbringen. Hier sind eine individuelle Förderung und verschiedene Anpassungen erforderlich.

Die Unterscheidung zeigt, dass zunächst eine Situationsanalyse notwendig ist. Vor allem der ersten Gruppe der Low Performer mangelt es an Motivation und Leidenschaft. Hier kann ich dich beruhigen: Gerade ein Leistungsabfall ist oft vorübergehend und hängt von äußeren Einflüssen ab. Doch wie kannst du verhindern, dass deine Mitarbeiter in die Falle des Underperforming tappen und sie langfristig zu produktiven Unternehmensmitgliedern machen? Die Antwort darauf: Eine neue Strategie muss her. Aufgrund des ständigen Wettbewerbs sind viele Unternehmen bestrebt, sich von ihren Konkurrenten abzuheben und die Kundenerwartungen zu übertreffen. Dieser als »Overdelivery« bekannte Ansatz zielt darauf ab, ein außergewöhnliches Kundenerlebnis zu schaffen. Dabei geht es weniger darum, das zu liefern, was deine Kunden erwarten, sondern darum, ihnen einen Mehrwert zu bieten, den sie nicht voraussehen. Es ist eine Taktik, deinen Kunden einen besseren Service zu bieten, indem dein Team mehr liefert als ursprünglich angekündigt.

Overdelivery ist keineswegs ein bloßer Akt der Großzügigkeit, sondern eine strategische Entscheidung. Die Vorteile liegen in der positiven Kundenwahrnehmung, die zu zusätzlichen Verkäufen, Weiterempfehlungen und einer verbesserten Reputation führen kann. Doch Overdelivery fördert auch eine positive Unternehmenskultur, denn durch die Stärkung eines Mindsets, das auf Overdelivery setzt, fühlen sich deine Mitarbeiter motiviert, ihre Arbeit auf höchstem Niveau zu erledigen. Um die Bedeutung von Overdelivery an dein Team zu vermitteln, kannst du verschiedene Ansätze nutzen:

Kommuniziere intern klar und deutlich die Erwartungen in Bezug auf Kundenservice und Produktqualität. Betone dabei, dass Overdelivery ein wesentlicher Bestandteil davon ist. Mache deinen Mitarbeitern deutlich, dass es nicht darum geht, unrealistische Versprechungen zu machen, sondern darum, die Kundenbedürfnisse zu verstehen und, wenn möglich, zu übertreffen.

Veranschauliche die Vorteile von Overdelivery durch konkrete Beispiele und Fallstudien aus der Vergangenheit. Zeige, wie das Konzept dazu beigetragen hat, Kundenbindung, Umsatzwachstum und den Unternehmensruf zu verbessern.

Nutze Anreize und Belohnungen für Mitarbeiter, die deine Erwartungen oder die deiner Kunden übertreffen, z. B. in Form von Bonuszahlungen oder anderen Vergünstigungen. Damit unterstreichst du, wie ihr Handeln zum Unternehmenserfolg beiträgt.

Gib regelmäßig Feedback zu den Leistungen deiner Mitarbeiter und erkenne ihre Bemühungen und Erfolge an.

Biete Schulungen und Weiterbildungen an, um die Fähigkeiten deiner Mitarbeiter im Bereich Kundenservice, Kommunikation und Problemlösung zu verbessern. Sie können dazu beitragen, das Bewusstsein für die Bedeutung von

Overdelivery zu stärken und deine Mitarbeiter in die Lage zu versetzen, diese Strategie effektiv umzusetzen.

Integriere das Overdelivery-Mindset in die Unternehmenswerte und -kultur. Vor allem du als Unternehmer solltest stets bemüht sein, Erwartungen zu übertreffen und deinem Team ein Vorbild sein. Zeige also durch dein eigenes Verhalten, dass du die Bedeutung von Kundenzufriedenheit und Qualitätsarbeit verstehst und schätzt.

Nun, da du den Grundstein für eine Overdelivery-Mentalität gelegt hast, ist es Zeit, die »Outperformance« zu meistern. Sind du und deine Mitarbeiter bereit, die Extrameile zu gehen? Hier sind fünf Grundprinzipien, die du bei der Umsetzung beachten solltest:

- **Authentische Begeisterung:** Stelle sicher, dass auch deine Mitarbeiter von eurem Produkt begeistert sind. So gehen sie über die bloße Pflichterfüllung hinaus und zeigen echtes Engagement. Kunden spüren, wenn die Begeisterung deines Teams echt ist.

- **Bedürfnisse antizipieren:** Zeige deinen Mitarbeitern, was es bedeutet, Kundenbedürfnisse vorherzusehen. Wenn sie verstehen, was eure Kunden in Zukunft benötigen, können sie Lösungen anbieten, bevor diese danach fragen.

- **Service über die Erwartungen hinaus:** Überlegt euch gemeinsam im Team, wie ihr nicht nur das Versprochene bieten, sondern noch einen Schritt weitergehen könnt, durch einen schnelleren Versand, einen persönlichen Dankesbrief oder exklusive Angebote – zeigt euren Kunden, dass ihr euch um sie kümmert.

- **Emotionaler Mehrwert:** Schafft positive emotionale Erfahrungen, die über eure eigentlichen Produkte hinausgehen. Dies könnte eine überraschende Geste, ein personalisierter Service oder sogar ein kleines Geschenk sein.

- **Kommunikation auf Augenhöhe:** Nicht nur du, sondern auch deine Mitarbeiter sollten eine echte Verbindung zu euren Kunden aufbauen. Indem sie aufmerksam und präsent sind, zuhören, jedes Detail aufnehmen und zwischen den Zeilen lesen, können sie nicht nur die Kundenbedürfnisse erfüllen, sondern sie sogar übertrumpfen.

Aber Vorsicht: Es gibt auch potenzielle Nachteile des Overdelivery-Konzepts:

- **Mangelnde Rentabilität:** Eine zu großzügige Outperformance kann zu hohen Kosten führen und die Rentabilität deines Unternehmens beeinträchtigen. Denn wenn du ständig über das hinausgehst, was vereinbart wurde, kannst du dich selbst unter Druck setzen und Ressourcen überstrapazieren.

- **Überlastung:** Arbeiten deine Mitarbeiter ständig über ihre Grenzen hinaus und spüren permanenten Druck, kann dies langfristig ihr Wohlbefinden beeinträchtigen; so kann es zu Überlastung, Stress und einem erhöhten Risiko von Burn-out kommen. Zudem kann ständige Überforderung die Mitarbeitermotivation beeinträchtigen: sie könnten das Gefühl haben, dass ihre Bemühungen nicht ausreichen oder nicht angemessen geschätzt werden.

- **Steigende Kundenerwartungen:** Dieses Phänomen nenne ich »Overdelivery-Paradoxon« – es beschreibt die Situation, in der Kunden nach einer überdurchschnittlichen Erfahrung eine ähnliche Behandlung erwarten, auch wenn dies nicht immer realistisch oder nachhaltig ist. Was ursprünglich als Überraschung oder Bonus gedacht war, kann sich zu einem höheren Standard entwickeln, der nur schwer aufrechtzuerhalten ist. Wenn dieser nicht erfüllt wird, kann das zu Enttäuschung und Unzufriedenheit seitens deiner

Kunden führen. Es ist eine Art »Dilemma« zwischen der Freude über ein unerwartetes Zugeständnis und der späteren Enttäuschung, wenn es nicht erneut erfüllt wird.

Alle genannten Probleme sind auf ein gewisses Ungleichgewicht zurückzuführen. Overdelivery erfordert eine sorgfältige Abwägung von Kosten und Nutzen und eine klare Strategie, die sich nicht nur an den Kundenbedürfnissen, sondern auch an denen deiner Mitarbeiter und den Unternehmenszielen orientiert. Doch wie findet man die richtige Mischung, ohne unrealistische Erwartungen zu wecken und sich dabei selbst zu überfordern? Hier kommt die **WAAGE-Formel** ins Spiel. »WAAGE« steht dabei für **W**ahrheit, **A**ktualität, **A**nalyse, **G**ewinn und **E**mpathie. Diese fünf Elemente sollen dir als Leitprinzipien dienen, um eine effektive Overdelivery-Strategie zu entwickeln, die gleichzeitig das Wohlbefinden und die Leistung deiner Mitarbeiter fördert.

Wahrheit: Sorge von Anfang an für eine ehrliche und transparente Kommunikation mit deinen Kunden. Kommuniziere klar, was sie erwarten können und was nicht realistisch ist, und vermeide Übertreibungen. Der Fokus sollte darauf liegen, überraschende Mehrwerte zu schaffen, anstatt unrealistische Versprechen abzugeben – alles sollte also im Rahmen der Machbarkeit liegen. Indem du deine Produkte umfassend beschreibst und die tatsächlichen Stärken deines Teams bzw. des Angebots betonst, schaffst du realistische Erwartungen.

Aktualität: Ihr solltet eure Kunden über den aktuellen Status ihrer Bestellung oder Dienstleistung und eventuelle Verzögerungen informieren. Updates während des gesamten Ablaufs helfen, die Erwartungen realistisch zu halten.

Analyse: Identifiziere Muster und Trends, indem du das Kundenfeedback analysierst. So kannst du die Erwartungen den Kundenbedürfnissen und -wünschen anpassen.

Gewinn: Am Ende des Tages muss immer ein Gewinn für dein Unternehmen entstehen. Berücksichtige daher die Kapazitäten deines Teams, die Ressourcenverfügbarkeit und andere relevante Faktoren und wäge den Projektaufwand gegen den zu erwartenden Nutzen ab.

Empathie: Erkunde dich regelmäßig nach dem Wohlbefinden deiner Mitarbeiter. Dies ermöglicht es dir, ihre Bedürfnisse besser zu verstehen und gegebenenfalls Anpassungen vorzunehmen.

Erfolg durch Overdelivery ist nicht nur eine Geschäftsstrategie, sondern eine Lebenseinstellung für dich und dein gesamtes Team. Denkt groß, handelt großartig, begeistert eure Kunden – und haltet dabei die Balance.

ÜBER DEN AUTOR

Thomas Tornatzky ist Entrepreneur aus Leidenschaft und gründete bereits mit 15 Jahren sein erstes Unternehmen. Seitdem hat er Hunderte Unternehmen ins Leben gerufen und hält an einigen bis heute stolz mehrheitliche Anteile. Als geschäftsführender Gesellschafter der **NEUE FORMEN Ad Group** bringt er Marken zum Strahlen: Mit kreativer Präzision entwickelt er klare Positionierungen und verwandelt sie in packende, medienübergreifende Geschichten, die berühren und begeistern.

Sein akademischer Weg führte ihn von der Hochschule Fresenius in Köln bis zum Master of Arts in Marketing-Management an der FOM in Düsseldorf – mit Fokus auf Branding und integrierte Markenführung. Mit über 20 Jahren Erfahrung teilt er sein Wissen als Dozent, Trainer und Speaker auf Bühnen, in Coaching und digitalen Formaten. Lt. renommierter Medien wie HANDELSBLATT zählt er zu den führenden Branding-Experten in Deutschland, der einen Branchen-Preis nach dem anderen abräumt. Sein Podcast „The Walk of Brand – Marke Macht Umsatz" erreichte innerhalb weniger Tage die TOP 10 der deutschen Marketing-Podcasts und ist ein Meilenstein seiner Karriere.

In seiner Freizeit schöpft er Energie aus der Zeit mit seiner Familie sowie beim Yoga, Sport oder in der Sauna. Ein gutes Essen, ein Glas Rotwein und deutscher Schlager gehören zu den einfachen Freuden, die ihn inspirieren und kreativ halten.

WIE ICH DEIN BUSINESS AUFS NÄCHSTE LEVEL BRINGE

Wie du mittlerweile weißt, ist die unternehmerische Vermarktungskompetenz in Verbindung mit einer starken Marke einer der wichtigsten Erfolgsfaktoren, um ein skalierbares Business aufzubauen.

Stell dir also vor, du könntest mit deinem Unternehmen eine klare, skalierbare Marketingstrategie verfolgen, die echte Ergebnisse bringt – ohne Unsummen in die falschen Kanäle zu investieren.

Viele Unternehmen stecken ihr Geld in irrelevante Marketingmaßnahmen und fragen sich dann, warum der Erfolg ausbleibt. Meine Kunden hingegen nutzen maßgeschneiderte, effiziente Lösungen und erreichen so mit überschaubaren Budgets eine exponentielle Werbewirkung mit profitablen Ergebnissen.

Mit über 20 Jahren Erfahrung habe ich eine Methode entwickelt, die Unternehmen wie deines dabei unterstützt, ihre Marke strategisch zu skalieren und nachhaltiges Wachstum zu erzielen.
    Meine Mission? Dafür zu sorgen, dass die Guten lauter gehört werden als die Bösen.

Lass uns also gemeinsam dein Unternehmen auf das nächste Level bringen!

DER WALK OF BRAND – DEIN WEG ZU EINER KRAFTVOLLEN MARKE

Mein Ziel ist es, deine Marke einzigartig zu positionieren, zu schärfen und auf langfristigen Erfolg auszurichten. Mit maßgeschneiderten Lösungen unterstütze ich dich dabei, dein Business zu einer echten Marke zu machen, die sich nicht nur vom Wettbewerb differenziert, sondern messbar neue Kunden und Mitarbeiter magnetisch anzieht.

WAS DICH ERWARTET:

1. **Branding Camp – Co-kreativ zur überzeugenden Markenidentität:**
   Gemeinsam erarbeiten wir deine Markenwerte, Zielpersonen und Differenzierungsmerkmale, die deine Marke einzigartig machen. Wir decodieren die wichtigsten Wettbewerber, heben deine Stärken und Besonderheiten klar hervor und optimieren dein Produkt- und Dienstleistungsportfolio, um die Kaufbarkeit und Attraktivität für deine Kunden zu maximieren.

2. **Brand Design – Der perfekte visuelle Auftritt**
   Wir entwickeln ein einzigartiges Markenzeichen, definieren stimmige Farbwelten, eine passende Typografie und eine emotionale Bildsprache. Alles wird anschließend in einem Design Manual festgehalten, das sicherstellt, dass deine Marke über alle Kanäle hinweg einheitlich und professionell auftritt.

3. **Brand Story – Deine Markenstory auf den Punkt gebracht**

   Wir entwickeln eine kreative Leitidee, die deine Story klar und überzeugend auf allen relevanten Kanälen erzählt. Denn die Art und Weise, wie du deine Botschaft kommunizierst, entscheidet darüber, ob dein Publikum in dich investiert oder nicht.

4. **Brand Experience – Konsistenter Markenauftritt an jedem Kontaktpunkt**
   Damit deine Marke an jedem Berührungspunkt professionell und einheitlich wahrgenommen wird, erstellen wir ein maßgeschneidertes Maßnahmenkonzept und eine klare Timeline mit messbaren KPIs für die nächsten 12 Monate.

Klingt spannend?
Buche dein kostenloses Erstgespräch und finde heraus, wie wir gemeinsam dein Unternehmen aufs nächste Level bringen. https://www.markemachtumsatz.com

QUELLENVERZEICHNIS

[1] Kerkeling, Hape (2006), Ich bin dann mal weg. Meine Reise auf dem Jakobsweg, Malik, München.

[2] Puyt, Richard W. / Lie, Finn Birger / Wilderom, Celeste P.M. (2023), The origins of SWOT analysis, https://www.researchgate.net/publication/368734936_The_origins_of_SWOT_analysis., letzter Aufruf 10.09.2024.

[3] Porter, Michael E. (2013), Wettbewerbsstrategie, 12. erweiterte und aktualisierte Auflage, Campus, Frankfurt/M.

[4] Pearce, J. A. II / Robinson, R. B. (2017). Strategic Management: Planning for Domestic & Global Competition, 5. Auflage, McGraw-Hill Education, New York.

[5] Drucker, Peter F. (1977), People and Performance: The Best of Peter Drucker on Management, Harper's College Press, New York 1977.

[6] Gerber, M. E. (1994): E-Myth Revisited - Why Most Small Businesses Don't Work and What to Do About It, 3. Auflage, Harper Collins Publ. USA, New York.

[7] Kiyosaki, Robert / Lechter, Sharon (1998), Cashflow Quadrant — Rich Dad Poor Dad, FinanzBuch Verlag 2010, München.

[8] Hochschule Augsburg — University of Applied Science (2019), Best Agers — Arbeitssituation, Gesundheit und Karriereerwartungen, S. 7, https://www.hs-augsburg.de/homes/eregnet/Veroeffentlichungen/Best%20Agers%202018%20Ergebnisbericht.pdf, letzer Aufruf 04.07.2024

[9] Panopto®: Inefficient Knowledge Sharing Costs Large Businesses $47 Million Per Year, https://www.panopto.com/about/news/inefficient-knowledge-sharing-costs-large-businesses-47-million-per-year/, letzter Aufruf 04.07.2024.

[10] IT Verlag für Informationstechnik: Der deutsche Behördendschungel belastet Start-ups, https://www.it-daily.net/it-management/projekt-personal/der-deutsche-behoerdendschungel-belastet-start-ups, letzter Aufruf 04.07.2024.

[11] Pareto, Vilfredo (1896), Cours d'économie politique, tome 1er., Université de Lausanne, F. Rouge, Lausanne

[12] Marshall, Perry (2013), Sales and Marketing, The Definitive Guide to Working Less and Making More, Entrepreneur Press, USA, o. O.

[13] Dickie, H. Ford (1951), ABC Inventory Analysis Shoots for Dollars, not Pennies, in: Factory Management and Maintenance, Vol. 109, pp. 92-94, McGraw-Hill Publishing Company, New York.

[14] Hentsch, Anna-Kathrin (2020), Prokrastination: Wann Aufschieben krankhaft wird, National Geographic, Nov. 2020, https://www.nationalgeographic.de/wissenschaft/2020/10/prokrastination-wann-aufschieben-krankhaft-wird, letzter Aufruf 05.10.2024.

[15] Cirillo, Francesco (2013), The Pomodoro Technique. 3. Auflage. FC Garage, Berlin.

[16] Newport, Cal (2016): Deep Work: Rules for Focused Success in a Distracted World, Grand Central Publishing, New York.

[17] Allen, David (2001): Getting Things Done: The Art of Stress-Free Productivity, Penguin Books, New York.

[18] Bertelsmann Stiftung: Deutsche Unternehmen müssen nach Corona wieder innovativer werden, https://www.bertelsmann-stiftung.de/de/themen/aktuelle-meldungen/2023/mai/deutsche-unternehmen-muessen-nach-corona-wieder-innovativer-werden, letzter Aufruf 04.07.2024.

[19] Kunveno (2023): Der große Guide zu Unternehmenswerten: Der Schlüssel zu einer erfolgreichen Unternehmenskultur, https://kunveno.de/blog/formulierung-einzigartiger-unternehmenswerte-leitfaden, letzter Aufruf 05.10.2024.

[20] Jung, C. G. (2023): Psychologische Typen, 6. Auflage, Patmos Verlag, o. O.

[21] Cialdini, Robert B. (1984): Influence: The Psychology of Persuasion, HarperCollins, New York.

[22] Levinson, Jay C. (2008), Guerilla-Marketing des 21. Jahrhunderts – Clever werben mit jedem Budget. Campus, Frankfurt am Main.

[23] Pendergrast, M. (1993): For God, Country, and Coca-Cola: The Definitive History of the Great American Soft Drink and the Company That Makes It, Basic Books, New York.

[24] Precursive (2021): Customer Onboarding Benchmark Report 2021, https://www.precursive.com/files/ugd/e44568_5c43fb96ae7346b0bd1634ee8559bacd.pdf, letzter Aufruf 04.07.2024.

[25] Wyzowl (o. J.): Customer Onboarding Statistics 2020, https://www.wyzowl.com/customer-onboarding-statistics/#:~:text=Over%2090%25%20of%20customers%20feel,them%20after%20they've%20bought., letzter Aufruf 04.07.2024.

[26] Art. 5 DSGVO: Verordnung (EU) 2016/679 des Europäischen Parlaments und des Rates vom 27. April 2016 zum Schutz natürlicher Personen bei der Verarbeitung personenbezogener Daten und zum freien Datenverkehr (Datenschutz-Grundverordnung), Amtsblatt der Europäischen Union L 119/1.

[27] Art. 8 Abs. 2 GRCh: Charta der Grundrechte der Europäischen Union, ABl. C 326, 26.10.2012, S. 391–407.

[28] Draws, L. (2023): Die BCG Matrix einfach erklärt mit Beispiel, Scribbr (Hrsg.), https://www.scribbr.de/modelle-konzepte/bcg-matrix/, letzter Aufruf 04.07.2024.

[29] MilesAhead AG (2021): Das RFM-Modell zur Berechnung des Kundenwerts und zur Segmentierung, https://milesahead.ch/blog/das-rfm-modell-zur-berechnung-des-kundenwerts-und-zur-segmentierung, letzter Aufruf 04.07.2024.

[30] t2informatik GmbH (o. J): Risikomatrix, https://t2informatik.de/wissen-kompakt/risikomatrix/, letzter Aufruf 04.07.2024

[31] Capterra (2019): Studie zur Wichtigkeit von Online-Bewertungen in Deutschland, https://www.capterra.com.de/blog/687/online-bewertungen-in-deutschland, letzter Aufruf 04.07.2024.

[32] Statista Research Departement (2024): Welche Faktoren beeinflussen die Gesamtzufriedenheit der Kunden mit dem Einzelhandel?, https://de.statista.com/statistik/daten/studie/1131053/umfrage/einflussfaktoren-zufriedenheit-einzelhaendler-kunden/, letzter Aufruf 04.07.2024.

[33] marktforschung.de (2008): Online-Studie zum Thema Kundenzufriedenheit und Feedback: Schlechte Kundenerfahrungen werden nicht toleriert, https://www.marktforschung.de/marktforschung/a/online-studie-zum-thema-kundenzufriedenheit-und-feedback-schlechte-kundenerfahrungen-werden-nicht-tolcriert/, letzter Aufruf 04.07.2024.

[34] Proserpio, D. / Zervas, G. (2018): Replying to Customer Reviews Results in Better Ratings. Harvard Business Review, https://hbr.org/2018/02/study-replying-to-customer-reviews-results-in-better-ratings, letzter Aufruf 04.07.2024.

35 Haufe-Lexware GmbH & Co. KG (2023a): Wenn Unternehmen im Bewerbungsprozess lügen, https:/www.haufe.de/personal/hr-management/wenn-unternehmen-im-bewerbungs-prozess-luegen 80 612034. html#:~:text=Catfishing%3A%20Vort%C3%A4uschen%20falscher%20Tatsachen&text=Auf%20den%20Unternehmenskontext%20bezogen%20hei%C3%9Ft,wird%2C%20kann%20man%20sich, letzter Aufruf 04.07.2024.

36 softgarden e-recruiting GmbH (2022): Onboarding Reloaded 2022, https://go.softgarden.com/de/study/onboarding-reloaded-2022/, letzter Aufruf 04.07.2024.

37 KÖNIGSTEINER GmbH (2022): Onboarding bei Arbeitgebern – der Einstieg in einen neuen Job, https://presse.koenigsteiner.com/2022/10/06/onboarding-bei-arbeitgebern-whitepaper/, letzter Aufruf 04.07.2024.

38 Bergmann, F. (2017): Neue Arbeit, Neue Kultur, 6. Auflage, Arbor Verlag, Freiburg im Breisgau.

39 Handelsblatt GmbH (2019): Karriereförderung: Arbeitnehmer wünschen sich mehr Weiterbildung, https://www.karriere.de/meine-skills/karrierefoerderung-arbeitnehmer-wuenschen-sich-mehr-weiterbildung/, letzter Aufruf 04.07.2024.

40 Work Institute (2020): 2020 Retention Report, https://info.workinstitute.com/hubfs/2020%20Retention%20Report/Work%20Institutes%202020%20Retention%20Report.pdf, letzter Aufruf 04.07.2024.

41 Haufe-Lexware GmbH & Co. KG (2023b): Unzufrieden und demotiviert durch mangelnde Wertschätzung, https://www.haufe.de/personal/hr-management/ey-jobstudie-unzufrieden-durch-mangelnde-wertschaetzung 80 596038. html, letzter Aufruf 04.07.2024.

42 Resetarits, V. (2019): Die wahre Ursache von Burnout ist nicht Stress und Überanstrengung, sagt ein renommierter Psychiater, Business Insider Deutschland, https://www.businessinsider.de/wissenschaft/die-wahre-ursache-von-burnout-ist-nicht-stress-und-ueberanstrengung-sagt-ein-renommierter-psychiater-2019-6/, letzter Aufruf 04.07.2024.

43 Gallup (2023): Gallup Engagement Index Deutschland 2023, https://www.gallup.com/de/472028/bericht-zum-engagement-index-deutschland-2023.aspx, letzter Aufruf 04.07.2024.

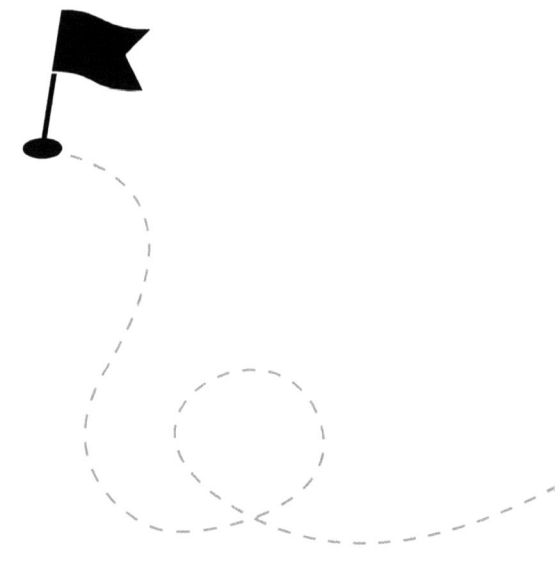